宮本常一

日本の葬儀と墓

――最期の人生行事

宮本常一

日本の葬儀と墓

——最期の人生行事

宮本常一［著］
田村善次郎［編］

八坂書房

宮本常一　日本の葬儀と墓

目次

葬儀と埋葬……9

死者の取扱い　10
真宗と民俗　24
埋葬地　34
墓地と墓石の起源　37
貝塚にみる葬法　37
墓　地　47
墓石の起源　55
葬儀と埋葬の事例　65
鹿児島県屋久島　65
鹿児島県宝島　76
鹿児島県内之浦町大浦　89
長崎県対馬　90
長崎県宇久島　100
長崎県頭ヶ島・ロクロ島　108
長崎県妻ガ島　110
福岡県胁山村　111
愛媛県伯方島　112
山口県見島　113
山口県八島　116
山口県東和町長崎　117
山口県久賀町　121
山口県高根村向峠　125
広島県百島　126
島根県田所村鱒淵　129
島根県匹見上村三葛　131
島根県片句浦　131
奈良県吉野西奥　134
兵庫県鴨庄村　141
兵庫県淡路沼島　146
大阪府滝畑　146
大阪府西能勢　159
京都府当尾村　164
岐阜県石徹白　166
秋田県浅舞町　168

図説　墓地と墓石……169

賽の河原と火葬場　170
賽の河原　170
火葬場　175

墓地所見　180
埋め墓と詣り墓　180
横穴墓　186
門中墓　192
渚の古墳と石囲いの墓地　195
京都鳥辺野の墓と辻仏・厨子仏　205
畑の中の墓地・地主様　213
古墓様と地主様　220
多磨霊園とクリスチャン墓地　229

墓石と供養塔　236
板　碑　236
地蔵さまと子供墓　239
兵隊墓　260
夫婦墓　264
無縁墓と三界万霊塔　267
慰霊碑、供養塔のいろいろ　271

地蔵盆と墓まつり　280
津軽川倉の地蔵祭　280
南部恐山の地蔵会　285
下北尻労の墓参り　289
五島富江の墓まつり　291

註　295
あとがき（田村善次郎）　320
調査地の市町村名　322
初出一覧　327
索引　i

写真提供　周防大島文化交流センター（宮本常一記念館）

凡例

・本文中の〔　〕は編者註を示す。
・本文中の地名表記は原則として、論考、報告書、採訪録記載のままとし、現行との対比は巻末にまとめて示す。
・本文中に現代では不適切ととられかねない表現があるが、著者が故人であり、歴史的資料であることを考慮し、底本のままとした。

葬儀と埋葬

死者の取扱い

〈一〉

日本人の間には古くから肉体は魂の宿であり、人の死はそこに宿っている魂がぬけ出したときの現象であると考え、魂のぬけた肉体はけがれているものとする考え方があった。一方、死体は時によると別の魂がその中に入り込んで再生することもあると考えていた。そういうことは、葬式の仕方や墓のつくり方によって知ることができる。

たとえば人の死んだとき、「魂《たま》よばい」をするところはきわめて多い。西日本の各地では屋根の上へあがって棟瓦を一枚はぎとって、それで西に向かって「かえせ、もどせ」と呼ぶと、魂がもどって来て生きかえることもあると信ぜられ、もしそれで生きかえらなければ、もう生きかえることはないという伝承があるが、島根県の美保関では、井戸へいって魂よびをしたという。これは魂が地下へゆくものと考えたからで、京都などではお盆に井戸の中へシキミの葉を吊りさげておいて、それを仏壇にたてる風習があったが、これなども先祖の霊が地下から来ると考えたからにほかならぬ。

死体のことを「ナキガラ」というのも魂のぬけがらの意味であると思う。

しかしながら、このような考え方が昔から固定していたわけではなく、時の流れにそって変化しており、また土地によって差異がある。

「日本書紀」を読んでいると、旅する者が路傍で死んだ者を処理して行かないために、そこに住んでいるものが困ったという話が見えている。* 死のけがれがそのあたりの住民にわざわいを与えると考えていたからである。そうした場合には伴れの者が死者の処分をし、また、巫女《ふじょ》なり神人《じにん》にたのんで祈禱してわざわいの及ばないようにしなければならぬもののようであるが、伴れの男にはその費用すら持ちあわせがなかった。

元来、一般民衆の死体は多くの場合は遺棄せられたもののようである。貴族や豪族たちはその死体を埋めて墳丘をつくっているが、そういうものの数は限られており、一般民衆には墓はなかったと見られる。「餓鬼草紙《がきぞうし》」** を見ると、身分の高いものは埋められて土が盛られ、中にはその上に五輪塔のたっているものもあるが、多くの死体は地上にそのまま放置せられているか、菰の上におかれているか、または箱の中に納められているかする。いずれにしても、埋めるよ

餓鬼草紙

りもそのままにせられて、腐朽するにまかせたものが多かったのであろう。すると、そういうものの魂がそのあたりをうろつきまわってわざわいをすることになる。

死体は埋めないにしても、死体を棄てる場所は大体きまりがあったようである。長崎県対馬へ行くと「通らずの浜」〔九五頁参照〕というところが方々にある。土地によって多少の状況はちがうが、部落の端の岬のようになった向こう側が多く、もとは死体をそこへ埋めたという言い伝えをもっている。けがれたものを人の眼のとどかぬところにおき、人もまた死体をそこへもっていく場合以外はそこへ近づこうとしなかったのであろう。

しかしこのような風習は、もとは対馬だけのことではなかったらしい。山口県大島の油良《ゆら》というところでも、火葬のはじまるまえは小さな岬の向こう側へもっていっていたし、香川県直島にもそういうところがあった。

岬の向こう側ばかりでなく、沖の島へもっていく例も少なくなかった。対馬の東海岸には死者を沖の島へもっていって埋める風が点々として見られるが、隠岐にもそういう島があって、その島をスズメ島*と言っているのは鎮め島の意であろう。

長崎五島の属島に頭ヶ島《かしらがしま》〔一〇八頁参照〕というのがあるが、この島の海岸にもそうした墓がたくさんある。この島は今から一五〇年ほどまえに人が住むまでは無人島であり、普通の人たちはこの島に住まなかったが、長崎県西彼杵《にしそのぎ》半島のキリシタンたちが来て住みついて、今ではかなりの人口をかぞえるにいたった。

海のないところでは、人里はなれた山中に葬ることも多かったようである。大和吉野の山中などはもとは白骨の重なりあっている谷があったというが、これは人びとが葬りに来たのではなくて、死を予知した人たちがここに来て死んだもののようである。

生きている者からすれば、死体をすてる場所はけがれていて近づいてはならないところであっただろうが、一方から言うと、そこが魂のあの世へ行く入口であったかもわからない。「一遍聖絵《いっぺんひじりえ》」*を見ると、坊さんたちが身体に石をくくりつけて水中に入って死んでいるさまが描かれている。入水往生といっているが、これなど水の底に極楽があると考えられたからにほかならぬが、同じころからはやりはじめた渡海入定《とかいにゅうじょう》**なども似たようなものであっただろう。これなどは、熊野の浦から小舟にのって沖へ漕ぎ出て再び帰って来ないのである。海の彼方に魂のふるさとである常世《とこよ》が存在すると考えたからであろう。

とにかく、死体を一定の場所におくことによって、人びとはま

あじさか入道入水往生（「一遍聖絵」）

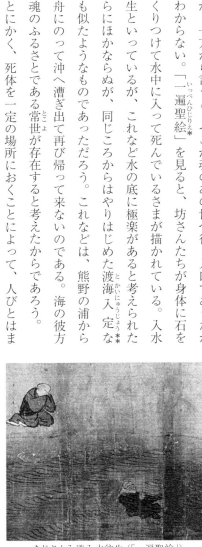

ずその中に宿っている魂が彼方の幸福な世界へゆくことを祈ったのであろう。そして、魂がなきがらから完全に去ってしまえば、もはやそのなきがらはけがれているとは考えなかった。

「けがれ」というのは今日の「よごれる」という意味とは違う。それが身につくことによって不幸や病をもたらす性質をもったもののことである。それは死者の魂がそうさせるものであるか、あるいは死者以外の魂がとりついていてわざわいするものであるか、あきらかでない。解釈はいろいろせられるけれども、すべて推定の域を出ない。たとえば、人間には荒魂《あらたま》と和魂《にぎたま》の二つの魂があり、荒魂がわざわいするものであるとか、荒魂は時がすぎると和魂にかわるのだというような考え方もある。

〈二〉

西欧では死体をとても大切にするといわれる。そして、それを傷つけないようにして埋葬するといわれるが、日本の古代にもそのような風習のないことはなかった。古墳の中の埋葬の様子を見ると、そのことが言える。そして日本の場合は、それが寝姿を示しているものではないかと思う。ずっと古く縄文時代には屈葬が多いが、その姿すらが、古い時代、夜具も十分でなかったころの寝姿ではなかったかと思っている。ということは、そのような寝姿が明治の初めごろまではいたるところでおこなわれていた。昔の布団は小さなもので、手足をのばしては、はみ出してしまったもので、イモムシのようにまるくかがんで寝たものだという。山伏たちが峯入修行のとき笈《おい》を背負ったまま眠るのも、腰を折り膝をたて、その膝を両手に抱き、膝の上に顔を伏せた姿勢で、これを猿子眠《さるこねむり》といったが、こうして眠ればどんなに寒くても風邪をひかぬとも言われた。それは屈葬の姿勢の一つでもある。

足腰をのばしたままの葬法〔伸展葬〕は弥生時代からおこり、古墳ではほとんどこれにかわる。これは日本在来の葬法とは言いきれないように思う。

身体をまるくして寝るのは単に風邪をひかぬためばかりでなく、魂のぬけ出ることを恐れたためではなかったか。足腰をのばして眠ると魂がぬけ出しやすいと考えた。夢を見るというのは魂のぬけ出すことであり、また、人魂のとぶというのも、魂が身体からぬけ出てさまよいあるいている姿だとも言われている。そしてそのような伝承は方々に見られたのである。しかし貴族たちは夜寝るとき足腰をのばして寝たもののようで、そういうとき魂のぬけ出さないように鎮魂の祈禱をおこない「たまむすび」ということをしたという。どういうものであるかわからないが、天皇など、寝るときは部屋の一隅にこのたまむすびをかけておいたようである。そして醍醐天皇は若いときそのたまむすびを宮中に入った賊のために盗まれたので、長生きできないであろうと言われたが、案外長生きしたという話が「鎮魂伝《ちんこんでん》」*に見えている。

こうして、元気なときには魂が身体からぬけ出すようなことがあってもまたすぐもどって来るものだと考えたが、ときには別の魂が入り込むこともあると信じられたのは、「憑き物」の俗信がこれを物語る。

キツネがついたり、タヌキがついたり、死霊・怨霊、ときには生霊までつくと考えたのは、そうしたもののついたとき、本人の魂はどこかへいっており、そのついているものが身体にとどまっている間は、その人自身の魂はどこかをうろついている。

　中世の説話文学や歴史文学にはそうした話が実にたくさん出てくる。そして、そのような話はひととおり信じられていたと思われる。

　しかも、いろいろの魂が人間の身体に入ったり出たりするのは、魂が勝手にそうしているのではなく、その上にもう一つ強い力をもつ者がいて、それがいろいろの魂を支配していると考えたのである。それが仏であったり、また鬼であったりしたのだが、仏教渡来以前には神が魂の支配者であると考えていた。

　「長谷雄草紙《はせおぞうし》*」はそういうことの一端を物語ってくれる。あるとき紀長谷雄は一人の男に双六の勝負をいどまれる。勝負の途中その男が鬼の正体をあらわすが、とにかく長谷雄に負けてしまう。そして世にもまれな美女を送りとどけることにする。長谷雄はその女を見てすっかり心を

女が水になる　　「長谷雄草紙」　　双六の勝負

うばわれてしまう。たとえようもなく美しくしとやかである。鬼は立ち去るとき、「百日の間この女と交わってはならぬ」と言った。長谷雄は鬼のことばを守って女をいつくしみつつも夜の床を一つにすることなくすごしてきたが、いよいよ美しく、いよいよろうたけてきて、ついにしんぼうしきれず、一夜交わってしまう。すると、女はみるみるとけて水になってしまった。この女は、鬼が死んだたくさんの女の死体の美しいところをとってきて継ぎ合わせてつくったもので、百日間おけばまたもとの人間になるはずだった。

このように肉体や魂の管理者があり、それが、人間の身体から魂を切り放したり、またとり入れたりすると考えたのである。と同時に、死後の肉体を粗末にするだけでなく、大切にする風習もあったことが、こうした説話の中からもうかがわれる。しかしそれは高貴な者あるいは力ある者の社会に限られたのではなかったか。

近世初期に書かれた「おあむ物語*」を見ると、大阪夏の陣のとき戦死者の死体を城中の女たちが化粧してやる話がある。「長谷雄草紙」につながるものであるといえる。つまり、よい魂、すぐれた魂の復活は切に祈られたのであろう。これに対して一般民衆の肉体は、むしろ早くこわして、その霊を彼方の世界に追いやり、悪霊などのつくことのないようにしたものではなかろうか。だが、魂に対するいろいろの操作は、仏教の伝来にまつことが多かった。

〈三〉

死体を焼く風習は奈良時代からおこっており、仏教の伝来によってもたらされた新しい習俗と見られるが、その風習の一般化はいちじるしくおくれた、そして今日も土葬のところが多い。

しかし土葬だけではなかった。地上にそのまま放置する曝葬《ばくそう》のようなものもあり、また風葬もあったのではないかと考える。戦後間もないころ、愛媛県今治市の郊外で松林の中をあるいているとき、木の幹に大きな藁苞《わらづと》がいくつか吊り下げてあるのを見たことがあった。聞けばそれはネコやイヌの死体を吊り下げてあるのだとのことであった。ずっと昔は仔牛などもそのようにしていたとのことであった。すると、人間に対してもそのようなことをしたのではなかろうかと思った。私は沖縄の風葬*を思い出したのであるが、このように木の上に吊しておいて白骨になってしまうと土中に埋めるとのことであった。そのように白骨になったものにはけがれはなくなっていると考えられたのであろう。これが二重葬を生んでくる。民俗学徒は両墓制といっているが、もともとは二重葬であったものであろう。たとえば大分県保戸島《ほとじま》では、人が死ぬるとミミトオリというところへ埋め、その上にスズメ堂をたてておく。スズメ堂は鎮め堂であろう。ところで、七年たつとそこを掘りおこして骨をとり出し、壺に入れて寺の境内の墓地に埋めて石の墓標をたてる。これは沖縄の風習にもっとも近くなる。

一般に両墓制というのは、死体を埋めるところと、おまいりするためにたてる墓が別になっているものであるが、そのような場合にも、一年間は埋めたところ〔埋め墓〕へまいり、それからまいり墓の方でまつりをする例が多い。このような制度は近畿地方を中心にして、西は九州北部から、東は中部地方にわたって土葬のおこなわれているところに点々として見られるが、もとはもっと広くおこなわれたものであろう。昭和三十四、五年ごろであったか、鎌倉の今の市役所の付近の地下からたくさんの頭骨が出たことがあった。その頭骨には経文の字が書いてあった。*たぶん新田義貞の鎌倉攻めのとき敗死した北条方のものであろうと思われるが、この埋め方から見て、最初そのあたりに野ざらしになっていたか、または簡単に埋葬してあったかしたものであろうが、すっかり白骨になったとき、あらためて寄せ集め、頭骨に経文を書いて埋めなおしたものであろう。戦場の跡などにはこれに似た例が多く、千人塚とか供養碑とかの立っているのを見かける。これらも一種の二重葬といえるのであるが、そのまつる意味がすこし違っている。

不慮の死をとげたものは、その肉体から魂がぬけきらないで、そのあたりをさまよっていると考えられた。そしてそれがその付近を通る者につくと考えた。このような現象を「たたり」と言った。まつられることのない霊はたたることが多かったので、たたられないようにするためには、供養して成仏させる必要があった。このような考え方は仏教が渡来してからのことのように思われるが、初めにあげた日本書紀の例からしても、古くから日本民族の間にそういう習俗があったのを、僧侶が死者のまつりをおこなうようになってから、そのまつりが巫女や神人たちの手から次第に離れて僧侶の専業のようになっていったのであろう。しかし、死人の霊の口寄せは今日もなお巫女がおこなっている。

しかし僧が死者の霊をとりしずめるようになってから、生きている者の気持はよほど楽になったと思われる。僧侶たちの供養によって、死者の霊は彼方の世界へいってたたることがなくなるし、また、火葬をすればなきがらに別の霊のとりつくこともなくなるわけである。しかし火葬が容易に一般化せず、そのためにまた死体処理のいろいろの習俗がのこったのであろう。

〈四〉

こんにち死者があると、まず死体を北枕西向きに寝させる。西向きは西方浄土へ向かわせるためだといわれているが、北枕にして埋める方法はすでに縄文時代から一般に見られたものであり、それが日本における埋葬法の特徴であったというから、決して仏教伝来による新しい習俗ではなかった。アイヌ人の場合は頭が東または南になっていて、はっきり違う。しかし日本の場合にも東や南へ頭をむけて埋められた例はあり、その場合、仰臥《ぎょうが》でなく俯臥になっているから、普通の死に方ではなかったと思われる。

現在でも大分県国東《くにさき》地方では土葬がなお広くおこなわれているが、それも甕棺《かめかん》を使っており、甕棺への入れ方が、大人と子供、普通の病気で死んだものと流行病で死んだもので違っており、埋め方もまた違っていたという。くわしいことをまだ確かめていないけれども、そういうことは十分考えられる。それが、仏教の弘通《ぐずう》と僧侶が葬式を管理するようになって、僧の干与する部分だけは次第に習俗が共通化してきたものと思われる。たとえば死者を北枕西面させることはほとんど全国に共通し、枕飯をそなえ、枕経を読むこともほぼ共通している。また死体の上に刃物を置いて魔性につかれないようにすることも同様である。土地によって箒を部屋の隅にたてかけておくところもあるが、これも魔をはらうためのものである。

そして民間では一般に坐棺であった。手足を折りまげて小さい棺の中に入れられる。それが土葬せられるときは屈葬ということになる。ごく最近まで、民間にあっては寝棺を使うことはまれであった。それらは古い埋葬法の名残りであると見ていい。

しかし、入棺のまえに男も女も髪を剃って丸坊主にするのは、仏教の影響によるものであろう。

髪を剃り、入棺するときに松明をたくのも、仏教による習俗と見られる。「法然上人絵伝《ほうねんしょうにんえでん》」*など見ると、剃髪するとき必ず火をともしている。そういう行事はもともとは夜おこなったものであろう。葬式も

剃髪のときに火をともす（「法然上人絵伝」）

多くは夜おこなった。これも「一遍聖絵*」や「親鸞上人伝絵《しんらんしょうにんでんえ》**」などに見えている。松明をもやし、大刀・長刀を持ったものが棺を守って歩いているさまが描かれている。武装したものが棺を守るのは、悪霊が死体にとりつかぬようにするためであったと見られる。

　さて、今日でも葬列には、昼間であっても形式的に松明を持ったり、ローソクを持ったりしたものが行列の先頭をゆくのを見かけるが、それも葬列をつくって埋葬地へゆく場合で、告別式になってからはそのような習俗は消えている。

　土葬のおこなわれているところでは、まず墓穴を掘ることが問題であった。部落の家の数の少ないところでは家が順々に当番になって掘ることもあり、関西地方では婿養子に来た者に掘らせるというのが多い。戸数が多いところでは、おんぼう***（隠亡）を雇って掘らせた。おんぼうはそのため身体がけがれてきていると信じられ、もとは身分も一だん低く取り扱われた。大和平野などでは、このおんぼうだけで村をつくっている例も見られた。

松明を先頭にした葬列（『シーボルト「日本」』）

もともとは墓聖《はかひじり》の名残と見られる。死者があると、墓地のほとりにいて、死者のために念仏供養するものが、もとは関西地方には多かったそうで、これを墓聖と言った。そういうものがまた人の死体を埋める穴も掘ったのである。

さて、死体は一定の埋葬地へ埋めるものであるが、その埋めた上には垣をしたり、竹をたてめぐらしたりした。これを「イガキ」と言った。猪や狼に死体を掘りおこされたり、死体に他の霊のつかぬためだといわれているが、イガキは猪垣ではなく忌垣であろう。土地によっては埋葬した上に鎌を吊り下げてある例を青森から秋田地方の墓地で見かけたが、近ごろはやんでいるようである。枕もとに刃物を置くのと同様の習俗である。

また、その土地をひらいた者はその土地の先祖になると考えて、土地の一隅に死体を埋める例が少なからずある。私の知っている範囲では、宮崎県あたりから関東地方にわたっている。このようにして埋めまつったものを、地主様とか先祖墓といっているが、これは貴族の古墳などにも関係があるかと思っている。古墳はその土地の先祖になる者のためにつくられたものではないかという推定を私はもっている。土葬地帯で墓が方々にちらばっているのには開拓者を地主神としてまつる思想があったからではないかと思うが、明治になって火葬が発達してから、次第に共同墓地が発達し、また死体の処理が大へんかんたんになってきた。〔『教育と医学』14巻5号〕

真宗と民俗

安芸・周防《すおう》・石見《いわみ》は真宗信仰の盛んなところである。そしてその村が真宗の村であるか否を見分けるのはきわめて容易で、ほとんど申しあわせたように単層入母屋の大きな本堂をもった寺が村の中にある。やや高地になっているところが多いが、山頂にあるものは少ない。浄土宗の寺なども同様の建築様式をもったものが少なくないが、この方は境内に多く三界万霊塔《さんがいばんれいとう》をもっている。禅宗ならば寄棟が多く、真言宗ならば四阿《あずまや》方形の本堂が多い。

こうした寺のあり方で、われわれにはその村の中の古い習俗の保有量とでもいうべきものがほぼ推定せられるのである。由来真宗地帯は民俗不毛の地などといわれ、民俗学徒はその採訪を喜ばなかったところである。そして安芸門徒地帯もその仲間に属する。そこでは民俗学が育ち難く、またすぐれた民俗誌の出ることがほとんどない。真宗という宗旨の世襲制による根深い宗教活動が、江戸時代封建性にそのまま深くマッチして、村民の生活をまで左右したためであり、村内にそびえる寺も、実はすべて信者たちの寄付と労働奉仕によってできたものであり、寺の大小がそのまま檀家*の多少貧富を物語るものでもあった。したがって寺の大小、建築の古さなどによってもその地方がいつごろ本当の興隆期を迎えたかを知ることもできる。

ただ中国地方の真宗とすこしおもむきを異にする。北陸の真宗は道場*〔念仏道場〕から発達したものが多いが、中国地方のものはかつて真言か禅であったものが真宗に転じたというのが多い。もとより北陸にもそうしたものが少なくないが、その場合、道場から発達した寺と他宗から転じた寺にはかなりはっきりした差が見られるものがある。たとえば中世以前からあった日蓮宗などの真宗に転じたものには、大寺の下に小寺のついているものがあり、墓標にも院居士や信士信女の戒名を見ることがある。そういう点からすると中国地方のものはかなり先蹤《せんしょう》宗教の儀礼をうけついだものが多いと言っていい。

それらはまた墓地のあり方などにもうかがわれる。もともとその地域に寺がなく、小さな道場が寺になり、一部落すべて真宗に属したようなところでは墓地はたいてい一ヵ所にかたまって共同墓地になっているのが多い。そして墓の戒名は釈某となっている。

しかしその寺が他宗から転じたものであるか、または、信者が途中から真宗に転じたような場合には墓地が散在したり、戒名に居士信士、禅定門などが出てくる。

墓地が分散して存在するのはもと土葬のおこなわれていたところである。死者があると法者〔陰陽師〕などに方位を見てもらって、その適する方向に埋める風があった。村の中や畑の中に転々として墓の存在するのは多くはこのためであって、広島県竹原付近には特にこのような景観を多く見かける。そして一つの墓地にある墓は必ずしも一族の者とはきまっていない。方位の適したものがすべてそこに埋めるからである。そうして家によっては数ヵ所に墓を持つものは少なくない。こうした墓地の整理は明治に入って盛んになってき、いわゆる共同墓地が発達してくるが、それ以前道場から発達した真宗寺院では境内または寺の近くに墓地を持つものが多かった。

元来親鸞は「父母のために念仏一遍申さず候」*と言ったように、阿弥陀仏は拝むが、先祖のための供養は説いていない。したがって墓も位牌も必要ないわけで、北陸門徒には立派な仏壇は持つが位牌を持たないものが多いが、中国地方では何らかの形で先蹤宗教の名残りをとどめた。そして境内に墓地を持つことは禅宗寺の位牌座などとも関係あるものであろう。禅宗寺では本尊の後に檀家の位牌をまつるところがある。禅宗が浄土にかわっても、この位牌座はそのままのこったものが多いが、私の知る範囲では真宗寺で見かけることはほとんどない。しかし境内に墓地のあるものが多い。この墓地は死体埋葬地ではない。真宗では火葬が早くからおこなわれている。そしてその骨をとって墓に埋めはするが、形式的なものである。無論それは遺骸の上に墓をたてた名残りとも見られるが、墓をたてるための因縁づけのようなものであろう。山口県大畠、大島町では火葬を海岸の岩の上でおこない、骨は海中に掃きすててしまう風習も見られる。真宗地帯である。したがって死体と墓との間には何ら関係はない。

古い板碑型の墓は位牌を祖型として発達したものであろう。関東には中世の板碑も多く見られるが、西日本では五輪塔や宝篋印塔《ほうきょういんとう》が多く、それが一般に板碑型になるのは江戸時代からであり、それも、地蔵半肉彫の舟形碑が多い。多くは子供の墓である。庶民の間では墓はまず子供のためにたてられはじめたようであるが、一方位牌の石碑化もすすんでいった。

墓地のあり方、様式の変遷などは、そのままその地方の村里生活の変遷を物語るもので、私は私の郷里の周防大島だけはかなり丹念にしらべて見ているが、広島県下は通りすがりに見聞するだけで、一つの体系のもとに見たことはない。しかし、これは村里生活の過去をさぐっていく上に実に大きな問題を提供しているのであるが、こういうことに手をそめようとする者をほとんど見かけない。

さて真宗寺院の発達が埋葬法をかえていった力は実に大きい。これは僧侶たちの長年の教導の力であったと思う。そして彼らは余宗の地に移住してもその信仰を守りつづけている。たとえば対馬へは江戸末期以来多くの他所者が移住しているが、安芸・石見の者だけはすぐかぎわけられる。必ず死者を火葬にするからである。対馬は土葬がおこなわれているが、その世界でも真宗信者は土葬をおこなわない。そして彼らは彼らの宗旨をまもるために、ついに厳原《いづはら》へ真宗寺をたてている。いちいち郷里の僧を迎えるわけにはいかないからである。

瀬戸内海の島々について見ても、真宗のおこなわれていない島は今日も土葬をつづけているものが多い。しかし真宗島はほとんど火葬になっているし、またそこに真宗寺のほかの寺があるにしても、たいてい真宗寺にならって火葬になっている。真宗寺が火葬を広めていった力は大きい。

今一つ真宗地帯には一般に伊勢信仰がうすい。伊勢参宮・伊勢講などもほとんどおこなっていないし、伊勢の大麻〔神札〕もまつらなかった。しかし京都の本山参りは実に盛んであった。昭和十七、八年頃、皇道宣揚と称して伊勢の大麻を神棚にまつらせようとしたとき、これを拒否して問題をおこした家が広島、島根には少なくなかったようであるが、大麻拒否は、はやく江戸時代末葉にも見られ、宗祖が雑修雑行を禁じているのだから大麻をまつる必要はないという文書が石見邑智《おおち》郡の真宗寺にのこっている。*

真宗の民衆への結びつきは、寺が世襲制であったことと布施によって経営せられたことにある。だから寺の格式勢力は親類のよしあしと檀家の数にかかっていた。寺では、よりよい寺や有力な在家から嫁をもらうことが何より大切な条件であった。それは通婚グループと通婚圏をしらべて見るとよくわかる。それによっておのずから寺の格式が定まってくる。また檀家の数の多少も非常に問題になってくる。檀家が多ければ布施も多くなるからである。

他の宗旨の寺はたいてい寺領をもっていた。真言・天台・禅にはいずれも寺領があり、檀家よりも寺領の多少で寺の格式が論ぜられたし、また檀家の格式も寺の格式に影響した。武士の菩提寺がその関係をよく物語っている。

布施で生活をたてるためには檀家へより深くつながらねばならぬ。そのもっとも典型的なものが逮夜《たいや》と報恩講《ほうおんこう》であった。逮夜というのは十一月二十一日の宗祖の命日の前夜をいうのであって、一般にはオタンヤといっている。真宗寺では大きな法要をいとなむ。数日まえから毎日毎夜法要がおこなわれ、また導師（説教師）をまねいて信仰についての説教をおこなう。法要に参加する檀徒のものには食事を出す。もとよりそれらは檀家の布施や供養料によるもので、布施、供養料は食事費の何倍かにのぼっており、それで一年間の寺の運営費が出てくるのが普通であった。広島の町はとくにこのオタンヤのにぎわったところであり、町をあげての祭り気分が見られた。

農村でもこの行事は盛んであり、一般に報恩講といっている。広島の町では民家でおこなわれるものを報恩講とよび、芸北山中では寺でおこなうのを報恩講、民家でおこなうのをお寄りといっているが、もともと一つ行事であるのを、寺でも民家でもおこなうために用語で区別しなければならなくなった。

さて、寺の報恩講がすむと、民家の報恩講がおこなわれる。親戚・隣近所をまねき、また寺僧をまねいてお経をあげてもらい、そのあとでお膳が出る。すべて精進料理で、黒塗の猫足膳に、黒塗の親椀・汁椀・坪《つぼ》・ひらがのせられる。親椀は飯、汁椀は味噌汁——たいていは豆腐の味噌汁が入っている。ひらには大根・里芋・豆腐・油あげ・南瓜などを煮込みにしたものが盛られる。つぼはノッぺにきまっていた。里芋・大根・豆腐を葛粉を入れて醬油で煮たものである。またつぼの蓋に引物としてせんべい・みかん・餅などのせて出した。これは土産に持って帰るのである。一晩の中に何軒もつとめるので僧は全く忙しかった。そして民家の方ではたくさんの家が次々につとめるので、毎晩のように知人親戚をあるきまわるから、一〇日も二〇日も説教とお経と会食が続くのである。

ちょうど取入れのすんだあとであり、この行事は真宗地帯では刈上祭にかわって盛んにおこなわれたのである。そのかわり刈上祭としての亥子《いのこ》の方はひっそりしているのが普通である。

報恩講が始まると、旅稼ぎする者はみな戻って来た。そして講に参加した。とくにこの風習は漁村に盛んで、豊島《とよしま》、仁保島《にほじま》などではほとんどの漁船が戻って来て、お寺の報恩講にまいる。そしてその間は殺生禁断して漁業を休むのである。報恩講がすむとまた海へ出ていく。だから真宗漁村では、それから間もなくやってくる正月（旧暦）はいたってさびしいもので、全く名ばかりのものであった。これは真宗の尾道市吉和《よしわ》と、禅宗の因島箱崎《いんのしまはこざき》をくらべて見るとよくわかる。箱崎では正月になるとすべての漁船がもどって来て、正月には大漁旗をたてて、全く美事な満船飾《まんせんしょく》を見ることができ、いかにも明るい風景を現出するが、真宗の漁浦には正月の満船飾はほとんど見ることができない。

真宗漁民の信仰は実に深い。危険の多い海に生き、しかも雑修雑行を禁じられているだけに、真宗への帰依が一入《ひとしお》深いのであろう。そういう村では海の見える高い丘の上に墓地のあるものが少なくない。海の彼方を恋うる心がそうさせたのであろうが、彼らは旅先で死んでも故郷へ骨をうずめることが多い。真宗漁船はたいてい船に行李《こうり》をつんでいる。その中には晴着が入れてある。豊島の漁船が広島湾へ稼ぎにいって、報恩講の頃になっても帰れなかったことがあった。漁師はそこで矢野浦へ船をつけ、近くの寺の報恩講へまいったという。この話を豊島で興深く聞いて、平群島《へいぐんじま》で話したら、そこでも豊島から来る船は晴着の行李を持っていて、浦の民家へあずけておき、浦の寺に法会のあるときはそれを着てまいると話していた。そして旅先の寺へも寄付するとのことであった。この人たちにとっては出先の寺が真宗寺でなくてもよく、ただ自分は真宗寺で拝むとおなじように拝むのだとのことである。余宗を信じているわけではない。

その後方々の島で聞いてみると豊島漁船は、報恩講の頃にはたいてい郷里へ帰るそうだが、帰らぬものは出先の何寺かへまいる風があるとのことである。

が、正月の方はまるでひっそりしているのである。ただし本土の農山村では正月行事も見られる。ことに真宗以外の宗旨のあるところでは、餅もつき門松もたてている。

真宗村では盆の墓祭は余宗をこえて盛んである。墓地には五色の紙でつくった朝顔燈籠《あさがおとうろう》が林のようにたてられる。家々でつくるだけでなく、子は親の墓へも持参する。墓祭の盛んなのは北陸地方も同様だが、この方は白い釣燈籠が多く用いられる。朝顔燈籠は山口県に入ると急に少なくなるから、この燈籠は真宗寺が広めたものとはいえないようである。真宗寺が広めたものならば、山口県にも濃厚に見られてよいわけである。

内海の島々の真宗村の民家の台所で眼につくのは、竈のそばの柱などに小さい箱がとりつけられ、そこに小さい御器《ごき》に飯がもって供えてあることである。仏様に供えた仏飯《ぶっぱん》だという。飯をたくとこうして仏様へ供える。本来なら仏壇へ供えるべきだが仕事着で働いていると、なかなかそれもできないので台所から供えているとのことであった。

　こうして僧のとく教義が生活の隅々にまで行き届いているのが、この宗旨の特色である。

　上中流の家庭では余宗の家へ娘を嫁にやることさえきらった。やらねばならぬときは守仏《もりぼとけ》を持たせてやった。そして余宗になっても、その身一代は旧寺の檀家であった。死ぬると守仏は親許へかえされるのが普通であった。ただし、その子は父親の方の宗旨につくことになる。だから真宗信者が他所におちついても出先の宗旨に換えることは少なかった。そのため、真宗寺は遠いところまで檀家を持つことが普通であり、村民の移動分布をそれで知ることもできる。余宗にあっても檀家の保持は重要な問題で

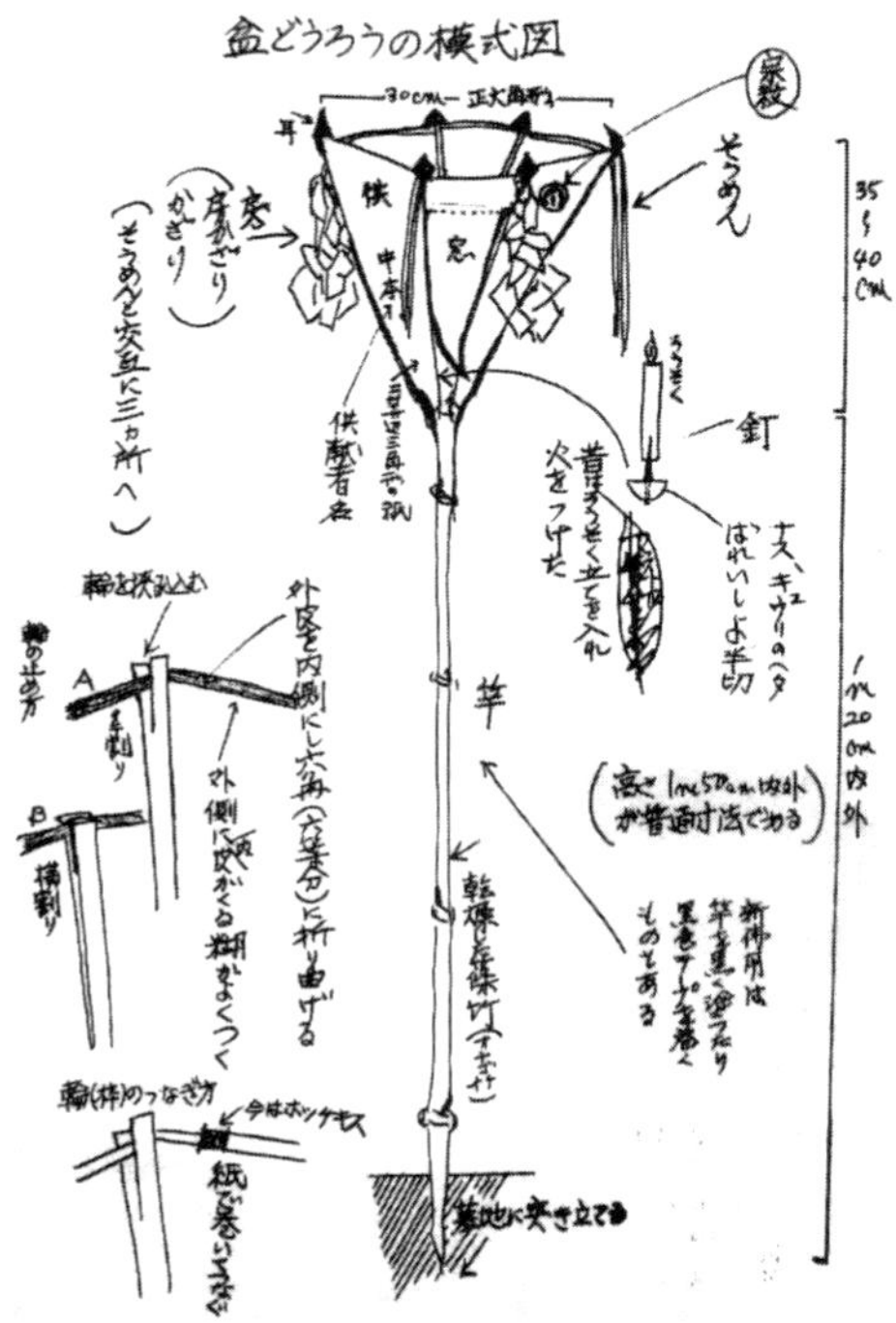

朝顔燈籠模式図
（神田三亀男「広島民俗」20巻（昭和58年8月）より）

めあったけれども真宗ほどではなかった。

真宗の檀家は寺とはかなりはなれたところに固まっている例をしばしば見かける。今日までつきとめて聞き得たところでは、その檀家のあるところに近い真宗寺から嫁に来た人があって、それが檀家を持って来たためであるというのが多い。真宗寺では檀家は財産であった。そのほか養子に行くのに檀家を持っていくという例もあったようで、そういうことが師檀の分布を複雑にしていっている。師檀関係の分布図も一地域をとってこまかに作製して見ると、いろいろの問題がひそんでいると思うが、まだそこまでになっていない。

また、もっと地名をあげて具体的に例示すべきであろうが、たとえば報恩講など、どこで聞いても相似たもので、わずかの差を論ずることをさけて、問題の提示にだけとどめた。〔「身辺の中にある歴史」3（『芸備地方史研究』37・38）著作集13『民衆の文化』〕

盆すぎた墓地の朝顔燈籠もやぶれた（広島県能美島宗崎、昭和32年8月）

埋葬地

本紙〔民間伝承〕では屡々葬送の事が問題になるので私もそれについて些か問題を提供して御教示を仰ぎたい。それは埋葬地の問題である。

海岸地方では岬のようなところに死体を埋めたものではあるまいかという事を、仏崎*という地名が日本の海岸各地に分布していることから、渋沢先生〔渋沢敬三〕が早く問題にせられ、死骨崎**・スズメ島などもかかる風習によって起こった名ではなかろうかと推定され、然らばなぜ海岸埋葬の風を生じたかを、いま執拗に考究されている。

ところが海岸埋葬と同様に興味を覚えるのは川原埋葬で、大和大塔《おおとう》村辻堂では死体はもと川原に埋めて、上に礫をのせておき、祀る墓は別にたてたものであるという〔一四〇頁参照〕。その名称は聞き落した。川原に死体を埋める風は摂津の能勢地方にもあった。とくに幼児だけを川原に埋める風も東北地方にあった事を旅の途中で聞いたがどこであったかはっきり思い出せない。そこでは間引をする事を水に流すと言ったのを記憶している。東美濃地方では、お産の時のエナを川原に埋める風がある。皆一連の習俗のような気がするが、これはただ川水に死骸を持って行ってもらってケガレを払うというような意味からだけであろうか。何か訳があるように思うのである。昔話に「アマヤクとて親のいう事に反対する子供があって、親が死ぬとき、この子はすべて反対するのだから、川原へ埋めてくれと言ったら、山へ埋めてくれるであろうとて、山に埋めてもらう様にたのんだ。ところが、アマヤクはせめて一言は親のいう事に従おうと思って、正直に川原へ親を埋めた。それから雨が降る前になると、水が出て墓が流れはすまいかと思って、鳥に化したアマヤクが鳴く」というのがあるが、こういうところにも川原埋葬のかすかな名残は見られるのではないかと思う。

もう一つ屋敷内や畑の中に埋葬する風はどうして起ったものであろうか。大和十津川《とつかわ》や阿波土佐の山中では、屋敷内に墓のあるのを見かけた。九州の東米良《ひがしめら》〔宮崎県児湯郡東米良村、現西都市〕などでは、どの家にも必ず墓があって、神葬をおこなうこの地では、その前に一様に幣がたててあったが、土地の人はこれを地主様と言っていた。その土地を踏み開いた人を祀ったもので。新しく分家したものはその分家した人を祀る。ところが米良では屋敷内埋葬を禁じられて、あらたに分家した男が、自ら踏み開いた土地の地主様になれぬので苦にしているという話をきいた。三宅島の坪田でも屋敷神を地主様というのは祖先を祀ったものであろうか。長崎県萱瀬村《かやぜ》〔東彼杵郡萱瀬村、現大村市〕の祖霊神と書かれたヤボササン*という神は、死体を埋めたものでないらしいから、米良の地主様などとは違うようであるが、米良では田畑を拓いた人も、その土地に埋めて地主様として祀ったという。これは長くその土地を守る心があっての事だとあのあたりで聞いた。屋敷内の地主様と同じく幣などたててあるが、時には一枚の畑に二つも三つもの墓のあるのを見かける。この場合その一つが地主様であり、他は後の世の人が埋められたもので地主様とは言わぬ由である。甲斐秋山のあたりにも畑の中に墓が多いが、その一つはやはり伐り拓いた人の墓で、そういう墓のある畑を先祖畑とよび、売ってはならないものとされているとの事だったが、今日ではその畑の売買も多く。墓ばかりが荷厄介にもとの持主についていて、畑の新しい持主が墓地をあらしたと言って、よく争いの種になるという。畑の中に墓の多いのは阿波から土佐へかけての山中で、その墓の中にはやはり古い先祖を祀ったものもあり、これを地主様とよんでいる村（高知県吾川《あがわ》郡上八川村《ぐんかみやかわそん》、現いの町）もあった。但し高知県には地主神社という神様がきわめて多いが、それらはもともと人を埋めて地の守としたとは限っていないようである。阿波や土佐ばかりでなく、畑地に埋葬する例はきわめて多いが、一体どうしてかかる風習が広く長くおこなわれていたものであろうか。〔『民間伝承』6巻8号〕

墓地と墓石の起源

貝塚にみる葬法

貝塚と人骨　瀬戸内海に縄文式文化がそれほどはなやかに発達していないということは、その時代に人の住んだことが少なかったということになるわけだが、はたしてそうであったかどうか。土砂の流亡のはなはだしいために流れ去ってしまったものも多いだろうし、また土中深くうずもれてしまったものもあるはずだ。

子供のころ「井戸を掘っていると底からたくさんの貝殻が出て来た」という話を二、三度きいたことがある。それがおびただしい量だったともきいているが、あるいは貝塚であったかもわからぬ。また大阪の南郊で生活していたころにも洪積台地に井戸を掘ったところを通りあわせて、そこにたくさんの貝殻を掘り出しているのを見かけたことがある。貝塚ではないかと思ったが、十分たしかめても見なかった。そのころはまだそういうことに関心をつよく持っていなかったからである。しかしいま考えて見ておしいことをしたと思っている。

実際は瀬戸内海沿岸には人の気のつかない貝塚がたくさんあるのではないかと思われる。こういうことの発見はお互いがほんの少々気をつけているか否かで大変な差を生じて来る。注意深く見ていると、きっと古い遺跡はいくらでも見つかるものである。畑の中や森の中の小石にまじって土器のかけらはころがっていることが多い。お互いはそれがどういう意味を持っているかを考えないで見すごしてしまう。いや、気をつけていてさえ、謙虚な気持を持っていないと、自己の主観で大事なものをも見捨ててしまうことがある。貝塚人研究の口火をきった岡山県浅口《あさくち》郡大島村名切《なきり》〔現・笠岡市西大島〕の津雲貝塚の場合も、そうしたことによって、あやうく見捨てられようとしたことがある。

この貝塚に最初に目をつけたのは湯川秀樹博士*の父君小川琢治博士**で、大正四年ごろのことであった。当時小川博士は京都大学の地理学の教授であり、この貝塚のことをきいて助手の内田寛一氏***をやって発掘させた。ところがこの貝塚からは土器のほかに、人骨がたくさん出た。いずれも足を折りまげてヒザを胸につけた姿勢であった。内田さんはその資料を持って京都へ帰り、その年の十月十六日の史学研究会例会で発表した。大変興味深いはなしで、人々は傾聴し、とくに足立文太郎博士****は、石器時代の人骨の特徴をおびていると断定された。ところが国史の教授であった喜田貞吉博士*****はそのような埋葬は現在も行われているものであって数千年以前のものとは断じ難いと猛烈に反対し、ついにその調査研究は中止せられ、人骨は倉庫にほうりこまれたまま、手もつけないでおかれた。

だからあるいはそのような状態が四、五年もつづいたら、人骨による古代人の研究の芽は久しくのびなかったかもわからない。

ところがその翌年、熊本県下益城郡《しもましきぐん》東原阿高《あだか》貝塚から仰臥した人骨が発見され、こえて六年六月に大阪府南河内郡道明寺村国府《どうみょうじむらこう》の石器時代遺跡から京都大学の考古学教授をしていた浜田耕作博士*によってヒザを屈した人骨三体が発見され、津雲貝塚の人骨があらたに思い出されたのである。人々は見すごそうとした資料の中に大切な問題のひそんでいることに気づいた。ここに石器時代人の人骨の収集と研究が野火のように四方へもえひろがって大正末までに千七、八百体の人骨発掘が報告せられた。

貝塚から出て来る人骨の研究にもっとも力をそそいだのは京都大学の清野謙次博士**であった。そして日本人の祖先は、最初からこの島の上に住んでいたものか、または他からやって来たものであるかを明らかにしようとした。人骨のたくさん出た貝塚は、愛知県渥美郡吉胡《よしご》貝塚が第一で三〇四体、次は岡山県の津雲貝塚で一七〇体、第三は愛知県伊川津《いかわづ》貝塚一〇〇、第四河内国府七五、第五広島県沼隈郡《ぬまくまぐん》高須村太田貝塚六六、第六熊本県阿高貝塚五〇、愛知県稲荷山貝塚五〇などであった。

元来貝塚というのは昔の人々が食物として貝をとって食べ、その殼をある一定の場所に捨てたために山のようになったのであるが、長い年月のたつ間に、その上に土砂がおおいかぶさってしまっているものが多い。

昔の人々は、貝がらを捨てただけでなく、土器のこわれたものや石器なども捨てたのである。

ずっと古いころには、多分村はずれと思われるようなところに捨てたのであるが、のちには今まで人の住んでいた屋敷あとに捨てている。そこに住んでいた人が死ぬと、もうそこへは住もうとしないで、貝がらなどの捨て場にしたらしい。なかにはそうした屋敷あとから人骨の出てくるものもある。かつて人の住んでいたところへは、もう一度だれかが住むということは少なく、またそこで死んだものはその同じ場所へほうむったものかもわからない。

さて、そういうところへ埋められた人骨は、いつまでたってもくち果てなかった。貝がらはアルカリ性のもので、骨のようにカルシウムで出来ているものを保存する力を持っている。元来日本の土は酸性が強いから、普通の土の中へ死体を埋めておくと五〇年もすれば骨までとけてしまうものである。何億人というほどの人がこの国土の上で死に、それがいちいち地下へ埋められながら何にも残っていないのは、土中の酸が人間のすべてのものをとかしてしまったからである。

しかし貝塚だけはアルカリ性があって、ものをくちさせてしまうのを防いだ。そのことのために私たちは四、五千年も前に日本に住んでいた人の様子を知ることができた。

そして貝塚をつくった人たちはわれわれ日本人の先祖であることがわかった。

それまで貝塚をつくった人たちはアイヌ人の先祖であろうと言われていた。

はじめ貝塚の中から出た人骨を調べたのは東京大学の小金井良精博士*であった。小金井博士はその骨が、今の日本人よりはアイヌ人に近いことを見出して、貝塚をつくった人はアイヌ人に違いないと言ったので、人々はそれを信ずるようになった。しかし小金井博士が調べた人骨の数は少なかったし、東日本にかたよりすぎていた。だから、それで日本中のことをおしはかるのは危険であった。やっぱりたくさん見てからでないと何とも言えない。清野博士は貝塚から人骨がたくさん掘り出されることに気付いて、つぎつぎに貝塚を掘り、多くの人骨を手に入れて調べたところ、貝塚人はかんたんにアイヌの先祖だとは言えなくなった。今のアイヌ人よりははるかに日本人に近い骨格を持っていた。と言って、今の日本人とも違っているのである。

津雲貝塚と屈葬　ずっと昔、日本に住んでいた人が、アイヌ人ではなかった。しかし今の日本人とも違っているというのはどういうことであろうか。

清野博士は縄文式文化のあとに発達してくる弥生式文化や、さらにそのあとに続く古墳文化時代の人骨と比べて、その方がもっと今の日本人に近くなっているところから、アイヌ人も日本人もその先祖は一つであって、そのうち、北日本に住んでいるものは北方民族の血をまじえて次第に今のアイヌ人となってゆき、西南日本では現代日本人になって来たように見ている。その間には西南日本でも異民族の多くの混血があった。

しかし簡単にそうとのみ言えない点も多いのである。

津雲貝塚では人の葬り方のほとんどが屈葬であった。屈葬というのは、さきにも言ったように足腰をおりまげて埋めた姿勢で、人間のうずくまっているさまを思わせる。中にまっすぐに足腰を伸ばしたもの、すなわち伸展葬もあるが、それは二例にすぎない。屈葬の方はその五二例までが仰臥《ぎょうが》であった。

ところが津雲から西の方数里のところにある備後太田貝塚では四二例までが伸展葬の仰臥である。貝塚の中で、伸展葬がこんなに多いのは太田貝塚が第一である。太田についでは三河保美《ほび》の貝塚に六例伸展葬が見られた。

これは一体どうしたことであろうか。元来屈葬の姿勢は子供が母親の胎内にいるときの姿であり、また、昔の人の日ごろすわる姿勢の一つでもあった。同時に、夜眠るときも、こうした姿勢をとることが多かった。山伏など、峰入して山中で眠るとき、横にならないで、おいずる〔笈摺〕を背にしたまま、立ヒザの上に顔をふせて眠ったものである。これを猿子眠《さるこねむり》といった。ずいぶん窮屈な姿勢であるが、なれてみれば結構それで眠れるものであった。

では、どうしてこんな姿勢で眠ったのであろう。こうすると、寒さに耐えられたのである。カゼをひくということがほとんどなかった。今のようにワタのたくさん入った布団やドテラなどもなく、家のたてつけのいたってわるかった昔の事を考えて見ると、今われわれが眠っているようにあたたかい眠りをもつ事ができなかったことがわかる。

ネムルということばも、多分ネマルということばから来ているかと思う。まるくなって眠る事を意味するものであろうが、古くからつかわれている。しかし今ネマルというのはあぐらをかいてすわることになっている。

私も旅さきで何回か野宿したことがある。そういう時、物によりかかって、立てひざで眠るのがいちばんよかった。これならばカゼをひく事がないし、少々の寒さにも耐えられるのである。

死んだ人を葬るときも、多分はこうした人の眠る姿勢にして埋めたものであろう。このような葬り方は、それからのち今日まで、日本の庶民の間ではおこなわれて来ている。土葬でなくなったところでも、棺に入れる姿勢は大てい屈葬の姿勢である。

なくなったわれわれの先祖はほとんどこうした姿勢で葬られたものであって、それがこうした調査によって見ても五〇〇〇年も昔にまでさかのぼられる。

太田貝塚の伸展葬　ところが、どうした事か、太田貝塚は津雲に近いところにありながら伸展葬が多い。ただ、時代的には太田の方が新しくなる。だいたい伸展葬は古いところには少ないのである。それにしてもどうして太田では伸展葬が多いのであろう。

このような葬り方はアジア大陸に多く見られた。縄文式文化につぐ弥生式文化になると北九州で伸展葬がずっと多くなる。それだけではない。そのあとに続く時代の高塚古墳ではほとんとが伸展葬になっている。土を山のようにもりあげた古墳は貧乏人にはつくれないから、身分の高い力のあったものの墓と思われるが、それらはみんな伸展葬であり、一方同じころに貧しくして死んでいったと思われるものはやはり屈葬がおこなわれていた。

するとと太田に住んだ人たちはアジア大陸の方から新しくわたって来た人かとも思われるが、それを示すような証拠はない。

さて、人がまるくなってねたり、人をまるくして埋めたりするのには、もう一つ別の意味があったようである。ずっと昔から、日本人は身体はタマシイの宿だと考えており、タマシイは時々からだからぬけ出すものだと信じていた。そして眠っている間にぬけ出すことが多いと思っていた。

それをふせぐ眠りが猿子眠であると思っていた。足腰をのばしてねるとタマシイはぬけ出やすいと思ったのである。しかし、新しい文化が大陸の方から伝わって来ることによって、長々となって眠ることもおこなわれるようになった。そして死んだときも、そのままの姿で葬られるようになったものと思われる。

ところが足腰をのばしてねたのでは、タマシイがぬけ出しやすい。そういうことのないように、宮中などでは鎮魂《たまふり》ということがおこなわれた。そしてその祭のとき造った玉の緒とよばれるヒモをむすんで日頃起居する部屋の中へかけておいた。そうすると身体も丈夫であり長生きをすると考えた。醍醐天皇（八九七〜九三〇）のお若い時、宮中に賊がはいって、このヒモをもっていってしまったことがある。宮中では大へんな騒ぎでいろいろさがしたがとうとう見つからなかった。そこでこの天皇は長生きできないとその頃の本にかかれているが、四十六歳まで生きられた*。

日本では古くから大体屈葬が多かったのに伸展葬が太田にだけ多いわけは今もってわからない。ただ、何かの異変のあったときには葬り方をちがえるものである。他の貝塚での人の葬り方が、一定の規則があったらしいのに、太田ではきわめて不規則であるのも、なにか異変があったのかもわからない。変死者は多く伸展葬になっているようであるから。

とにかく、中国地方の、しかもごく近いところにある二つの貝塚が日本の考古学や人類学によびおこした問題は大へん大きかったばかりでなく、多くの人をこういう問題にひきつけた。しかしそれはまだ解決せられないままに学問はすすんでいる。

墓石の起源

貝塚のはなしがすこし長くなったが、もう少し書こう。

津雲貝塚では人の埋め方を見るとだいたい等間隔であり、その上、頭を北か東の方向にむけたものが多い。今日人が死ぬると北まくらにするのとなんらか関係がありはしないかと思う。そしてこのような傾向は太田をのぞく他の貝塚も同様なのだが、太田貝塚だけは東南および南に頭をむけたものが大半である。こうした差にもなにか理由のあることであろう。

また津雲では幼児は甕棺に入れて埋められている。幼児を甕棺に入れて埋めはじめたのはこのころからのことであろう。そしてそのような埋葬法は、土葬のおこなわれているところでは、今もつづけられているところが少なくない。火葬にするためには、木棺でなければならず、土棺はずっと減ってくるのだが、それではどうして土棺などに入れて埋めなければならなかったのだろうか。

河内国府の遺跡には頭に甕をかぶせたものがあり、また胸の上に石をのせたものがいくつもあった。死体の上に石をのせた例は津雲にもあった。それらの例や、また後世の人々の死に対する考え方から推すと、死者のタマシイは生きている人のタマシイとちがって、人に対してわざわいを与えるものと考えられた。だから、そういうタマシイはできるだけさまよい出て人々にわざわいをしないようにしなければならなかった。そこでタマシイがさまよい出ないようにするために、甕をかぶせたり、石をおいたりしたのであろう。とくに幼児のタマシイはその死体からはなれて、他人のからだにつきやすいものとされた。そういうことが古くから小児を棺に封じこめる習俗を生み出したのであろう。

そしてそういう風な考え方は決して仏教の影響をうけたものではなく、それ以前からあったのである。

太平洋沿岸に住む民族の中には死体を埋めた上に石をのせておく風習を持っているものはきわめて多い。特に安南やトンキンの高原地方に住む人々の間には盛んである。

日本でもずっと古い、もう年代もわからなくなったような埋葬地には、上に石をのせたものが多い。それは大てい自然石である。文字が発達して来ると、この石に字をほりこんで、やがて今の墓石が出現してくるのであるが、思えばこういう習俗というものは何千年という久しい間、大した変化もみせないで、つづけられて来ているのである。そして多くの人びとは今でも墓標は石でなければならないように思っている。

このように見て来ると、津雲貝塚をつくった人々の生活様式の中には今日のわれわれの生活につながるものが大へん多いのである。別の言い方をすると、そういう生活の仕方は案外かわっていない。ただ歴史家たちは古墳時代になると古墳の分布や様式ばかり問題にし、歴史時代に入ると文書で書きのこしたものばかり問題にするから、世の中の移りかわりだけが大きく目につくけれど、貴族が高塚をつくっているときも、奈良や京都に王朝の文化がさかえているときも、民間では死体の上に石をのせるような葬り方がずっとつづけられていたのである。〔『中国風土記』〕

墓地

村や町ができてゆくには、そこにいろいろの条件や原因があり、また、それによって、村や町のようすがおのずからちがっていますが、さらにその村のようすをよく知ろうとするには、神社や寺、墓地などを見るのがよいのです。

とくに墓地について、私は深く興味をもっていますので、道ばたにでも墓地があると、すぐたちよって見ます。そして、その墓の形や、戒名や、年号についてしらべます。

いったい、墓はいつごろからできたものでしょうか。

かたい石を利用しているために、加工が困難ですから、こういうものが広くおこなわれるようになったのは、今から八〇〇年も前、十一世紀中頃のことでしょう。

最初は十三重塔とか、宝篋印塔のようなものがつくられ、また仏像を石へきぎみこんだものもありましたが、八〇〇年ばかり前から、戦争で死んだ人の供養や先祖の法要のときにこれをたてるようになりました。そうした石碑は、関東地方から東北地方にかけてたくさんあります。ところが、かたい御影石に加工することができるようになってからは、この石の多い関西でも石碑がたくさんつくられるようになりました。京都府木津《きづ》の惣墓《そうばか》*や、奈良県生駒谷の墓地、同県三輪町（現桜井市）大神宮寺の墓地などには、五、六百年も前からの石碑がたくさんあるのです。そういう所では、その墓をまつっている家がどこであるか、またそれが、はたしてその墓の子孫であるかどうかをしらべることによって、その家の古さを知ることができます。しかし、そのように古い墓のある所は、大和・山城盆地以外には、たいしてないのです。

多くは江戸時代以来のものになります。それまではふつうの人民は、墓などはたてなかったようで、人が死ぬと土中にうずめ、そこには木の卒塔婆《そとば》ぐらいをたてておきました。時によると、人の死がいをこもにつつんだまま捨てておくこともあったようです。これは死がいを魂のぬけがらとして捨てたもので、先祖の霊は別にまつったのです。だから、死がいをうずめる所と、まつる所と、墓所は二ところにあったのです。今でもそういう所が少なくありませんが、このように二つの墓地を持っている所は、古い習慣をのこしているもので、これを両墓制といいます。

ところが火葬が盛んになってから、墓所が一ヵ所になってきたところが、たくさんあります。あたらしくできた村など、たいていこの風にならいました。しかし墓の供養塔としての意味はいつまでもつづいていたようで、人が死んでも、すぐ墓をたてることはなく、早くて一年目、おそい所では十三年目の法要のときに、というようなのもあります。

それまでの間は、人をうずめた上にミタマヤという小屋か、ミコシのようなものをつくっておく所があります。その分布はたいへん広いのですが、土地によると茅やこもなどで、かんたんに小屋の形をつくったものですましているのもあります。広島県、島根県などにそれを見かけます。人の魂は、一年間はそこにとどまっていると考えられていました。

墓石の形を見ても、その時代を知ることができます。

墓石が板のようにうすいものは、だいたい古く、あたらしくなるにつれて厚くなってきます。また三〇〇年以前の墓には、五輪塔というのがたくさんありました。これは江戸時代になってからはめっきり減りました。和歌山県根来寺の墓地には、五輪塔の墓石がたくさんあり、いずれも四〇〇年以上の古いものですが、このような墓は、鳥取県にもたくさん見かけます。その他の地方でも、藪かげや道ばたなどにころんでいるのを見ることがたびたびあります。

ふつうの墓石になってからでも、その時々で特色があり、たいへん遠く離れている所でも、墓石の形は、同じ時代のものはよく似ています。それは下の三つの図を見ればわかります。右は秋田県平鹿《ひらか》郡《ぐん》浅舞町《あさまいちょう》（現横手市平鹿町）、真ん中は神奈川県中郡金目《かなめ》村（現平塚市）、左は鳥取県八《や》頭《ず》郡《ぐん》国英《くにふさ》村（現鳥取市）です。たいへん離れている三つの土地をとって見たのですが、よく似ていることに気づくと思います。

こうなると年号も何もなくても、たいていひと目でその時代がわかってくるのです。そして、その墓地がいつごろできたかを知ることができ、その家の古さを知る手がかりにもなるのです。墓石はまた位

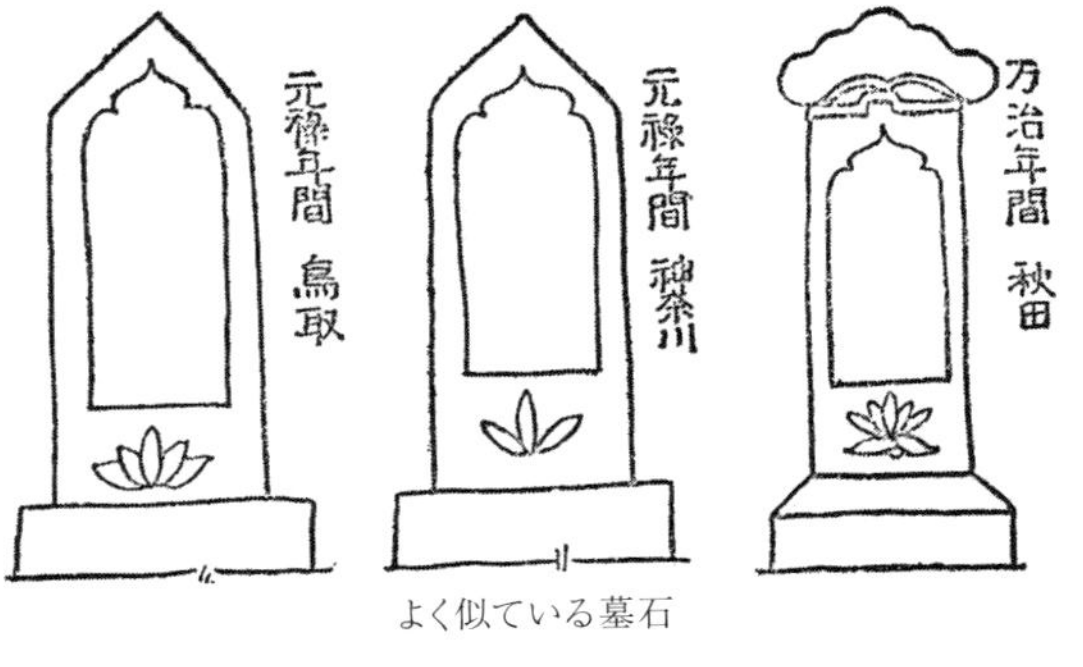

よく似ている墓石

碑の形とも関係がふかいようです。

私はこのようにして、ある一つの村の墓石を全部しらべて見て、たいへん教えられたことがありました。一軒のうちが栄えたり、衰えたり、また村が栄えたり、衰えたり、病気や飢饉などで死者の多かったことまでわかってくるのです。

それは兵庫県氷上郡《ひかみぐん》鴨庄《かものしょう》村（現丹波市市島町）です。その村の墓石の一番古いものは、元禄時代（一六八六〜一七〇四）のものです。それ以前のものは見あたりませんでした。なぜでしょう。それ以前はどうして人をほうむっていたのだろうと思って、いろいろしらべて見たがよくわかりません。ところが村の旧家のある人が、私の家に一番先祖の墓というのがあるから見てくれ、とのことで見にゆくと、墓石ではなくてみかげ石でつくった祠《ほこら》なのです。そのほこらのとびらに、もとの墓が雨風にさらされてぼろぼろになってしまったので、もとの墓と同じものをつくる、ときざみこんであります。今（昭和二十四年）から九〇年ほど前、安政年間のものです。その墓から少し離れた所に、小さい石のうず高くつまれたものがいくつもあります。聞いてみると、ずっと昔の墓だということです。これによってわかったことですが、この村でも昔は両墓制がおこなわれていたのでした。その頃は、天台宗や真言宗が盛んだったようです。ところが元禄時代から禅宗が盛んになり、その頃からどこの家でも墓石をたてるようになったのです。その墓は一族の者がひとところにたてました。鴨庄では本家分家の関係で結ばれている一族のことをカブといっています。その頃はカブの者の結束もかたかったのでしょう。そして墓場の一番よい場所に本家のがあり、分家のものがその下かその隣にあります。あたらしい分家ほど、端のほうにあります。それでどの家が本家であり、分家であるかもよくわかります。また墓の大きさからも家が栄えたり、衰えたりしたこともわかります。

このように、この村ではカブハカになっていて、一つの村がいくつのカブからできているかということも、これでわかってくるし、またそのカブの古さもほぼわかってくるのです。カブの人たちは、お盆になると、墓そうじや道つくりにゆきます。このときは本家がいつも中心になって世話をします。また先祖講というものをしています。カブウチのものが順番に当番になって、先祖のまつりをするのです。こんなありさまですから、一族の者はたいへん仲がよく、結束もかたいのですが、ほかの部落との間はそれほどでありません。

カブハカ（兵庫県）

村のなかの家も、だいたいカブウチでかたまっていて、そういうものがいくつか集まって村のできていることもわかります〔一四一～一四六頁参照〕。

つぎには墓地の位置も、たいへん問題になると思います。

近畿地方では共同墓地になっている土地が多いのですが、そのほかでは、よく畑の隅などに墓のあるのを見かけます。周囲はみんな畑になっていて、麦など実っているなかに、三つ四つ墓のあるのはなんとなく心にのこるものです。東海道線の沿線でも、東京から静岡付近まではそうした所をたくさん見ます。だいたい関東地方にはそうした墓が多いようです。四国では徳島県に多いのです。

山陽線の沿線には、田のなかにあるのをそこここに見かけます。そして汽車の沿線ばかりでなく、山のなかに入ってもそういう風景は見られます。九州の山中や、奈良県十津川《とつかわ》の山中では屋敷のなかにさえ墓のある家があります。こんな風景は新潟県の平野の村をあるいているときも見かけました。屋敷のなかではないが伊豆半島の西海岸では、家のすぐうしろの丘に墓地のある村があります。ところがまた、山陰地方の海岸では、村はずれの砂浜などに墓地があります。これは瀬戸内海や九州の西海岸なども同じことです。それぞれの土地で、こうした所を墓地に選んだのにはいずれもわけがあったのです。

畑のなかに墓がある村で話を聞いてみると、もと、その畑をひらいた人をそこにまつったのだ、と語りつたえている所があります。九州の山中、四国の山中、山梨や神奈川の山中でそういう話を聞きました。自分のひらいた畑に、自分のなきがらをうずめてもらって、その土地を守ろうというのでしょう。山梨県では、そういう畑を先祖畑とよんでおり、九州や四国の山中ではそういう墓を地主様といっています。地主様は屋敷のなかにもありました。自分の一生をかけて、土地をひらいてきた人の気持を見ることができるように思われて、心をうたれますが、こうした人たちによって日本の隅々はひらかれてきたのだと思います。

高燈籠（佐渡島北川内、昭和35年8月）

海岸に墓の多いのは、また別の理由があるようです。海岸地方では、死んだ人を浜などにうずめることがよくありました。そして人の魂は海の彼方へいくと考えられていたのです。私たちの祖先たちは海の彼方に、常世《とこよ》のあることを信じていました。魂はまた、空の彼方からもやってくるように信じられて

いました。盆になると、高燈籠をたてるのもそのためです。いまではお盆になると、提灯を家々の軒さきに吊しておきますが、もとは、ずいぶん高くかかげたもののようで、東北地方には今もこの風がのこっています。

昭和二十一年の八月、私は東北地方をあるきましたが、いたる所で、この高燈籠を見かけました。緑の林を背にした野の家のそこここに、林よりも高い棹をたてて、そのさきに白い燈籠をかかげているのは、いかにもさびしい風景です。今度の戦争で亡くなった人々の、あたらしい魂まつりのためと聞きましたが、平和に見える村々の、そこここの家のなかにも深いかなしみのあることを知って心をいためました。

これがさらに以前には、柱松明《はしらたいまつ》などというものをたいた所も多かったのです。高い棹のさきのかがりたきに、火を投げあげて燃やすのですが、いずれも遠くから来るたましいを迎えようとしてのことでした。

盆に家々でたく迎え火も、心はみな同じなのです。〔『村の社会科』〕

墓石の起源

大和高市郡越智岡村《たかいちぐんおちおかむら》の寺崎〔現・高取町寺崎〕という所にしるべがあって、さる年の夏訪れた事があった。墓参にとてその家の墓地へ行って見ると、そこには墓石も何もなく杉の木やヒモロ木〔ネズ〕が茂っているのである。木に大小があり、古いものは百年もこえていようか。その木の下に新しく人を埋めたと見えて円錐形の柵など見かけた。この柵をモンガリという由きいたが、モンガリの前には造花の蓮が雨にたたかれて色あせているのはあわれであった。モンガリは一年間そのままにしておいて、ムカワリ（一周忌）に木を植えるのである。此の木は誰の分、彼の木は祖父の分というように、それぞれの家では覚えていて、盆にはそれぞれ木の下にいささかの供物をするのである。木に大小のあるのは植えた時期の差によるもので、何百年もたったというような大木のない所を見ると、この習俗も案外新しいのか、それとも墓地の位置がかわってしまったためであろうか。

こういう風は大和の地ばかりでなく、越後の方にもあると聞いたが、それは話にきいただけで見たのはこの一ヵ所にすぎない。あるいはもっと広い分布を見せているのかも分らない。甲斐の山中でも古い先祖の墓地は墓石も何もなくて大木の下に盆正月のかざりをして来るときいたから、これと同じような習俗かとも思って見た。

墓地に墓石のほかに木を植える例なら多い。柳田先生の『信州随筆』〔昭和十一年、山村書院〕をよむと東筑摩郡和田村のあたりには広い耕地の所々に古木の枝垂桜《しだれざくら》があって、そこが墓地であったかと思われると見えている。

そのほか墓地に大木を見かける例は少なくない。東京麻布善福寺のイチョウなども美事なものの一つであったが、この木の背後に墓地が続いていた。

中国地方の岡山付近には枝の垂れた大きな松の木の下に墓を見る事が多いが、このような例ならば私の郷里にもあって、今、村の真中に一本大きな松がのこっているが、もとはそこに墓地があった。村の真中の墓地はいけないとて、墓は山の方へうつしたが、松だけは伐りたおさなかった。

こうした木の中には植えて成長したものも多いであろうが、最初から木の茂っている中に人を埋めたという例も少なくなかったと思う。和泉と紀伊の境に近い村々をあるいていると、こんもりと茂った森の中などに墓石を見る事が多い。根来《ねごろ》から和泉の金熊寺《きんゆうじ》という所へこえる谷にあった墓地などは、全くうす暗いまでに茂った木下闇の中にタマヤがいくつもならんでいて、墓石はない心わびしい思いをした事があったが、二、三年後に通りすぎると、すっかり木を伐り払ってしまい、棺やタマヤが二つ三つポツンと北風に吹きさらしになっていた。どうした訳でそういう事をしたのかわからないけれど、長い習俗の身にしみた果か、我々にはあの木のしげっている墓地がおくゆかしく思われるのである。

森の中に死体をうずめる風は日本ばかりでなく、台湾の高砂族の中にも多いということを聞いたが、なぜ墓地に木が必要だったのであろうか。

かつては我々の身体を去ったたましいが、はるかなる彼方へ行くと考えた事があった。それが山の彼方であると考えられた事もあり、海の彼方に常世《とこよ》を考えた事もあった。

秋山の黄葉《もみち》しげみ惑《まと》ひぬる妹を求めむ山路知らずも　〔万葉二―二〇八〕

と、その愛人〔妻〕の死をかなしんだ柿本人麻呂の歌を見れば、死せるものは山の彼方にたましいの故里を求めたのであろう。大津皇子の墓は二上の山のいただきに設けられた。

多分高塚の造築にもこれに似た心があったのではないかと考える。

山や森はたましいのかえり来る日にはこの上なき目じるしにもなったのであろう。昭和二十一年八月、東北地方をあるいた時、東北本線に沿うた村々では、林のかげの家のまえに高い棹をたてその上にとうろうをかかげているのをいくつも見かけた。棹は林の木々よりも更に一だん高くて、さびしいまでに青い一色の中に白いとうろうのポツンとしているのは哀愁の心をそそるのであったが、聞けば今度の戦争でなくなった人々のたましいをとむらうためのものであった。そしてその数によって深いうれいにとざされた家の多い事を知ったのであるが、この風はあたらしい発明ではなかった。

文化十一年〔一八一四〕十二月の跋文をもつ秋田風俗問状答*に誌されたところでは、

「高燈籠造り立て候に、殊にのびよき丸太の三丈、四丈も候を用ひ、その頭へ横に木結て、三角の形に縄を張り、網の如く縄を縦横にし、紙手《しで》きりかけ、其三角の角ごとに杉の葉、笹の葉なんど束ぬるなり。これは亡魂の三年まで、それより七年、十三年と年回ごとにするか、あるは年ごとに立てる家も候。一町に三所、四所は必ずおし立て候故、黄昏に高きより望めば、星の林とも見え候。

是は朔日より晦日までに候」

とあって、当時の秋田の町の風景をしのぶ事が出来るのである。そして秋田の町ではこういう風も今は殆ど見かけなくなったようであるが、この町を一歩出ると村々には時折見かける事がある。

江戸の町では高燈籠のほかに、家々ではおっかけ燈籠を吊していたらしい。『用捨箱』（柳亭種彦、天保十二年）には江戸では昔用いていたが今絶えたと記している。享保（一七一六〜一七三六）の頃まではおこなわれていたらしい。それを著者の友人が橘樹郡《たちばなぐん》太尾堤の地蔵堂に沢山かけてあ

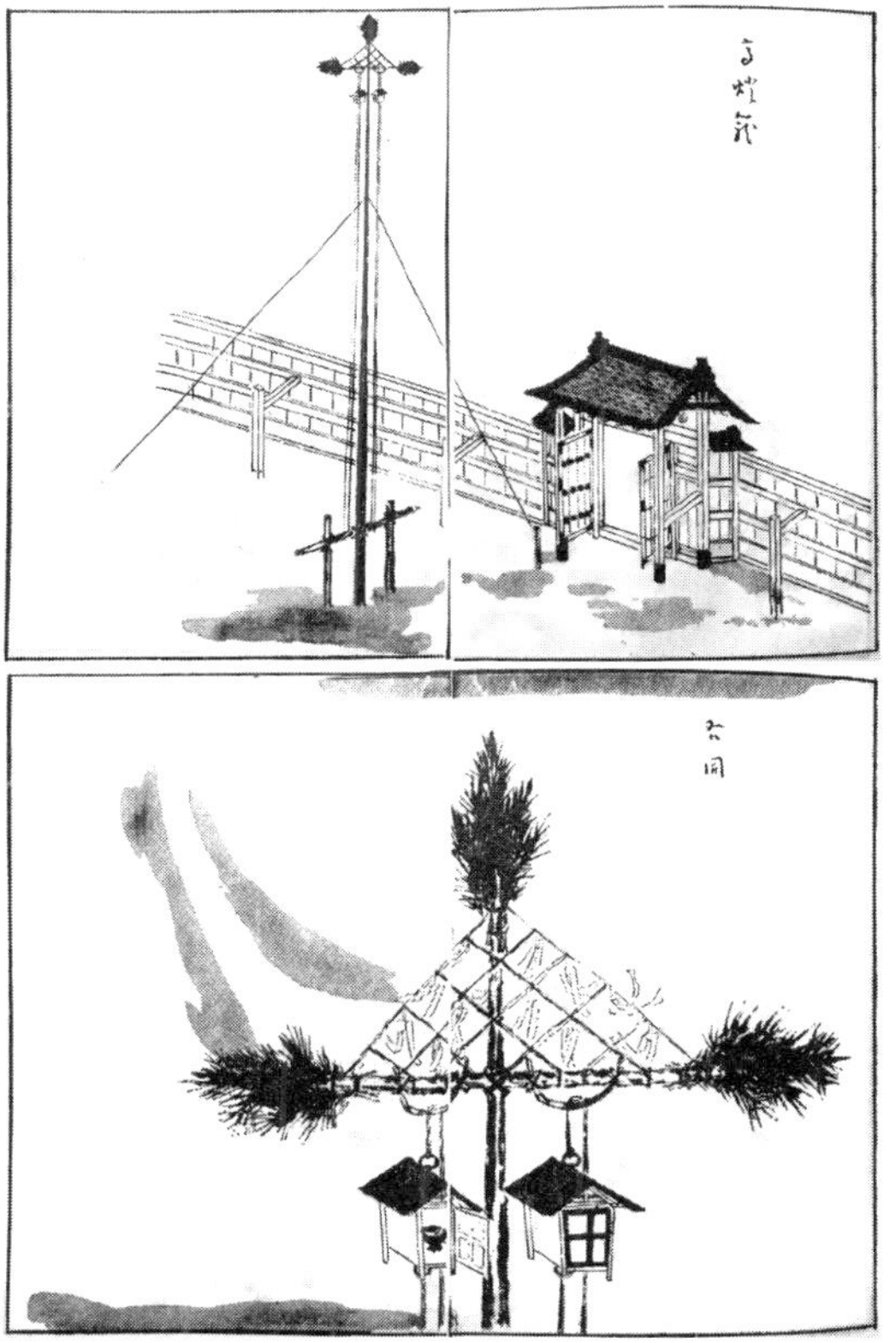

高燈籠（『出羽国秋田領風俗問状答』）

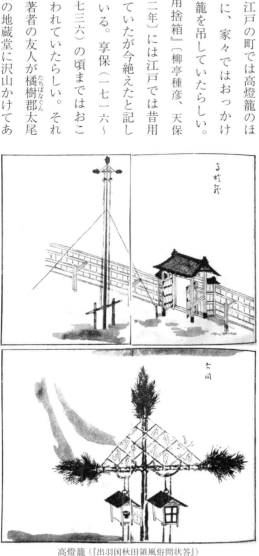

ったからと言って持って来てくれて、初めて見たとスケッチまでのせている。この簡単な燈籠を吊す風は関西には今もおこなわれている。河泉の墓地では新盆の墓にはこれを見かけるのである。もとは分布ももっと広かったのであろう。

高燈籠は関東東北ばかりでなく、瀬戸内海の島々でもこれを見かける事が出来た。それは百年まえの秋田のものとほとんどかわっていないのである。

しかし燈籠や提灯は紙の入手が容易になって来た近世からの事で、それ以前があったはずである。情趣に富んだ燈籠などの出現するまえはただ火をたきさえすればよかったのではなかっただろうか。それは迎え火や柱松火《はしらたいまつ》であったと思う。柱松火は高い棹のさきに松火をつけたところもあれば、棹のさきにかがりたきをつけておいて、それへ松火を投げあげる風もあった。小田原の大松火の如きは殊に壮観で、高さ十間、周囲は三人でかかえる程ある大きなものであった。丸太を芯にし、藁をまいて作ったもので、これを水際近くたてておいて火をともすのである。

京都より北の方の地帯、丹後若狭の方にも所々この風があったようで、若狭丹生《にゅう》、丹後加悦《かや》などのものは壮観をきわめた。京都の大文字山の火もまたかかる習俗の一つである。かかる美しくはなやかなる行事になるまえには、高燈籠の棹の如き、十字架にしたもののさき——即ち今杉の葉などをつけてあるところに松火をさしたものであったらしい事は、近江多羅尾《たらお》の風俗書*によってもうかがわれるのである。

それが国のはしばしでは燈籠になってのこり、中央に於ては華やかな火祭にかわり、一方軒に吊す提灯がはかなげな美しさをほこるようになって、松火と提灯が、もと一つであったとは思えないまでにかわって来たのである。と同時にたましいを迎えるための目じるしであった墓も、今日では墓石以外を想像する事さえ出来ないまでになって来つつある。

海辺に住む人たちはたましいの行くべき常世を海の彼方にあると信じたようである。熊野の浦の渡海《とかい》入定《にゅうじょう》*は中世以来の事らしく、四天王寺の西門は浄土に対すともいわれ、あの石の鳥居まえの海に入って死ぬる者もあったが、今はその海はすっかり町になって、煩悩具足《ぼんのうぐそく》のともがらがうごめいている。

九州の西海岸や山陰の海岸をあるいて見ると、墓地は大抵村里のはずれの海岸、それも岬に近いようなところにある。多分はそこがたましいの来るところであったのだろう。こうした海岸の村には精霊船を送ったり、虫送りの虫を送ったりする一定の場所があって、志摩の和具村ではそこをタツバと言ったというが、タツバはたましいのたちあらわれるところであろうと柳田先生は言っている。

今では盆と正月との差がはなはだしくなって全く別のように思われているが、仏教のかくまで盛んにならぬ頃にはこの二つの晴の日は共に先祖の霊のまつられたものらしい。鹿児島の南につらなる島々の中の一つなる宝島では、正月にもオヤダマサマの棚といって精霊棚同様のものを作っているが、ある年の正月何某という男が、村の東北につらなるカネク（砂丘）で仕事をしていると人声がして「せっかく家へ帰って見たが、もてなしがわるいので子供をいろりにつきおとして来た」と言っている。全く姿は見えないのである。不思議に思って家へかえって見ると、子供がいろりにおちていた。この地でも先祖のたましいは海の彼方から岬へやって来て、そこからカネクをこえて家々へかえるのである。沖縄ではそういうたましいの行く世界として海の彼方にニライカナイ*を考えた。

どうして、どこから新しい考え方が流れ込んで来たのか、または考えつくようになって来たのか、人々の死やたましいについての考えは色々にかわって来ているようである。死者のためにタマヤを設けることも、場合によれば、古墳の埴輪の家にまでさかのぼられるのではなかろうか。九州南部では死者をうずめた上には必ずタマヤをおいている。切妻のものもあれば、輿型のものもある。供え物などはこのタマヤの中におくのである。しかしたましいがいつまでもそこにいるものとは考えなかったようで、屋久島では葬式をした翌朝、まだほの暗くて他の鳥の来ないうちに、墓地へ行ってタマヤの中に足あとがついているかどうかを見る。新しい土の上に足跡があればたましいは鳥になって先島の方へとんで行ったのだと信じられており、跡のついていない時はこの世に未練があって往生しきれずにいるともいう。このタマヤは墓のたてられるまでそのままにしておく。桜島などでは墓石がつくられてもタマヤが上に作ってあるのを見かけた。このようなタマヤは四国の北海岸、瀬戸内海、中国地方などにも所々に散在して残存しているが、関東東北ではあまり見かけないようである。木製のもののほか、茅などで編んだこもでかんたんに作ったものも少なくない。ほんの一時的なものになってしまっているが、もとはもっと恒久的なものではなかったかと思われる。

長野県伊那谷《いなだに》では古い墓はすべて石のホコラ型のものであった。四百年をこえるもので墓石を持つものはほとんどないという。三河のあたりでも草分けの先祖をまつる御主様とよばれるものは石製のほこらが多かった。もとは丹波の山中などにもおこなわれていたようである。

いやその分布は広くて、瀬戸内海の島々にまで見られた。更に奄美大島、喜界島《きかいじま》あたりまでも元禄以前の墓はホコラ型のものであったという。これらの島々ではこのホコラ型の墓と共に風葬*の洞窟が存在したのである。そしてこの島の墓と、瀬戸内海伊吹島《いぶきじま》の古い墓との形式のあまりにも近いのに、南島出身の岩倉市郎氏**はおどろいていた事があったが、たましいは常世《とこよ》に去ると信じつつも尚こうしてまつらずにはいられなかったのには別の原因があったのであろう。

それが今日のような墓石になるまでにはまた一つの変遷があった。関東から東北にかけては鎌倉時代以来、しきりに供養碑をたてている。もとは戦のために死んだたましいをなぐさめるためのものであったと思われるが、後には子がなき親たちの年忌に供養のためにたてたものらしい。岩手県江刺郡愛宕村《えさしぐんおだきむら》〔現・奥州市江刺区愛宕〕の嘉暦元年（一三二六）のものなどは「法阿禅門成仏得道」とあり、このほかにも「入佛道」「得道」をきざんだものをいくつも見かける。そしてこれらの碑はその三十三回忌にたてたものが少なくないようで「右意趣者慈父三十三年故也」（西磐井郡日形村）などとあるものがあり、しまいに「孝子敬白」と記している。

今の墓がこうして不慮の死にあうたものの供養にはじまって、年忌供養の記念にたてたものである名残りは死後、一年三年または七年、長きは十三年の年忌に墓石をたてる習俗の広く分布しているのを見ても察せられる。

そうして国の中は墓石ばかり多くなろうとしているが、これが古くからの国ぶりでなかった事は、僅かばかりの反省によっても知り得る。そしてその墓石の年号の一つ一つを見ても江戸時代以前のものは何程もない。我々の名はこうして石にまできざみつけて残すほどの価値あるものでもなさそうである。我々は我々のした仕事が人々に記憶せられるものでありたい。そしてそれがよき墓標であろうとは、おびただしい墓石の群を見るたびにしみじみ思うのである。〔『學藝』五巻六号〕

葬儀と埋葬の事例

鹿児島県屋久島

①麦生

ガンノサシアゲ　病人はたいていどこかへ願をかけているものであり、また病が重ければ一族のものも願掛けしているので、当人が目をおとすと、だれでもよい、すぐ神床に行って「ガンを差し上げます」と言った。

ガンホドキ　病気で願掛けしてよくなった時は、ガンホドキとて、願掛けした社寺へお通夜に行き、また二十三夜待に餅をついてあげたものである。

キタマクラ　ガンノサシアゲをすると同時に死者を北枕にする。

シラセ　シラセはかならず二人で出かける。死人の枕許にはかならず線香をたて、水をあげる。

ユカン　湯棺は夜おこなった。親が死んだのであれば子がおこなう。悪い衣装をつけて、藁縄の襷をかけ、畳をあげて板の上でおこなう。タンゴ〔担桶〕に水を汲み、柄杓は逆手に使った。湯をあぶして

（あびせて）しまうとタンゴを持って川へ行きタンゴを洗う。洗ってしまうと中に石を入れて戻って来る。そのとき家のもののだれかが大きな声で、その人におらびかける〔呼びかける〕ものとされていた。それは何とよんでもよかった。

イトマゴイノメシ　親族のものはそれぞれの役があり、その役についているものは出棺の前にイトマゴイノメシを棺の前で食う。

ニセヅレ　棺はニセヅレとて村の二歳《ニセ》組のものが昔からかつぐことになっており、棺日は仕事を休んで集まって来る。今はラッパを吹いて集めている。

葬　列　行列の次第は

先頭　長男。旗または提灯を持って行く。

次　子供。年順に行く。

次　村人。ヤクと言って旗など持って行く。

次　棺。二歳がかつぐ。

次　女がついて行く。平生着のややよい程度のものを着て行く。

金持はミチノテとて反物をひいてそれにつかまって行くが、一般のものはしない。

埋　葬　埋葬は土葬である。墓地はそれぞれの部落に二、三ヵ所あり、そのうちの自分の家の墓地へ埋める。

ガン　葬式の時は棺のほかにガンというものをつくり棺をその中に入れる。ちょうど神輿のようなもので、竜頭など刻んだのがつけてある。棺を埋めると、ガンはそのあたりへ捨てておいた。

タマヤ　三日たつとタマヤという小さい祠の如きものを作って埋めた上へおく。この中には位牌が入れてあり、花や線香をそなえられるようにしておき、扉は平生は閉めておく。タマヤがくさると墓をたてたものである。

今タマヤとガンの区別がなく、ガンをタマヤに近い形に造ってそのままタマヤにしている。

キヨメ　葬式から帰ると、死んだ人の家ではキドバシラの所に膳を倒《さか》さにしてその上に皿かゴキ〈御器：蓋付きの椀など〉かに塩を入れてあるので、親戚のものは各自自身にふりかけて中に入り、一同食事する。一般の人は川へ行って足を洗う。そのときかならず川下の方に向かって足を入れる。洗うのはどちらを向いて洗ってもよかった。

七日毎の祭　祭は七日ごとにおこなう。三〇日目にはていねいな祭がある。普通にただ「日が来た」と言って、米をコヅいて団子を作り、また麦菓子を四通りも五通りも作って供える。村人は米をいくらかずつ持ってその家へ行くと、米を持って来た容器へ菓子を入れて返す。そして汁と飯とを振舞う。米が三斗も五斗も要ったもので大きな祭であった。

イトマゴイ　葬式に香典をあげる風はほとんどない。ただ死んだとき村人はイトマゴイとて顔を見に行き、ゴ〔仏前の供物の器〕に一杯ばかりの米を持って行く。葬式のときもミオクリとて門の所に立って棺を見送るだけである。親戚、知人、近所のごく親しいもので手伝いに行く人は、米一升を持参するのみである。

ボダイ（先祖の祭）　先祖の祭はムカワリ〔一周忌〕、三年、七年、一三年、三三年で、三三年をボダイの終わりという。

マクラ　墓はタマヤがくさるとたてるのであるが、その余裕のないものは、マクラと言って自然石のとがったようなものを仮にたてておく。死人がマクラにしているという。これに戒名を墨で書き、墓として拝む。

ソトバ　また、ボダイをするたびに墓の後にホトケ〔卒塔婆〕をたてるのであるが、三年はムカワリより、七年は三年より……と漸次高く大きなものをたて、三三年目には一尋《ヒロ》〔尋：両手を広げた長さ〕ほどのものをたてる。

墓には千年草〔沖縄から鹿児島にもたらされたドラセナか?〕を植えておいて花の代用にする。葬式の時一本さし込んでおくと、いつまでもあり、いつもあった。もとは自分の家の庭に植えておいたものだが、四、五〇年来墓へ植えるようになったという。

同齢者の呪《まじな》い　麦生、原では隣部落の同年の人が死んだということを聞くと柄杓で水をくんで、その柄から水をたらたら垂らして飲んだ。そうしないと自分も死ぬというのである。

ミズゴ　赤子の死んだのはミズゴと言って葬式はしなかった。墓石は小さいものをたてる。原、麦生などでは墓は全部北向きにたてた。

親子関係と相続　父母は末子が面倒を見るが、その死に当って、父の棺はかならず長男がかつぐものとし、母の棺は二男がかつぐものときめている。したがって父親の死病という時には、息のあるうちに長男の家に引きとった。母親の際は二男の家に引きとるということは少なかったが、二男がどこにいても、かならず帰ってきて棺をかついだ。

位　牌　位牌は葬式がすんで一週間たつと、僧が分家の数ほどつくって持ってきてくれるから、どの家にも位牌はある。したがって盆正月に本家へ仏を拝みに行くようなことはない。

兄弟のつきあいでは兄をたてる。これはたいてい家父が死ぬる時に兄を大事にせよと遺言する。したがって弟たちは兄の家に加勢に行くことが多い。兄の方からはそれほどにこない。が、面倒はよく見て、すべて親代りを勤めてくれる。しかし兄弟が死ぬると、二代目からは仕事の加勢ということはなくなる。また兄の家を大切にする風もあるが、位牌が各戸にあって地面から何から一戸前を持っているとすると、二、三代で本分家の交際は多くは絶えてしまうが、分れていった家は皆同姓であるから、どれが本家であるかよく分った。位牌の多い家が古い家ということになるが、時にその位牌も処分することがあったと見えて、古いものはあまり残っていない。

② 宮之浦

北　枕　人が死ぬると仏棚の前の畳をはぎ、ゴザをしいて、そこに死人を北枕に寝かせる。

ギョージ（行水）　送る前にギョージということをする。ギョージは従兄弟が主としておこなう。夫の場合は妻がおこなう。白浴衣を着て縄の帯で、縄の襷《たすき》をする。死人の身体を洗ってしまうと白木綿で作った肌着を着せる。次に棺におさめる。

入　棺　棺に身体を入れるとき、木綿で袋を作って、死人が生きていたとき好んだもの、米、および先の世の土産とて菓子を入れ、白い肌着の上に一番よい着物か二番目のよい着物を着せて入れ、上を釘づけにする。そのとき親族一同集まって泣く。次にタマヤで掩う。

棺は桶である。立膝をさせて入れる。棺桶は前もって自分で準備しておく。そうして桶を用意しているものは死に対しても安心している。そうでなくて急に死んだものとか、貧しいものは、トビウオを入れる桶でやる。中にはそれでやってくれと内々頼んでいるものもある。

タマヤ　タマヤは大工に頼んで人の死んだ時、あらためて作ってもらうものである。これには親類の人が加勢する。たいてい四角で、前の方にも後の方にも、唐草模様を板に書いて挽いたものをつける。

前に扉をつくり、布をさげるようにする。両側には窓のような穴がある。竹で編んだものをそこへつける。タマヤの内側の四隅の柱になるものは下に突き出ている。先をとがらせて上に差し込まれるようにしておく。棺はこのタマヤに入れ、寺から大きな棒を借りて来てくりつけてかつぐ。

先島丸　タマヤの後にはかならず船の絵を書く。今は汽船である。先島丸という船名を入れる。

マツリが足らぬ　夢見の悪いときは祖先のまつりが足らぬときだという。

流行病　疱瘡に限らず、流行病で死んだものや、漂流死体は志戸子へ行く道の海岸に沿った瀬端にうずめた。

ワカレノサカズキ　入棺がすむと、ケンチャン（大根、素麺、人参、豆腐などを油、塩、醤油などでいためたもの）、ニシメ、ソーメンなどをお供えして、その前で家族のものは別れの盃をする。

葬　列　葬列の次第を見ると、

先頭　次男。竹笹の先に提灯をつけたものを持って行く。

次　旗。何某の霊と書いてある。

次　旗。この旗は人々のあげた旗で、近頃出征兵士を送る時に贈るような旗を昔から身近いものがあげた。近親が持つ。

次　僧。

次　タマヤ。二歳がかつぐ。悪い病気で死んだ時は二歳は行かなくてよいことになっている。その時は近親のものが人足をする。

次　枕仏（位牌）。長男が持って行く。

次　造花一対。二人の人が一つずつ持って並んで行く。亡くなった人の兄弟が持って行くことが多いのだが、それのいないときは近い親類が持つ。

次　膳。足のあるもので、ヌリ椀に御飯、汁、ケンチャンなど盛って、飯には箸を突き立てる。これも近い親類のものが持って行く。

次　何も持たないやや遠い親類のものが続き、その後に一般会葬者が行く。

イケ　埋める穴をイケという。近い親類のもの二人か三人のものが行って前日に掘る。その朝行くこともある。ヤマガ（山鍬）またはノウチガ（野耕鍬）というものの柄を半分に切って用いる。掘り方がすむ頃に、家から酒と煮たものを持って行く。また戻って来てからも御飯を食べさせ焼酎をのませる。

葬場《とむらいば》　葬列がイケに行く手前に祭る場所があって、そこで三回か五回棺桶をまわし、北向にすえる。その前に筵をしいて、そこで簡単な祭をする。会葬者は四方に坐っている。次に焼香などする。それがすむと、一番身の近いもの、夫の場合は妻、妻の場合は夫が、「よかところに行けよう」といってタマヤを二、三度叩く。そのとき会葬の女たちは泣く。

埋　葬　式が終わると二歳だけが残って、他のものは親戚といえども帰って行く。そうして二歳だけでイケに行って棺を埋《い》け、旗はその周囲にたてておいて、そのまま帰る。

カナクソ坂　葬場へ上る途中にカナクソ坂というのがあるが、葬場から帰るとき、死者の家族、血族すわなち喪のかかっているものはまたもとの道を引きかえす。一般会葬者は、その坂を下らないで、それぞれ別の道を引きかえす。

キヨメ　喪に服しているものは、帰って来ると家のキドグチに盆に塩が盛って、タンゴに水が入れてあるので、塩で浄めて足をあらって上る。会葬は一般に裸足である。一般会葬者は葬場から川のほとりへ下りて来て、手をあらってかえる。

会葬者　会葬者の範囲は家によって違う。部落のために尽した人があれば部落全体が送り、普通の人は近所やその人を知っている範囲の人たちぐらいでごく少数である。その他としては同年者はかならず葬式に行く。

マツリ　葬式から戻って来ると家でマツリ（会飲食）がある。料理は簡単なもので、飯のほかに、素麺、ケンチャン、里芋、昆布、油揚、海苔の汁などで、容器はすべて黒塗の木椀である。飯椀は特に大きいものを用いる。招かれる人は近所と六親等ぐらいまでのものである。そのときには何も持って行かない。このマツリのときの箸は竹であたらしくかいた（削った）ものである。

マツリは三日、七日、四十九日などがあり、忌の晴れるのは一年目である。年忌は三年、七年、十三年、十七年、三十三年とおこなわれ、三十三年で終わりになる。

七日の祭　七日の祭には葬式の加勢に行った人のすべてが招かれる。そのとき、親類の人は香典を持って行く。兄弟は米一俵、その他の人は金を三円から五円くらい包む。親類のものは葬式の前後二、三日は喪家で飲食するものである。一般の人は香典は持って行かない。死んだとき、近所の人二、三人が組んで「つまらぬことであった」と言って悔みに行くぐらいのものである。

墓　参　葬式後一週間は毎晩墓参をなし、墓のそばで火をたき、また別図の如き孟宗竹長さ四尺ほどのものの節をうち抜き、噴水のように水をとばす仕掛けをしたものに水を入れて、水をとばせる。その名称については話者は失念していた。

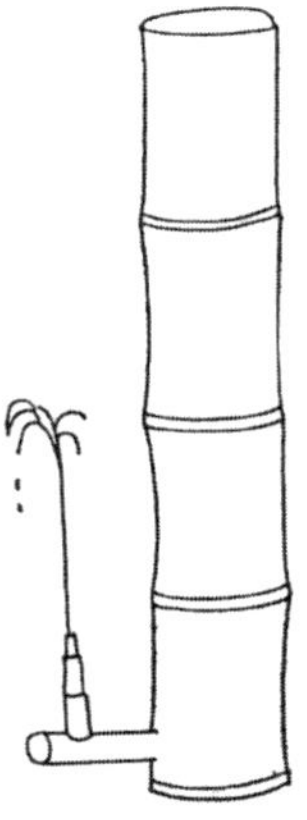

新仏の墓に供える竹筒
（上屋久宮之浦）

黒不浄のつつしみ　肴を食べない。女であればその間白い布片を頭にまき、またケダ（マサカキ）の葉を一枚さしている。神社へは参詣せず、祝事の酒宴へ出ることは遠慮する。

魂の行く方　葬式をした翌朝二人くらいで、未だほの暗い、他の鳥の来ないうちに墓地へ行って、タマヤの中に鳥の足跡がついているかどうかを見る。新しい土の上に足跡があればよいという。それは霊が鳥になって先島の方へ飛んで行ったからだという。跡のついていないのは、まだこの世に未練があって往生しきれずにいると言われている。そうして幽霊に出るという。

死人の川　死人が生前着ていた物を洗う川がきまっている。死人の川と言っている。死人に最も近い親戚のものが、朝早くか夕方おそく、人目をさけて着物など抱えてそこに行き、洗濯して絞って、人目のつかぬ時に乾す。汚いものは浜に埋めて帰る。この行事は二人でおこなう。

幼児の埋詣　七歳までに死んだ子は本葬をしないで、夜明けに埋める。一、二歳の子供は素麺箱に入れて埋めた。タマヤも簡単である。その棺は親がかかえて行く。

畳がえ　死人のあるときはすぐ畳をしきかえる。出来るだけ同じ方向に向ける。

ミミダゴ（耳団子）　宮之浦では同年のものが死ぬると、麦の粉をひいて団子をつくって食べる。男が死んでも女が死んでもおこなう。他人にも食べさせることがある。これをミミフタギとも言った。

③　一湊《いっそう》

葬　儀　この地では地縁的な助けあいはない。親戚と知りあいのものが集まって来るだけである。会葬には仏教婦人会があるのでそれが参列する。

棺は死者に身近い人がかつぐ。永田では青年がかついでいる。また知りあいのものは、その頃が農業の忙しい時であると、山の仕事がおくれてはならぬとて、その日、田畑の仕事をしに行ってやる風があった。これは永田にもあって永田ではやはり青年がおこなっている。

葬儀のときにはまた町（部落の中の一区）の各戸から一〇銭ずつ出し、葬儀費の足しにすることにしている。町で集めて持って行く。

葬儀のとき近い親戚は下駄をはかないで足袋のままで行き、帰って来ると塩をまいて足を洗う。

この地は真宗になって火葬の風が相当におこなわれるようになって来た。

ヨセバカ　墓は一人に一基であったが、近頃ヨセバカをおこなうものもあるようになって来た。

ミバカとマツリバカ　一般は死んだ人を埋めた上に墓をたてるが、立派な人、たとえば日蓮上人や日増上人のような人の場合は埋めた上にも墓をたて、また、村々にも別に墓をたてることがある。人を埋めたのをミバカといい、まつるためにたてた墓をマツリバカという。島内は至る所に日蓮、日増両上人のマツリバカがある。〔『屋久島民俗誌』〕

鹿児島県宝島

死から入棺まで　病者が目をおとすと、すぐ北枕西向きにする。枕は藁で作ったものである。そうして線香を二本たてる。
次に棺に入れるのだが、その時まじないをする。まじないをする人は親類の人たちで、二、三人いる。

その人たちが入棺するのである。身体を洗って木綿の白い着物を着せて、棺に入れる。世話をする人たちは裸でシタオビ〔ふんどし〕をしているくらいの仕度である。

身体を洗うと言っても、柄杓で三杓かけて頭と顔くらいで、それで身体全体を洗った気持でいる。床の上でおこなう。その床板は抜いて日の照らぬ木の下や、人の見ないところに捨てる。湯棺の水も桶も柄杓も一緒に墓に埋める。桶、柄杓は古いものを用いる。その夜は従兄弟ブラ、親類ブラは集まって夜伽をする。

棺　棺はヒツともいう。前から自分のために作っておく人もある。若い人でそういうことをする人は少ないが、老人たちはたいてい用意して、棺の中へ死衣裳などしまっておく。棺は杉の木が多い。用意していないものも、今度は駄目だというような病気になると家族のものが作る。その余裕のないものは、砂糖樽など代用することがある。

忌《いみ》の生活　人が死ねばその家では内神の棚に注連を張る。また釜屋の大きな竈に張り、大家の火の神、クウヤにも注連を張る。この注連はだれが張ってもよい。

また釜屋のツツドイのそばに別竈をつく。別竈もだれがつくってもよい。

村でも人の死んだ時はすぐ大事な所に注連を張る。神社の前、宮山などがそれである。注連を張るとその中へは入れなくなる。宮山の注連はそのあずかりの人が張るのである。注連が下りると村は休みになる。昔は一島が山仕事も内仕事もしなかったものであるが、今は山仕事を休むくらいのものである。同じ宮の中でも堂宮は張らない。これは「神ながら仏ながら」の宮だからである。

かくのごとき不浄の忌は一島の人たちには八日間かかる。八日目を八日のハレとて神役をたのんではらってもらう。神役はそのあずかりの家を、シオバナをそぶいて〔清めの潮を撒いて〕拝んでまわる。

忌は死者のかかりあいによって違う。親の不幸の忌は二〇日間、兄弟の忌も二〇日間。昔は五〇日間であったという。それでは長すぎるので、皆が分けて受けることにし、短くしたのだという。

その家にかかっている忌は二五日間、自分の子がはてて親が忌をかぶるときは逆忌といい二七日間、祖父の忌を孫がかぶるのは七日間、孫の忌を祖父がかぶるのは三日間、従兄弟姉妹の死に対する忌は一四日間、祖母に対する忌は祖父と同じ。再従兄弟の忌は一週間、三従兄弟の忌は三日間、ミイトコまでで忌がきれる。親戚のつきあいも三従兄弟までである。

死人の家は三日間田畑へは出られない。三日をすぎれば田畑仕事はしてもよい。親戚のもので忌のかかった場合は田畑仕事はしてもよい。ただし共同仕事には出ない。これは死人の家も同様である。そのほかには神に参らず堂宮に入らないのである。

七歳以下の子供の死んだときは忌もなにもない。人にかかる忌と、家にかかる忌とはちがう。二〇日間に人の忌は晴れても、二五日まで家の忌はつづく。家の忌は、家の神に対する忌である。

嫁の方は血統がかかっていなければ忌はない。たとえ主人が死んでも三従兄弟以内でなかったとしたら忌は全然かからない。つまり妻としての忌はかからないのである。したがって妻の一族にも忌はかからない。

主人の両親が死んだ場合でも、主人の妻は別である。たとえ死人の世話をしたとしても、忌はかからないのである。ただ忌がかかっていなくても、その家に忌があるので、宮にだけは参詣しない。

婿養子の場合には、嫁方のものが死んでも婿すなわち主人には忌がかからない。

つまり、忌はどこまでも血統によってかかるものなのである。しからば一家の中での忌のかかったものと否《いな》との生活はというと、別竈で食べるか否かである。忌のかかっているものは別竈で炊いたものを食べる。一家五人のうち四人までかかっていれば、その四人は一つの別竈で炊いて食べる。嫁一人が忌がかかっていないとすれば、嫁は元通りの竈で炊いて食う。嫁も別竈にするというようなことはない。

村の五人の神役、平家堂の君神は、忌中の場合は着物がちがう。大祭のとき神様に参る神支度である。白い着物でウツギというものを着る。特に忌のために別につくってある。忌中にある神役は一切仕事ができない。

ウッタチ　別竈をつくまえに火を改める行事がある。棺を送り出す時、釜屋のジロ〔囲炉裏〕でウッタチ〔出立ち〕の火をもやすが、棺を送って戻ってくると、その火を消して別にジロの火をつけて、それで茶を沸かし焼酎を飲む。そうしてその翌日から新しい竈で煮炊きをするのである。これで本当の忌中生活になる。

ヒガハレル　さて三日ないし二五日の忌中生活があって、忌が晴れることをヒガハレルという。ヒノハレの日には神役が八日ハレの時と同じように祓ってくれる。祓ってもらわぬと神様を祀ることができない。

ただし家族個々人の忌の晴れ方は違う。それは一人一人で忌の長さが違うからで、個人として忌の晴れた者は別竈から普通の竈に直るのである。そして個人の忌が晴れてもなお家の忌があるので、家の忌が晴れて初めてまったく忌がなくなる。

そうすると別竈に使った鍋は早速磨いて潮できよめて常用にする。

十二月末に人の死んだ家では忌は二年にわたらぬものとて、大晦日がくると忌が晴れる。また、正月中に死んだ家では、忌はその日一日で晴れるのである。そして死んだ晩に四十九日までのことを一切してしまう。

神役の家で死人のあったときは、二十五日をすぎてヒガハレルと神役に皆きてもらって拝んでもらう。

棺を移す　さて、もとへ戻って、床や内神の前に注連を張って表の間の準備ができると、棺を表の間に移す。床の一枚莚とて、床の前の畳を一枚とり、莚を敷いて、そこへ棺をおく。この床の前の一枚莚を敷くところへは、普通の日も人を寝せない。

かくて棺を床にたてると紙で切った花や、タブノキの枝をとってきてたてる。紙の花はなるべく美しく色どりして立てる。ただ、花と言っている。

送るのは夜である。棺は表から出す。送る時、鎌を持って寺まで行って、帰ってくると家の中へ鎌を投げ込む。投げ込むのは親類ブラの血のかかっている人である。この鎌は墓まで行って、俵を棺を埋めた上へかぶせる時、俵を切るのに用いる。とむらいの時は一装用〔一張羅・礼服〕を着て袴羽織で行く。

ウッタチする前にジロの火を消して、ウッタチの時、ウッタチの火を焚きつける。ちょっともやすだけである。親類ブラのヒのかかったものが焚く。やかんをかける時は、やかんの口を下の方に向ける。

ソウシキとトムライ　この地ではウッタツ時までを葬式といい、それから先をとむらいという。

葬　列　葬列はじつに静かなもので、鉦も何もならさぬ。着物はよいのを着るが裸足で行く。
葬列は次のごとくである。
1　六地蔵——親のいない、しかし、死者の血のかかっている人が一人で持つ。六地蔵と言っても竹に紙をはさんだもの六本である。寺のカドの中（イリコミ）に立てる。
2　とむらいの人——集まってきたとむらい人の半分がまず行く。それはだれでもよい。そのうち死者の子にあたるものは、御膳、花、茶湯をあげる器、後とりになる子が香、女の子が飯を手に持つ。

子供の少ない時は供えるものを二つも三つも一人で持つ。なお手の足らぬ時は死人に近しい人で親のないものが持つ。子供のないものが死ぬと兄弟とか親類ブラの人が持つ。

3　棺――かつぐのは二人、親類ブラのだれでもよい。

4　とむらいの人――後の半分が従う。鎌を持つ人はどこにいてもよい。

送る人は多くて三〇人、少ない時は一五人くらいである。じつにひっそりとしている。血がかかっていなければ隣からでも手伝いに行くことはない。血がかからなくて手伝いをするのは、妻や妻の親許のもので、妻は夫の死んだ時は墓まで送って行く。

子供の死んだ時は親はとむらいにはついて行かない。

寺（墓場）のカドまでくると、道に莚を敷いて、それを棺がまわって、そこへ棺をおき、花をたて皆で拝んで寺にいけるのである。坊さんの役目をする人はいない。

埋穴　この地は土葬である。穴を掘るのは死者の甥二名である。まだ明るいうちに寺に行って掘っておく。穴の大きさは入れる棺の大きさによって違い、一定のきまりというものはない。穴を掘ってかえると、釜屋のドジ（土間）でおやごきに焼酎を入れ、味噌をシオケ〔肴〕にしてそれを飲む。

埋葬　棺を墓の中に入れると香をたて、とむらいの人の数だけ石を入れる。ただし石とは限っていないで泥をも入れる。膳、ゴキ、六地蔵の紙なども棺の上にのせる。次に土をかぶせる。一番初めに相続人がかぶせる。後は水がもらないように泥をかため、周囲は石でかためをする。これをザツキという。これで水が他へ行くようにする。埋めてしまうと上に俵をかぶせる。

戻ってくると、樽に水を汲み、藁を敷き、足を洗ってその上にあがり、真塩を箱の蓋に入れておいて、それをパラパラと身体にかけて浄める。

鎌を家に投げ込むのは、この身を浄める前である。浄めた人は皆玄関口の方から座敷に上る。

タマヤ　埋葬した上にタマヤをおくのはもと四十九日目であったが、今は四十九日までにおく。それまでは俵のままでおく。タマヤは死んだものの子が造る。子供のないときは親類ブラにたのむ。

埋葬した上にのせてある俵をとって小さな石をいくつものせ、タマヤをおく。タマヤの中に石をおくことはない。

俵はとってのけて日の照らぬところに捨てる。

カクス　神役の家で祭のとき人が死ぬると、死人をすぐ送り、家をたてこみ、祭の後でノウッタチをする。死人をすぐ送ることをカクスという。祭の後のウッタチは、小さい棺を作り、それに死体を入れる真似をして、寺に持って行き、ザツキの石をのせておく。それまで

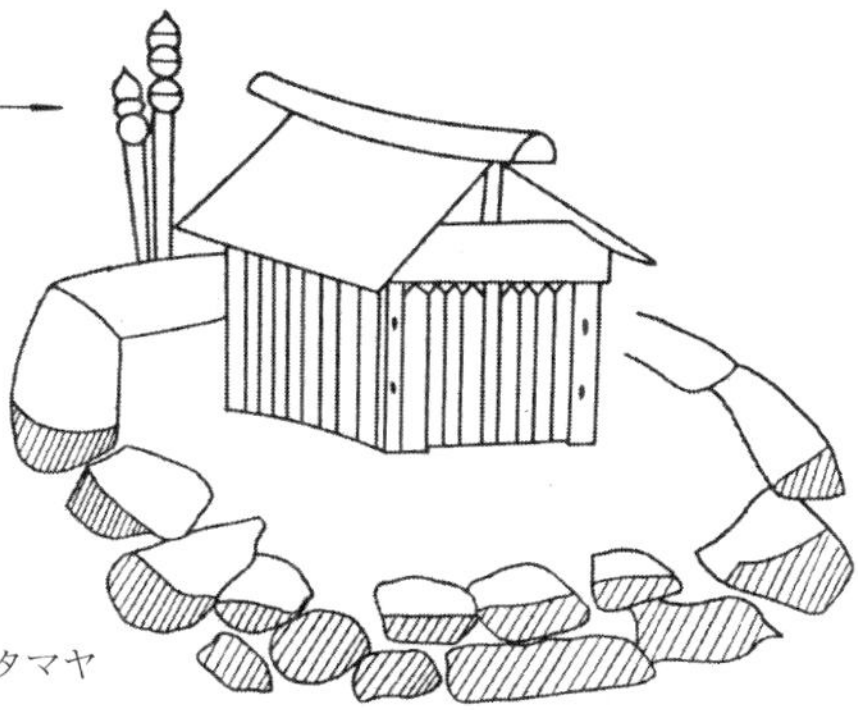

タマヤ

は仮に埋めてあって、俵がかぶせてあるだけで石はのせてない。ザツキにする石はノウッタチの日に親類ブラが持ってくる。これはお互で、血がかかっていてもいなくても加勢しあう。

神役の家でなくても祭中に人が死ねば祭の後でウッタチ（ノウッタチ）をする。

四十九日　表の間の畳の上に戸板をおいて、莚もしかないで新しい先祖をおろし、供え物をする。供え物としては、餅を四九つくる。径一寸五分ほどの餅である。四十九日目の朝供える。その他野菜類、茶湯を供える。

ホトケギ　また、ホトケギを作って墓へ持って行ってたてる。卒塔婆のことである。小さな棒の上部を平たくし、これに五輪塔の形をきざみ、赤と黒をだんだらにぬる。これを晩に墓へ参りに行った時、家のものか親類ブラの人が立てる。タマヤもその時かぶせるのである。

ホトケギは墓の後、死者の頭にあたる方に立てる。供え物は足にあたる方におく。拝むのも足の方からである。

ホトケギの材料はタブノキ、アマキ〔ギョボク〕などが多い。センダン、クワの木はあまり使わない。

一年忌（一年忌というのはあるようであるが、その祭の方法については聞き落としている。）

三年忌　四十九日の祭と祭り方は同じことであるが、供える餅が三つになる。

年忌はどの年忌でもその命日におこなうのではなく、八月十五日におこなうのである。十五夜様にまずなりものを供えてから先祖にも同様のものを供える。なりものと言っても唐芋、蜜柑のようなものである。ホトケギを墓にたてる。これは四十九日のものより背を高くする。

七年忌　普通の家では、七年忌は三年忌とほとんどかわらない。ただ供える餅が七つになり、ホトケギの高さが三年忌のものより高くなるだけである。

神役が死ぬるとその七年忌には、盆に先祖祭をしてから、八月十五日または十六日に年忌のしまいをする。ただし辰の日、酉の日、寅の日、子の日、家主の年日《トシビ》は避ける。〔後述「トシビを忌む」の項参照〕

ホトケタテ　年忌のことをこの地ではホトケタテと言っているが、他の年忌と同じく、先祖を先祖棚から下して戸板をしいてその上に祀る。

（附記：松下朝彦氏の話ではこのとき戸板の上に莚を敷くとのことである。）

そして餅七つを重箱に入れ、野菜類、飯、米をも供える。一日だけお祭りする。そして午後四時ごろお墓に行ってミズアゲをする。ミズノコは米、野菜をこまかく刻んだものをごっちゃに交ぜて水にひたしたもので、それを墓に供える。神役の場合はこれでホトケタテを終わる。

十三年忌　一般には十三年忌までおこなう。そのホトケタテはやはり八月十五日夜すぎである。戸板をオモテの間に畳の上にじかにしいて、その上に莚もしかず年忌にあたる先祖を下す。供え物としては餅をつく。他の年忌と同じく径一寸五分ほどのものを五つずつかぞえて四つの重箱に入れ、それに米の初穂を入れ、また別に餅を十三重箱に入れ、同じく別に米の初穂をお膳に入れて先祖に供える。そのほか蜜柑、九年母《くねんぼ》（柑橘類の一種）などを戸板の上にそのまま供える。芋がらを一束くって重箱の中に立てる。その梢の方をしばる。数は何本ときまっていない。花立てを仏棚から下し、茶湯を供え、盃にて焼酎を供える。茶湯は朝昼晩の御膳を供える時に一緒に供える。茶湯の外に米の初穂を供える。これはナラ茶という茶椀に入れて供える。これも一日二度かえる。

この祭は朝の御膳（四つ組）を供える時から始まって、晩の御膳を供えて終わる。ホトケタテをする時は親類ブラへ「今日はホトケタテをしますから水をあげてください」とて案内する。そうして一同で仏祭りをなし、晩には墓へ墓むい（墓参り）に行く。そのとき柴のついているホトケギをたてる。これが年忌のすんだしるしである。帰ってから、参りに行った人たち全部で拝みをする。拝みがすむと酒やオカベの御馳走が出て酒盛りになる。

戸板の上に供えたものは分けて食べる。仏様は棚にかえす。十三の餅は親の果てた人でないと食べることはできない。したがって兄弟ブラの親のない人に分ける。他のものはだれが食べてもよい。

タチビ　その人の死んだ祥月命日をタチビという。タチビには十三回忌がすんでも、飯、団子、茶湯を供え、また線香をたてる。

位牌　位牌は本家にも次男家にもおく。勝手に作ってもよいのである。ただし分家して未だ神様を祝わぬ家は仏を養なうことはできない。

神様をうつしてから仏を養なうのである。

トシビを忌む　この地は薩摩国に属しているが、薩摩あたりのようにドシを組む風は見られない。また同年のものが祝いあわぬというようなこともない。

ただ葬式のときに、その日がかりに丑の日であるとすれば、自分が丑の年の生まれであれば手伝いに行かないのである。これは同齢感覚とはやや意義が違うかと思われる。これをトシビを忌むと言っている。

墓　地　墓地は現在二ヵ所ある。墓地を寺と言っているのは、もとそこに寺があったからだという。『十島状況録』*によると、上の寺は禅宗で信徒二五戸、下の寺は真言宗で信徒三六戸であったという。ただし宗旨は名のみで、今自分が何宗に属しているかを知っているものはほとんどない。現在は寺も何もなく墓だけだから必然こういうことになったのであろう。寺には遠島僧がいたという。いわばその人たちによってもたらされたのであろう。したがって宗旨と言っても信仰的な意義は少ない。また葬式にあたってはお経もなければ祝詞《のりと》もない。ひっそりとしたものである。特に村人の中に死者を祀るのを専門にしているというものもいない。ただ棺に入れる時に呪《まじな》いをするだけである。

墓地への死体の埋葬はどの地域はどの墓地と言うようなきまりはなく、入り乱れている。その理由は不明である。

墓地は二ヵ所だけでなく、島の南岸の大間と言うところにもあった。恐らく南岸にも民家があったという口碑を裏付けるものではないかと思う。さらに海岸の砂地からも死骨が出るというから、海岸埋葬の風もあったのであろう。

墓標の形式は四通りになるかと思う。

その一は五輪塔である。これはしかし笠になる石が円形のものが多い。年号から見ると元禄ころのものがある。多くは珊瑚礁で作ったものである。平田家の古い墓にはこの形式が多い。

その二はタマヤ式とでも言おうか。別図のような形で、鞘になる部分がくりぬいてあって、その中に石の位牌の入っているものがあり、またはその前に石の位牌をおいたものもある。屋根の部分はもっと複雑で、唐破風のついたのがあり、その破風に紋の入ったものもある。この形式も古いものだという。前田氏の先祖で、「琉球征伐*」をしたという人の墓地はこの形式の唐破風のついた立派なものである。

その三は最も親しい形で、内地にも多く見られる碑面に死者の名の刻まれた四角柱または板碑型のものである。これらの墓は島人がそれぞれ作る。別に石工はいない。

墓標の形式

その四は墓碑を持たず、ザツキの石のままのものである。これも相当にある。これはなぜであるかをたしかめて見る機会を持たなかったが、七歳以下の死体を埋めたものも多かろう。これを要するに、埋葬法は現今残存しているものには琉球の影響は少ないのではないかと思う。

この地はまた両墓制でもない。

特殊な死人の埋葬　海で死んだ場合も葬式は同じことであり、埋めるのも村の墓地であるが、死体のあがらない時は、神祭りにかくした後の祭り（葬式）と同じようにする。〔「カクス」の項83頁参照〕

七歳以下の子供の死んだ時は物忌のないことは前述のごとくであるが、墓に埋めると、その上にザツキの石をおくだけである。後の祭りも行なわぬ。埋めるとき男の子には男の着物の袖をかぶせてやる。

七歳以下の子供は神であると言われている。〔『宝島民俗誌』〕

鹿児島県内之浦町大浦

墓　この地でも石碑はたてる。死んでから三年ばかりして年忌の時にたてる。早い家では一年目にたてるけれども、長くかかる時には八年も九年もそのままにしておく。一年以内にはたてないことになっている。石碑は鹿児島へ注文して取り寄せるのであって、いつまでたっても船便がなければ石碑はたてることはない。〔『大隅半島民俗採訪録』〕

長崎県対馬

① 厳原町曲《いづはらまちまがり》

葬　送　最も親しい人の死んだとき、その人の子、孫は紋付きの上から白い短い着物を着る。カネツケゴ〔鉄漿付子〕はそれを着る。男も女も着るが主として女が着る。一番近い者が位牌を持つが、カネツケゴ、ゲンプクゴ〔元服子〕が位牌を持つことはほとんどない。

埋　葬　土葬をするとその上に土をかぶせ、ヒロイイシ（拾い石）を置き、また泥を置き、その上にまたザイシ（座石）を置き、その上にスヤ（家形）をつくり、線香、米、水を入れる容器を置き、四十九日間はそれにお参りする。

スヤ　スヤには扉や、横にレンゲの花、ショウブの花を描く。屋根の上にトリを木で作って箸の先に付けて置く。スヤの上に、暑いだろうとて、莚か何かで屋根を作る。四十九日がたつと屋根を取りのける。四十九日以後は、百日、一年などに参るだけで、あとは参らなくなる。

三回忌に石塔を建てる。

ここは真宗が多い。

葬式組（シンモウ組合）　曲一一二戸のうちシンモウ（四文）という組あり。組に入っていない者もいる。

新しい分家、他所者、シンモウを三回以上出さない者は仲間に入らぬ。一戸二〇銭〔三〇年前〕、のちにはだんだん上がり、昭和二十四年度は一〇〇円である。

八歳以上の人が死ぬと組合の者は漁を休む。区長以下が集まり、シンモウの取り立てをして死者の家におくる。シンモウ組合に入っていると、区のうちから三戸ずつが穴掘りに行く。村の命令で穴掘りをさせるのである。〔穴掘り役をオンボウという〕

先祖代々の墓地まで棺を持って行き、村人は帰って行く。するとオンボウ三名が三人でかついで行って穴にうずめて、その上にスヤをのせて戻ってくる。棺桶、スヤなどは村人が行って作る。親戚は死人の家に行って葬式を出す準備や、村の役員に焼酎五合、おにぎり、ノ〔墓地〕に行く者にも同様にやっている。

お別れのご飯とて、夕ご飯のお使いを村中に出す。親戚、親しい人が皆行く。そのとき親戚の者は精進であるが、村人には魚を出す。これは近年のことである。昔は白米に豆腐の味噌汁、酢のものであった。坊さんには特別の膳を作る。最近は刺身などを坊さんに出すことにしている。〔『農漁村採訪録Ⅵ』〕

② 峰村木坂《みねむらきさか》

ワブとカラムシャ*　死骸は〔村内に〕埋めないでワブの地に埋める。山を越えた向こう側である。お産で死んだのと、正月、五月、九月に死んだ者は別に埋める場所があった。埋めたあとには墓石がある。

村の中にカラムシャといって墓石をたてている。死んで一年以上でたてる。

死んだときは沖へ出るとリョーガックという。葬式は旗を漁船に立てると良いとか、死体を船に積むことあり。またときには死体を船に積んでワブまで船で持って行くことあり。実際は船で行くことは少ない。

テンガイの上に一本と四隅にトリの形をつくる。松笠の開かないうちに尻のところを割って、鉋屑をはめて尻尾にし、横に羽を差し込む。松笠がなければ棕櫚《しゅろ》か桐の木を用いる。燕の形にする。テンガイの曲がったところに立てる。〔『農漁村採訪録Ⅷ』〕

③ 仁田村久原《にたむらくばら》

ムラキヨメ 葬式の済んだときムラキヨメをする。死人祓。不幸のないように和尚様がマモリをつくり、祈禱をお寺でして村の外れの辻、四ヶ所にはりつける。〔『農漁村採訪録Ⅷ』〕

④ 佐須奈村恵古下組《さすなむらえこ》

コーグミ 佐須奈村恵古は上下二つに分かれている。境は島本氏の下からシモになっている。コーグミ〔講組〕と言っている。下に死人があるときは、カブセ石を山から負うて来て、それを持って行って棺の上に置く。カブセ石は幅の広い石をタカラ〔棺〕の上に置き、その上にハカツミ石を置く。八駄、一〇駄を置く。土葬である。竪棺を作る。棺は村の内の大工を使う。コーグミの者は麦五合、米五合、銭、御神酒を持って行った。二〇人が仮に集まると近くの家にコーグミの宿をこしらえる。そこで飲み食いして葬る。親戚の者は死人の家に集まる。ハカツミのときは同じ組の親戚の場合、親戚の人も一緒に行く。親戚の香典はその人の心持ちである。香典帳によってそれで返しをする。もとは米・麦の一俵で香典とした。死人は死んだ場所でタカラを出かす〔作る〕。死んだときに藁一把を棺の下に置く。それで一把藁を尻にマツクッテはいけないという〔尻に敷いてはいけないという〕。

アンラク堂　棺を作るときに作り、翌日に三日の仕上げをするときアンラク堂〔安楽堂〕を持って行き、中に石を置き、その人の持ってきた物などをその中に入れる。アンラク堂には四十九日、百日にまいる。墓塔は建てる人は七年目に建てる。タカラが腐れてから墓を建てる。建てない人もある。埋めた上に建てる。死んだときは北向きに寝かせる。しかし埋めるときは西向きにする。下組の者が死ぬと三日のヒ〔忌み〕がかかる。もし正月前に死人あれば、その組は正月三日間は門松を立てない。上組には関係がない。〔『農漁村採訪録Ⅶ』〕

⑤ 仁位村千尋藻《にいむらちろも》

カゴカキ・ミズモチ　葬式のとき、ゲンプクゴ〔男〕はカゴカキとてカタギバンになる。カネツケゴ〔女〕であればミズモチとて棺の先で水を持つ。

戒　名　士族はもと九字戒名であるが、百姓は六字戒名である。〔『農漁村採訪録Ⅹ』〕

⑥ 船越村濃部《ふなこしむらのぶ》

アキの方に埋める　人が死ぬと磁石をすえてアキの方〔恵方〕を見て、アキの方へ行って埋めた。家からかなり離れたところ。埋めるとアンラク堂を建てる。中に石が入れてある。ゴリンの石という。

墓はあまり早くたてるのは良くないという。もとは海の向こうに墓地をおいた。葬式のときはそこへ船で持って行って埋めた。その近所にオラビザキというのがある。雨風のときに悪いので墓地を部落に持ってきた。そのとき至るところから墓を持ってきて共同墓地をつくった。土葬である。

三界万霊塔　お寺の上の方に彼岸や盆に水をまつるところがあった。そこへみんなが参った。その下、お寺の脇に三界万霊塔があって、そこへ残りの水の子〔洗米〕をまつった。三界万霊塔の石は真ん中が刳り抜いてあり、丸いゴボーイシが嵌めてある。〔『農漁村採訪録X』〕

⑦ 船越村鴨居瀬《かもいせ》

葬儀と墓地　もとは、人は死ぬると方向を見て埋めた。墓地はいたるところにあった。沖の島〔埋葬の島〕にまであった。後に一ヵ所に寄せた。寺の向こう側に二つの三界万霊塔があって、墓地が分からなくてまつられぬものは、そこでまつっている。

本戸に死人があれば、本戸の者は皆仕事を休み、石をとりに行く。老人は寺で待っていて葬式に加わる。中年の者は中年の者で仕事がある。寄留に死人があれば、寄留の人たちが休んで同様にする。この

場合、元鴨居瀬、新鴨居瀬共に集まってくる。〔『農漁村採訪録XI』〕

⑧ 厳原町豆酘《つっ》

テンガイ　死んだ人には銭七銭、米を袋に入れてやる。テンガイ〔天蓋〕を出かけにヤクスル者が蹴返す。ヤクスル人は四人。死んだ人に近い歳上の人からとる。男だけ。三、四人、アシナカゾーリを履き、ゼンノツナを持つ。〔額部に〕紙を三角にしたものをつける。女は晴着、綿帽子。

屋敷に墓のあるもの二、三あり。急病で死骸を捨てかねるときは屋敷に埋める。〔『農漁村採訪録VI』〕

卒土が浜（ソットガハマ）　多久頭魂神社の境内として考えられる天道茂《てんどうしげ》は卒土ヶ内ともよばれており、神田川の川口から豆酘内院までの海岸を卒土が浜といっている。卒土が浜は千尋藻、豊などにもあって、通らずの浜ともいっている。このような禁忌の地は、さらに古くは埋葬地ではなかったかと思われる節が多分にある。〔注：天道茂　天道法師の信仰に関わる聖地で様々な禁忌がある土地〕

海岸埋葬　ずっと古く、ここで死者のある時、その死体は浜にうずめたもののようで、電気会社のところから夥しい人骨が出た。その一所には大きい石槨があって、そこにはおびただしい人骨があったという。共同埋葬したものか、一時に多くの死者を出したものか明らかでないが、人びとの記憶にのこっていない。

海岸埋葬は他の部落には残っているところが多い。中世以前にさかのぼるものである。この地〔豆酘〕

で記憶に残っている埋葬に対する地域的禁忌の一つとしてハコノサエがある。村の西北、子生坂《こうむさか》のさらに一丁ほど先にハコノサエという所があり、昔は死者のあるとき、そこで死者を入れる箱〔棺〕をつくったという。今はやっていない。海岸埋葬と関係あるものと思われる。

士族と葬儀　士族〔郷士〕、武士は葬儀には参加するが、できるだけけがれをさけた。墓石さがし、穴掘り、カゴかつぎ、死体の運搬、旗もちなどはしなかった。

産児制限　豆酘は一三〇戸程度が長くつづいたと思われる。そのために産児制限は一種の慣習化したものとなっていた。子供が生まれて必要のない時は、子の胸に挽臼をのせて圧殺したといわれる。それを菰《こも》かテボにいれて、金剛院の近くにある法仙坊へもっていき、その寺の空地に山芋を保存するときに掘る大きさの穴をつくってそこへうずめる。すると庵主がそれとなく祈ってやるのである。僧に対するお礼も何もなかったが、僧が拝んでくれれば子もうかばれるだろうと思って埋めにいったという。そこに埋めるのは六歳までの子供で、六歳になると葬式をしてもらえたのである。〔「対馬豆酘の村落構造」(『日本民俗学会報』)〕

葬　儀　人の死んだときは米一升、金三〇銭を死んだ家へ持って行く。葬式の世話は、町内〔シミツ町、後述参照〕が穴を掘り、石を捨石とて持ってくる。家の者、親戚は甕を買うてくる。石を運ぶのは経費が要った。酒二丁も出したものである。割り付けは年老が決める。年老は四十歳以上の隠居してない者。

隠居をしていれば出てこない。親戚の者は隠居していても出るが、分家をしていた者は出ない。死んでも米を出してやらぬ。したがって分家だけの組というのがある。

地蔵様　六歳までの子供のために、六道の辻で迷うとて地蔵様を祀る。地蔵にはアオシバを立てる。自分の子に会うことがあるものとされている。〔『農漁村採訪録XI』〕

葬式組　葬式組は地域的で、これをシミツチョウといった。シミツチョウは伊勢講町より大きくなる。伊勢講町では葬式をおこなうほどの家数がない。そこでシミツチョウについて見ると、

上町	1	乱川町・天道寺町・石水町	伊勢講町	3
	2	茅鹿町（上茅屋町、下茅屋町）・板屋町	〃	4
中町	3	八軒町（上八軒町、下八軒町）	〃	3
	4	久保田町（上久保田町、下久保田町）	〃	2
	5	神田町（上神田町、下新田町）	〃	2
	6	原町の上（上春町）	〃	1
	7	原町の下（下春町）	〃	1
浜町	8	際（際東、際西）	〃	2
	9	浜（浜西、浜東上、浜東下）	〃	3

となっていて、伊勢講町が一ないし三で、シミツチョウを形成している。はっきりした地域集団で自然発生的なものではない。

シミツチョウは別に火番町ともいっている。その区域で軒順に火の用心番が出て火事を警戒している。豆酘は火事の多いところであった。ただ上町の下ノ口はたえずごたごたがあった。この町内は茅屋と板屋の二町になっており、板屋町は郷士だけでカミシャとよばれ、いばっていて、茅屋町の負担が重くなる。そこで茅屋町は板屋町とわかれて別々のシミツチョウ＝火番町をつくった。ところが板屋町では非常に困ってしまった。葬式の時の重要な仕事は墓石さがし、穴ほり・カゴかき・棺かつぎなどがあるが、郷士はそれらのことに手を出さなかった。ところが板屋町では郷士が自分たちの手でそれをやらねばならなくなった。その上戸数が少なくなったため葬式はいたってさびしいものになった。そこで板屋町では葬式にもできるだけ協力することを申しあわせて茅屋町と一緒になった。

シミツチョウの交際について見ると、人の死んだとき町内の者は米一升と銭三〇銭（戦前）をもって死人の家へ行く。そして葬式全般の世話にあたり、穴ほり・石とりなどをおこなう。石を運ぶのはなかなか労力を必要とした。もともとこの地方は石で槨をつくってその中へ死体をいれてうずめていた。現在もなお石槨を用いているものもあるという。さてこれらの石を運ぶのは少人数では容易でないので、後には甕棺を用いることにし、上にのせる蓋石だけとってくるようになった。甕棺は厳原から買った。

その蓋石すらが、道のわるいところを浜からかついで持って来るので容易でなく、葬式の宰領をする老人が、蓋石を運びにいかないものに割り当てて酒二升を出させ、石運びの連中にふるまった。

葬式の時、ヨマのもの（二、三男に生まれたものは養子に行く以外には一戸をかまえることは不可能で、たいていは本家の屋敷の一隅に小屋を建ててそこにいたので「ヨマ」の者といわれた）は親戚をのぞいては手伝いにいかなかった。ただし単なる隠居形式でオモテに属している間はオモテの代理として行くこともあるが、卒士《そし》あるいは名子《なご》として半独立の形になると手つだいに行かない。これは、葬式だけでなく、他の夫役の場合も同様である。するとヨマ分家に死者のあった場合にはシミツチョウの者は手伝いに来てくれない。親戚だけがたすけてくれることになる。それでは葬式はむずかしい。そこでヨマ分家はヨマ分家だけでシミツチョウをつくるようになった。これは豆酘の人口がぐんぐん膨脹しはじめた明治中期以後の現象で、入寄留の多い所では寄留者の組に参加して葬式組をつくった。この仲間はシミツチョウという名はつけなかった。〔「対馬豆酘の村落構造」〕

〔注：参考「〔豆酘の〕墓制　墓穴は深さ四尺、一辺三尺位、穴に下ろした棺に上にはフタ石一～二枚をのせて、土でおおい、墓穴の口にはステ石という大きな一枚石をかぶせて、その上にスヤを置く。スヤは木で作った方形切妻屋根の小堂で、正面に「安楽堂」の文字もしくは真言では梵字を書いてかかげ、堂内には竹と紙でつくったシカバナと草履、香、香水を入れる容器、または死者生前の使用品などをいれる。このスヤが朽ちて後、墓

碑を立てる人は戒名を書いた石碑を立てる。昔は葬式の後三年といったが今は一定しない。立てぬ人はステ石のままにしておく。」（石田英一郎「信仰習俗」（「豆酘」（『対馬の自然と文化』））

長崎県宇久島《うくじま》 ―キリシタンによる破壊から海難供養塔、そして新しい墓―

破壊された墓　宇久氏は、八代覚の頃（弘和三年（一三八三））に宇久島から福江島に移っていったといわれる。そして、宇久氏の墓といわれるものが東光寺の中にのこっているが、鎌倉時代の様式をそなえた墓は見あたらないようである。いま初代から七代までの戒名を彫った板碑式の墓は江戸時代につくられたものであって、口碑にもとづいてつくったものであろう。むしろ、その両側に粗末にされている苔むした五輪塔や宝篋印塔の断片の方が板碑よりも古いものであるが、それすら、十六世紀までさかのぼり得るものは少ないようである。

墓石が粗末にされているのについては、キリシタンとの関係が大きいと思われる。宇久氏は福江へ移って五島を姓とするようになるが、いずれも熱心なキリシタン信者であり、元亀二年（一五七一）のアレッサンドロ・ヴァラレッジョのヤソ会への報告によると、四〇〇〇人を洗礼せしめたとある。ある時期には、キリシタン宗が全島を掩ったのではないかと思う。

そういうところでは、仏教的色彩をもつものはすべて破壊しつくされている。東光寺や、福江島の大宝寺が、そうした中でよく命脈をたもってきたのは奇蹟に近いことであるが、五島には中世以前の仏像はほとんどのこっていないばかりでなく、古い仏寺も、右の二寺をのぞいてはほとんど見かけない。墓石のごときも、キリシタン宗流行時代に破棄されてしまったのではないかと思われる。このことは、キリシタン宗の盛んであった平戸島などについても言えることである。

五島の島々で仏教の復興するのは江戸時代に入ってからで、それは多くの寺の開基の記録によってうかがうことができる。

[上] 宇久（五島）氏の墓 [下] 五島氏の古い墓。五輪塔や宝篋印塔の残欠が多い（昭和36年4月）

タマヤ 近世に入って仏教が復活してくると、死者のまつりは仏教でおこなわれるようになり、墓もりっぱなものがたてられることになってくるが、それも江戸中期から後のことであったと思われる。なぜなら、古い墓石をほとんど見かけないからである。

それまでの間、どのような葬り方をしていたのであろうか。おそらくは、死体を村はずれの砂丘の中にうずめて、その上に堂をたてておいたのではないかと思う。この堂はいまはタマヤと言っているが、もとはシズメ堂といったのではないかと思う。スイメドウというよび方ものこっている。

タマヤにはいろいろの形式があるが、古いものは神輿のような形をしている。今はその上にさらに鞘堂をつけたものが多い。板葺もあればトタン葺もある。そのまえには香炉をおき、また花がたててある。死体をそこに

古式のタマヤ（昭和36年4月）

タマヤ（昭和36年4月）

うずめ、やがて朽ち果ててゆけば、そのままにしたものであったようだ。あらたに埋葬しようとしたら、下から骨が出てきたというようなことも多かったという。しかもそういうことは、町の東のはずれにある砂丘の墓地に多かったという。あるいは、そこへ埋めることによって魂が海の彼方へゆくものと思ったのかもわからない。島では江戸時代以前までは、人の死は粗末にとりあつかわれていたのではないかと思われる。

しかし十四世紀のころには、この地方にも念仏宗が普及しはじめていたのではないかと思われる。この島におこなわれているカインココ踊は念仏踊とも言われており、もとは念仏をとなえつつ踊っていたものである。その踊りが後に福江島にももたらされて、福江のチャンココになったという。これは領主が福江へうつって後のことである。このような踊りは、キリシタン宗が流行してもきえることはなかったのであろう。

とにかく、人の心の中にはキリシタン宗にきりかえきれない何ものかがのこっていて、それが仏教を復活させてくるようになるのであろうが、それにはまたもう一つの理由があったと思う。

島の住民は、はじめから島に住んでいたものもあるであろうが、この島では、他から来て住みついた者が少なくない。捕鯨をはじめたという山田氏も、もとは薩摩の出身で、近世初期に宇久島へ移住したものであった。

海難供養碑　山田氏が捕鯨事業をはじめて三〇年あまりにしてやめるようになったのは、捕鯨にともなう大きな海難事件をおこしたからである。

その供養碑が町の西の墓地にある。墓石の正面に「南無阿弥陀仏　為造立石塔志者值海難　七十弐人霊仏果菩提也　同縁種智三界万霊等」とあり、右側面に「正徳六（一七一六）丙申天」、左側面に「正月廿二日　山田紋九郎組羽差」とある。

この年、宇久の西沖を通りかかった子連れの鯨をしとめようとして出かけた山田組の仲間が、大西風の突風にあって遭難した。それにはいろいろの伝説がついている。親子鯨はこれから大宝寺へまいってくるので、帰ってくるまではとってくれるなと夢枕に立ったが、久しく漁がなかったので、つい鯨のたのみを忘れて追いかけて遭難したという。

紋九郎鯨海難供養碑（昭和36年4月）

この供養碑の左にならんだ四つの墓はいずれも寛延三年（一七五〇）正月一日に死んだもので、やはり捕鯨中の遭難ではないかと思われる。墓石にきざまれた俗名を見るといずれも備後鞆の者で、大村（長崎県）松島組水主善六・清吉・甚九郎・善次郎である。西彼杵の松島にも鯨組があり、それが宇久島へ捕鯨に来ていたのであろう。その鯨組の水主に備後（広島県）鞆の者がやとわれて来ていたのであろう。

古い年号のある墓が遭難者のものであるのはいたましいが、そうしたものの供養を中心にして墓がたてられはじめ、やがては地元の者が、ごくあたりまえに死んでも墓をたてるようになったものと思われる。

新しい墓

一般の民衆が墓をたてはじめたのは、宇久島ではきわめて新しい。それは墓の形や年号にもうかがわれる。江戸時代も後期に入ってからのことである。つまり、スイメドウだけの墓からその堂のくちはてたあとへ墓石をたてるようになるのは、きわめて新しいことである。その墓もはじめは小さいものであった。それも苔のつきやすい石であった。それが明治・大正と時代が下るにつれて次第に大きくなって来る。そして、最近はけんらんたるものがあらわれてくる。石がやわらかくて細工しやすいこともあるのだろうが、全くみごとなものがある。このような石は鷹島のあたりからたくさん産出するということであるが、私はそのことについてたしかめる機会をもたなかった。墓石の華麗なのは、このあたりから天草地方にかけて見られる。天草はよい石工をたくさん出したところであった。このように、仏教的な習俗が他の地方同様に復活してくるまでの間に、実に長い年月がたっている。文化的な衝撃は、いちどそれをうけると大きな変貌を与えるものであるが、私はこの島をおとずれて、墓石に見る時代的な変遷に、まずふかい感慨をおぼえたのであった。だが、もう大きな墓をたてる余地のなくなったところで、こんどはどのような変化がおこるであろうか。

あるいは、この島では、死は忌みけがれるものとしてきらわれたものであったかもわからない。そうすれ

[上] 綺麗な墓。[下] 苔むす墓、光る墓。町の西の墓地（昭和36年4月）

ば、りっぱな墓をたてることも一時の流行として終わるようにも思われる。

　町の東のはずれの砂丘にある墓地のすぐ前には粗末なブタ小屋がならんでいるのである。ブタを砂丘で飼う風景は私には興があった。ブタ小屋の中には、ほとんど砂の中にうずまったものもあれば、こわれてブタのいないものもあった。ブタはくさくて不潔だと考えている者は多いが、そのブタ小屋が墓地と同居しているところに、死に対する古い観念が見られるようにも思ったのである。ここでは、墓とブタ小屋を同居させても問題にならないような感覚が心の底にひそんでいるようである。そうすると、墓をりっぱにすることも、信仰からではなく、世間への見栄によるものとも言えてくる。〔『私の日本地図5　五島列島』〕

東の墓地のまえにはブタ小屋がならんでいた（昭和37年8月）

長崎県頭《かしら》ヶ島《がしま》・ロクロ島 ―埋葬の島―

頭ヶ島がそこに住む人たちにとって天国同様になるためには、長い苦難の歴史があった。もともとこの島も、島のすぐ北によこたわるロクロ島も、埋葬の島であった。中通島《なかどおりじま》の有川付近の人が死ぬると、この島まで埋めに来たものであるという。とくにホウソで死んだものは、例外なくこの島の海岸に埋めた。ホウソ〔疱瘡〕のことをダンパというが、島にダンパ平というところがある。そこへホウソで死んだ人をたくさん埋めたようである。つい最近まで、お盆になると有川の西の蛤《はまぐり》あたりから墓掃除に来ている家が多かったが、戦後、お骨を掘って持って帰り、島への墓まいりはなくなった。

ロクロ島の方へは今でもお神酒など持ってまつりに来ている者があり、また浜を掘っていたら、お骨が出たり、墓石が出たりしたこともあり、それに中山という姓を彫ったものもあった。

ロクロ島は小さい島で、水もなく人の住めるところではなかったが、頭ヶ島は水もあり、人が住もうと思えば住めぬこともなかった。そこで久賀島《ひさかじま》田ノ浦の前田儀太夫が五島藩に申し出て開拓することに

ロクロ島（昭和37年8月）

有川の盆行事（昭和37年8月）

頭ヶ島の教会（昭和37年8月）

頭ケ島の海岸はカトリック信者の墓地になった。日本風の墓の上に十字架が立っているのが特色である（昭和37年8月）

なり、西彼杵《にしそのぎ》半島の神浦・赤首・大野などの貧乏な百姓に入植をすすめると、一〇人余り希望者があって、開拓は順調にすすみ、それまでにすでに五島に来ていた西彼杵の者の中にも、ここへ移ったものが少なくない。それは開拓の条件がよかったからで、はじめ前田儀太夫は自分の土地をとり、それを子分のものにひらかせ、それ以外の土地は自由にひらいてよいというので、山を勝手にわけて開拓にしたがった。

〔『私の日本地図5　五島列島』〕

長崎県妻《つま》ガ《が》島《しま》　―一軒だけの島と墓―

アトヨウシ　壱岐の島にたった一軒だけ十二代にわたって住んでいる島がある。印通寺《いんどうじ》沖の妻ガ島がそれである。妻ガ島は印通寺の丘の上から見ると、すぐ眼の前にあって一面の畑になっており、畑の周囲が松にとりかこまれている。風垣として仕立てた松である。

この島の畑は印通寺の者が船にのって作りにいっているのだが、たった一軒だけその島に住んでいる家がある。最近別に一軒定住者ができたが、この家は長い間一軒だけでこの島に住んで来た。はたしてそのようなことが可能なのであろうか。私はこの島へ渡って島の主を訪うて見た。島の主は百崎伊蔵さんといった。十二代前の人が平戸から来て住みついたというから、多分、藩の下級の役人で船の見張役か何かを仰せつかって来たのではないかと思う。

十二代も住んでいて分家は出さなかっただろうかというに、どうもその記憶はないというから一軒だけが細々と続いたことになる。分家関係や先祖のことは墓石を見ればわかることになるので、墓石はどうなっているかと聞くと、墓石をたてはじめたのは二、三代まえからで、それまでは建てなかった。宗旨は臨済宗で土葬であり、死体は大きな甕に入れて埋めた。そして四九年たつとアトヨウシといって、別の壺に骨をとって埋め、大きい甕は割ってしまった。もし四九年たたぬうちに死者があるときは甕を割って骨をとって小さい壺に入れてそのわきに埋め、大きい甕を割り、そのあとに新しい死者を葬るのである。墓を建てるようになると、そういうことはなくなって、墓の下に一つずつ甕があることになって広い墓地が必要になる。印通寺の方も百崎家の埋葬ともとはあまりかわっていなかったと思われるが、旧家ではかなり古くから墓石がたてられていた。ただ土葬であったが、終戦後火葬にかわって来た。妻ガ島では今でも土葬である。〔『離島の旅』〕

福岡県脇山村

葬式　人の死んだ時には組の者が集まって世話をする。門戸口は上、中、下、梅の木田の四組に分れており、清水も二組になっている。死者があると、その家から組頭に通知する。組頭は組内に通知し、組の者二人で提灯を持って、死者の親戚へ通知に行く。他の者は死者をうずめるためのカメを買いに行く。その他の者はカメの蓋、綱をこしらえ、また墓標やアコヤ（垣）をつくる。寺からは四方棺を借りてくる。組内の女は煮炊きをする。

組内の者は死者には一切さわらない。死者のそばには身内の者だけがいる。

身内の者は死者のそばにいて猫の入らぬようにいましめる。

お通夜は身内のものや組内のものがする。この夜部落の者と交際している者がくやみにくる。

葬式のおともは親戚が中心になり、穴掘とかつぐのとは隣組である。隣組以外の人は葬列の後につき従うのである。〔『村の旧家と村落組織』1〕

愛媛県伯方島 ―両墓制―

道のほとりに墓地がある。タマヤがある。人が死ぬと死体をうずめた上にタマヤをおく。そして三年くらいたってから墓をたてる。墓はあたらしいものばかりであった。

ここはもともと死体をうずめるところと墓をたてるところが別々だったようである。いわゆる両墓制のおこなわれていたところであった。しかし近頃になって、埋めた上へ墓をたてるようになった。するといきなり墓をたてることができない。棺桶が土中でくさると地上に穴のあくことすらあり、墓のかたむくことが多い。そこで三年くらいたって墓をたてれば、墓のゆがむことはない。死体はケガレているから埋める場所とまつる場所を別にするのだという言い分もあるが、また別の事情もあって両墓制はつづいていったものであろう。火葬が発達して骨だけを土中にうずめるところでは少数の例をのぞいて、単墓制になっている。〔『私の日本地図6　芸予の海』〕

山口県見島

戒　名　お布施一万円も出すと「院」がつく。米一俵、白米一斗持って行き位牌堂へ供える。その上、野菜代をつける

棺　棺には六角のものと四角のものとある。六角の方が格式が高い。六角のものを使うと、上に白木綿を掛け、両方へエエソ〔?〕を掛ける。四角ならば片方だけ。また本堂の内にも白木綿を張った。六角は大工の賃も二日後包む。〔『農漁村採訪録XVII』〕

石碑のたてられはじめた埋葬地（愛媛県伯方島、昭和32年8月）

死のケガレ　沖へ出ることはいろいろ危険のともなうものであるから、不幸をまねかないように、目に見えぬ災害の原因をさけることの努力は大きかった。

家に死人のあったときなど、そのけがれが他の人びとに不幸をもたらすものと考えてお宮に参らなかったばかりでなく、祭の時など二日間は浦からはなれたところに小屋を建ててそこにこもっていたものである。

後に本村の東の開鑿したところに別屋をたて、子供を生むときそこへいったばかりでなく、死者のある家で祭日のときそこにこもった。今もそこを別屋と言っている。子供を生んだときは三十三日の間は村の中をあるいてはならぬとされていたのである。祭の日の物忌を服忌《ぶっき》といっている。一つの小屋に服忌をしなければならない。その家のものが皆こもったもので、だいたい組別に小屋があったが、この小屋ができてから別々に臨時に小屋を建てることはなくなった。

ただしこのような風習は明治末頃に止んでしまった。小屋はいまも二棟ほどのこっていて今農家の納屋として利用せられている。

もとはケガレのあるものの忌服《きふく》はやかましかった。ケガレが他人にうつると考えられていたからである。死の忌服は、兄弟は二十日間、従兄弟は三日間であった。前記のように祭のときはわざわざ別屋にこもらなければならなかったのである。

死者のあった家はだいたい一年間は忌がかかるものとしていろいろの神祭をさけねばならなかった。まず正月のお日待をすることがゆるされない。お日待は家のケガレを祓う行事なのであるが、それがしてもらえないのである。それで一年間はその家に忌がかかっていると考えられた。しかし一応の忌は四十九日にはれる。潮水できよめ、さらに親戚をもきよめてまわると村人とのつきあいはできることになる。

祭の時の服忌は浦だけでなく在方にも見られたもので、在方の方は山に小屋をかけてこもったものだそうである。

子供を自分の家で生むようになってからは奥の間で生むことにし、産湯は床板の下へすてることにした。これは死者のあったとき湯棺の湯も同様に処分している。

子供のエナ〔後産〕は昔から墓原《はかわら》の石の下に埋めている。墓原の一隅に小さい石が積んであるが、そこが捨てるところである。エナを埋めるときには二人で行くことになっており、一人が刃物を持ち、一人が埋める。そして三十三日まで忌がかかるわけで、三十三日にきよめをすると他家とあたりまえにつきあいをする。人の生まれるときも死ぬるときも相似している。

こうしてケガレのない者たちが沖へ出ていってこそ、神仏の加護をうけてよい漁ができると考えられていたのである。そしてそのケガレをはらってくれる神主をじつに大事にしている。

普通死者のあるとき、棺は親戚うちのもっとも死者と親しいものがかつぐことになっているが、神官多田家の場合は船頭八人がかつぐことになっている。その八人は大船頭がえらぶのである。〔「見島に於ける漁村構造とその変遷」『見島綜合学術調査報告』〕

山口県八島《やしま》

土　葬　死人は猫が越えぬよう上に刃物を置く。棺は組内の者が抱える。ないときは親戚の者が抱える。酒は四斗樽一本くらい飲んでいた。葬式を出す家に買う。昼は村中にご飯を出した。今は止んでいる。香典はすべて金であった。しかし近親は米を持って行く。米二表ぐらいと酒三丁を飲んだものだ。村中が墓まで送って行く。

三つ墓　埋めた上に墓を建てる。墓は閏年には建てない。一年に二回葬式をすると、三つ墓を建てることになっている。墓穴を掘るのは組内三人行く。帰ってくると箕に米を入れておいて、それを拾わせて嚙ませる。入口の外で嚙む。だから普段は生米を嚙まぬ。仕上げには着物を浜へ洗いに行き、水でゆすぎ、北向きに干す。家では、あられ、エンドウ、大豆を煎っておき、沖から帰るとそれを食べる。帰った人は潮を汲んできて清める。それからメシを食べる。

地蔵様　小さい子が死んだとき、七歳になると一人前というが、七歳までの子は親戚の者だけが箱に

入れて埋める。地蔵様を建てる。〔『農漁村採訪録XIV』〕

山口県東和町長崎　―宮本家の葬儀を中心に―

1　私の家は浄土宗である。私の家を中心にして書いてみたい。

2　死者はたいてい潮と関係があるようにいいつたえられている。満潮時に死ぬというのである。この事実は私の遭遇した十幾つかの例からみて、だいたいその通りであった。満潮時といっても七分以上満潮の間である。が、ただこれだけの事実で全体を決めるわけにはいくまい。

3　人が死ぬとすぐ寺へ報せに行く。死者は枕を北にして寝させる。僧が来て枕念仏を唱える。

4　葬儀は早朝の死者に対しては午後おこなうこともあるが、たいていその翌日にする。ただし友引の日はさける。

5　入棺は葬儀の日おこなう家もあり、通夜の時おこなう家もある。経帷子《きょうかたびら》、六文銭は例によって入れる。六文銭については一つの俗信がある。当地方では家の棟上げに餅をまくのであるが、その餅の中に親餅といって特に大きいのがある。これを拾うと縁起がよいとされる。ところが寺の餅まきには親餅に一文銭がつけてある。この一文銭を拾った場合には、それを生涯持っていて、死んだ時六文銭の中へ加えてもらう。そうすると、極楽へ行けるというのである。

6　棺は通常六面体のもので、用材は杉である。当地方は大工が多いから、近所の大工が来て作ってくれる。近所といっても十人組の仲間から来るのが普通である。十人組は地方によっては五人組といわれるもののことで、その組に属している家の者は、葬儀の日は早朝からきて手伝ってくれる。

7　死体は焼く。焼場はたいてい小高い丘にあり、焼く所は壺の深く掘っただけの野天である。

8　葬列、一番先を「諸行無常」とか「寂滅為楽《じゃくめついらく》」と書いた長い紙旗が行く。これは子供が持っていく。次に竹の先にさした草履、次に花かご、次に龍頭、次に鉦、太鼓、長刀、鑓《やり》、ハサミ箱、傘などが行く。この連中は寺名が襟に入っている紺の着物を着ている。その後を僧が行き、次に一族の男たちが香花、供物などをもって続く。次が喪主で位牌を持っている。黒の紋付を着用している。次が棺である。かつぐ者は通常死者の甥であるが、甥のない場合には近親者がかつぐ。棺の後を、ゼンノツナを持った近親の女が白衣、綿帽子で続く。その後一般の見送人である。見送人が女である場合は、頭へ方一寸五分くらいの白い紙を針でとめてつけている。

一般葬送者はトリオキをする所まで来て、トリオキがすむとかえる。近親者は焼場まで行く。

9　焼き方について一言する。焼くには藁と割木を用いる。壺の底へ割木を一尺の厚さにならべる。その上に棺をおき、棺の周囲を割木で詰め、上を藁でおおう。こうすると少々の雨くらいだったら平気で焼ける。

10　葬儀の夜夕食がすんでから近親の者は焼場へよく燃えているか否かを見にいく。これを「火屋《ひや》へ行く」という。

11　葬儀の翌日近親者は灰葬《はいそう》に行く。当地方ではこれを「骨拾い」という。拾った骨は、大半は寺内の境内に立っている立像地蔵菩薩の台座の下の空洞へ落とす。台座には「法界」と刻んである。

12　残りの骨は墓へ埋め、家によっては京都の知恩院へ持って参る。

13　墓は特異なものは少ない。ずっと古く徳川以前には全部五輪塔だったようで、今でも山道をあるいていると、草の中などでチョイチョイ見かける。宝篋印塔も少々はある。徳川へ入って間もない頃の墓はたいてい砂岩を材料にしているが、それ以後は御影石が主になる。

墓の表面にはかつては戒名を書いたものであるが、近頃では「先祖代々」や「南無阿弥陀仏」が多い。そして一つの墓で事足れりとしている。私の家なども古くは十幾つかの墓があって、墓へそなえる香華でもなかなかたくさん要ったものだが、私の幼少の頃、合併して一つにしてしまった。なお墓場はたいてい村はずれにあり、しかも西のはずれにある場合が多い。

墓は閏年《うるうどし》には建てぬことになっている。建てると、その年のうちにその一家から三人の死者が出ると信じられている。

14　四十九日の間は死者の魂はその家の棟を離れないという。ゆえに一家の者は四十九日の間、氏神様へまいらない。これはけがれているからだともいう。

15　僧は七日ごとに来ておがんでいく。ただし死者のあった家では七日ごとに米一升（古くは麦一升）持って寺へ詣る。そして四十九日で止む。

葬儀につき、僧に対する布施は家によって違うが、通常の家で一〇円、貧家で五円、金持といわれる階級になると二〇円くらいである。ただし出稼者の多い土地なので、そうした人になると、一〇〇円も包む人がある。

16　四十九日の法要は、今までは通常、正しく四十九日目におこなっていたが、今では三日目すなわち灰葬の翌日おこなう場合が多い。そしてこの三日間はだいたい酒は飲まないことになっているが、三日目の晩は精進アゲといって魚を買ってき、一族のものは酒をのむ。しかし三日目に四十九日の法要をしない家では精進アゲはしない。

精進アゲは四十九日の法要以後、重要な法要ごとにこれをおこなう。

17　葬儀および法要の接待に用いる食器は全部黒の漆器であり、膳もまた黒の四本脚腰高のものを用いる。

膳にはヒラ、ナカワン、ツボ、シルワン、メシワン、がおかれてある。ヒラは油あげ、ナカワンは蓮根やこんにゃくなどの煮たもの、ツボはあえもの、シルワンは普通豆腐汁ということになっている。ただし昨今ではヒラの油あげは菓子を代わりに入れる家が多い。
四十九日法要の場合にはこの膳のほかにミヤゲというのがつく。方五寸くらいの小さな赤い膳に通常、蜜柑二つ、饅頭二つ、餅（アンの入った小さな餅で、地方名でゴダンという）三つが入れてある。これは家への土産にする。最近はこのミヤゲがかなり華美になってきた。

18　最後に方言を少しかかげる。

墓場をハカンバラという。墓をハカというは概念的な場合であって、墓そのものを指したときにはセキトーという。葬儀はソーレン。火葬場はヤキバ。死ぬることを、マイル、ゴネル、オージョースル、ナイヨーニナルなどという。

悔みの言葉は下のようにいう。「○○さぁが、ないようになりんされたつうが、次第にさべしゅうごいしょうのう」（「旅と伝説」六巻七号）

山口県久賀町《くかちょう》

マクラガエシ　人が死ぬるとすぐ北枕にしてねさせる。そして寺へ使を出す。すると寺から小僧が来てマクラガエシの経をよむ。

ヒルマノメシ　家ではダンゴをつくり、またヒルマノメシとて、御飯を少したいてかわらけ（素焼きの器〕で供える。

ミジマイ　ユカンは奥の間の畳をあげて、スガキ〔簀掻：竹や葦の床〕の所でおこなう。もとは頭を剃って湯であらい、近親者が頭から湯をかけたものであるが、今はアルコールでふくだけになっている。ユカンして棺におさめるのをミジマイという。多くは竪棺である。

経帷子　死人にきせる経帷子は糸のはしをとめないで縫う。脚絆、甲掛、頭陀袋を縫い、頭には帽子をかけたものである。そして六文銭を入れる。今は五円の穴銭を六つ使う事にしている。葬儀屋は六文銭を印刷したものを売っている。

講　組　庄地などは葬式の講組がはっきりしているが、その他の所でも葬式には小さい地域的な組があって、組内の者が葬式の日には手伝いに来る。

願ほどき　棺を出す時米をまくが、これは願ほどきのためといわれている。

持ちもの　持ちものは旗、燈籠〔ミチアケトウロウという〕、棺のあとに位牌〔あととり〕、霊膳〔死者の近親〕、杖〔棺のそばで持つ〕、香炉、燈台、華足、シカ花〔四華花〕などである。真宗は位牌がないので、長男は御仏飯を持つ。

カヅキ　お供をする女は皆カヅキ〔被衣〕をかずく。この場合左の袖をかずくのである。明治三十年頃までおこなわれていた。

カゴカタギ　棺は死人の甥か孫がかつぐものとされた。だから年寄は孫が出来るとカゴカタギが出来たと喜んだものである。死んだ時の世話は部落の者が中心で家族の者はしない。

家の神様　家の神様のまえには白い紙をはる。

イトマゴイ　棺の出るときにはイトマゴイ〔暇乞い〕とて、僧に豆腐と盃と銚子を膳にのせたもの出す。後とりが持って出る。

棺の出る時　棺の出る時、畳の上からはきものをはいて出る。

掘る人・焼く人　久賀町は土葬と火葬が相半しているが、土葬の場合、墓穴をほりに行った者に酒を出す。火葬の時は焼いてもらう人に酒一升とおかず、御飯を持ってゆく。現在は金を包んで持ってゆく。焼く場合にはその人が焼けおちるまで番をしている。焼く人は職業的にやっているのではなく組内のものであったが、今役場指定の管理人をおいて火葬にあたらせている。〔葬式に酒はつきもので、四斗樽一挺はのむものである。〕

土葬の穴も近所の者がほる。棺を入れて土をかける時は身内の近いものからおこなう。棺は四角な箱である。

葬式の帰り　葬式の帰りには道をかえて戻るものであったが、この風は次第にすたれつつある。葬式からかえったあと、自分の家に入る時には塩をまく。

葬式には多くの禁忌や呪がともなっている。

ユカンの始末　死人のものをいろう〔いじる・さわる〕と必ず酒をのみ、またユカンのたらいにも酒をおとす。

ユカンのあとしまつをする時には、床の上を草のたばと石二つをころがしてそれから掃除する。但し真宗はそういう事をしない。

死人の飯　死人の飯は時間をながくかけてたく。その間に死人が善光寺へ参って来るといわれる。

ミチアケトウロウ　ミチアケトウロウには鳥をつける。天蓋にも鳥の形に切った紙をつけたものである。

川　葬式の翌日には死人の着物を川へあらいに行く。それを二人の人がよびにゆく。洗う者も二人であり、洗った着物は二人でかついでかえる。迎えに行ったものは刃物をもっていて、かえりに道を切るまねをする。だから町では日頃川へ行っている人をよびに行ってはいけないと言われている。

棺の中　なお棺の中へは死人の生前好んだものを入れる。友引の日に葬式をする時は人形を入れる。もとは右のような有様で葬式は華美であったが、今は告別式になって葬列を廃し簡単になった。昭和十五年頃からの事である。火葬場へは小僧が行って拝む。

トキツキ　親子兄弟の香典は一俵香典が多い。荒神講の仲間は一升を持って行く。香料はつつまないで、線香をつける。一升のトキマイ〔斎米〕をもって行く家は五十〜六十軒くらいある。トキマイを持って来たものはトキノゼンにつく。これをトキツキという。喪家のものも全部トキにつくので大変な人数になる。

墓　墓は埋めた上にたてる。しかし墓を動かす事は多く、今殆ど追原に集められているが、大先祖の墓は動かさぬものといわれている。林氏の墓などそのために畑へゆく道の途中にのこされている。山田の大地にある荒神様は大内義隆をまつったもので、中村氏の先祖だという事になっているが、明らかでない。祟りがあるとも言われる。やはり古い先祖の墓が荒神様としてまつられるようになった事には間違いなかろう。〔『久賀町誌』〕

山口県高根村向峠《たかねむらむかたお》

半　番　十歳くらいまでの子供の死んだときは、半番とて半分の香典で、食出《くいで》で野辺送りをなし、シアゲの時に喪主の方でその人たちを招く。こういう子供のためにも墓はたてる。

埋　葬　最近火葬になった。それまでずっと土葬であった。ずっと古くは、死体は宅地の内へ埋めたもので家の背戸などの空地が利用せられた。それが共同墓地になって、穴は講の者が掘ってくれるようになった。講頭の命令で掘った。穴掘りには特に酒を出した。埋葬した上に墓をたてた。

火葬になってからも昔からの仕来りだとて家の近くへ骨をおさめる家もある。〔『中国山地民俗採訪録』〕

広島県百島《ももしま》 ―方角を見る―

百島は実に平凡な島である。特別に景気がよいというのでもない。人の心をひくような古蹟があるわけではない。古蹟らしいものといえば、茶臼山という山の上に因島村上氏の一族にあたる村上高吉というものの城があったという。そしてその墓が西林寺《さいりんじ》の墓地にある。西林寺は曹洞宗で、村上高吉が開基したものだといわれている。墓の様式からすれば中世のものと思われる宝篋印塔である。かなり身分の高いものの墓であることはわかる。ただ、それだけのことでここをおとずれる人もあるまい。

墓がいろいろのところにある。畑の中に、ブタ小屋のうしろに、家の軒下に、渚近くに。私はその墓を気のつくままにフィルムにおさめてみた。

どうしてこんなところに墓をたてたのか。同行の藤本君にきいてみると、死者のあったとき、その人の年齢やその年の干支などを見あわせて、その方向をきめるのだという。ちょうど方違《かたたが》えのようなものであろうか。そのきめられた方向に死体をうずめ、その上に墓をたてるのだという。くわしいことをきいたのでないから、これ以上のことは知らぬ。時間があれば僧にもあってくわしくきいてみればよいのだが、そういうことはしなかった。

昔は内海地方ではクマオオジということをよくいった。『綜合日本民俗語彙』を見ると、クマウジの項に、「クマオージとも。今は熊王神と書く。『運歩色葉集《うんぽいろはしゅう》』には九魔王神とも書き、測定法も今より複雑だった。香川県などでいうのは子辰申の日は北にあり、日の順に西南東へと廻る（『讃州高松叢誌』）。広島県府中市では、その日の十二支に当る方向の塞がることがクマオージで（『広島県方言の研究』）、辰の日、申の日は北でなく、東南か西西南になる。周防大島でもクマオは日と同じ方角だというが、（中略）瀬戸内海各地では、船乗と漁夫がことにこれを船出に畏れ、尾道あたりでは知って出ると殺され、知らずに出ても怪我をするとい い、または目がつぶれるというが、普通の旅でも非常に気にする。（後略）」

とある。もしクマオオジの日にどうしてもその方へ出て行かなければならない場合は、その前の日にどこかへいって泊ってお き、その日に出発するものもあった。平安時代に見られた方違えとおなじようなものであった。

村上高吉の墓とつたえられる宝篋印塔
（百島西林寺、昭和36年2月）

バラバラの墓　人をうずめる場合にも、こうした習俗にもとづいたものではなかったかと思う。瀬戸内海の島々はずいぶんあるいて見た。しかし墓がこんなに方々にバラバラとあるのもめずらしい。記憶の糸をたぐっていっても思い出せないのである。

中にはポツンと一基、畑の中にあるものもあり、時には十基以上も並んでいる場合もある。この地には昔からこういう風習があったのかどうか。古い墓の少ないこの島では遠い昔のことはよくわからぬ。多くの墓が幕末以降のものであり、それ以前の墓はほとんど見かけない。

そして畑の中などに墓をたてるのは、いかにも不潔のようにも思える。また一軒の家の墓が方々に散在するのも不思議な感じがするが、墓の前の花たてにはつやつやしたシキミのたっているのは、たびたび墓へまいる者のあることを物語っている。土地の人は信心ぶかいのである。最近、

菰葺のない新墓（百島泊、昭和36年2月）

新墓（百島泊、昭和36年2月）

共同墓地がつくられて、そこへ墓をうつしたものもあるが、大半はバラバラの墓へまいっている。

このような風習の見られるのも、あるいはこの島に船乗りが多かったためであるかもわからない。誰かが言い出してはじまった葬法であろうが、とにかく、それが一つの風物として見えるほどに、周囲の村とはかけはなれた感じがする。しかも人をうずめたばかりの新墓を見ると、卒塔婆の前に幣がたてられている。幣は本来なら神道のものである。

埋めた上には菰で屋根をふき、白木の膳に水とシカ花がそなえてあるが、この菰屋がとりはらわれたあとを見ると、曲物《まげもの》の柄杓とカマがたてられている。柄杓をたてるのは死者がのどがかわかないようにするため、鎌をたてるのは魔物におそわれないためといわれている。

このような墓のあり方が、北岸の福田の方にもあるのかどうか気づかなかった。むしろ北岸では墓地の整理がすすみつつあるのではないかと思った。西林寺には位牌堂があって、そこには家々の位牌がまつられている。禅宗の寺には本尊の両側か裏に位牌堂のあるものが多い。近頃は石碑を整理して位牌のみをまつっているものが少なくない。〔『私の日本地図6 芸予の海』〕

島根県田所村鱒淵《ますぶち》

オトキ　親が死んで棺を出そうとする時、棺の前に膳を二つ、椀の中には何も入れないものをのせてすえる。この前に相続者と坊さんとが坐ってオトキを頂くという式をした。これは古いことで、今やっていない。

棺の出る口　棺は表から出す。

ノガエリ　棺は広場にすえる。そうして坊さんが経をよみ、親戚の者等が焼香する。それが終わると、火葬場へ行く。これは近い親戚の者だけである。そうして火をつけて戻る。これをノガエリという。戻って来ると着物を着かえる。

坊さんはその間に黒い衣にかえて来て御経をよみ、一般の人も参列する。その後でオトキになる。葬儀はいたって簡単に片付けてしまう。

ツボホリ　鱒淵ももと土葬であった。そこで埋穴を掘ったが、この穴を掘ることをツボホリといった。ツボホリにはその日手伝に来た中の四、五人が当った。穴の大きさはだいたい四尺角である。ツボホリをする人はだいたいきまっているが、その人たちを特別視することはない。ツボホリには酒一升と豆腐四、五丁出す。それをツボのところで飲むこともあり、戻って来て飲むこともある。棺はその人たちがかつぐのである。

人が死ぬるとすぐ掘りに行った。掘って戻ると鍬をかついだまま庭にはいる。故に三谷というところでは庭の中で鍬をかついではならぬといわれている。

また、牛尾三千夫氏によると、邑智郡市山村ではツボホリをする人は、たいていきまっている。主として小作人である。一般の家では組を作って順番に掘っているという。〔『中国山地民俗採訪録』〕

島根県匹見上村三葛《ひきみかみむらみかずら》

葬儀 人が死ぬと通知には二人で行く。まず講頭の家に行く。講頭が一切の世話をする。湯棺は近親がする。すぐ枕団子を作って供える。次に魔がつかぬように剃刀か刀を死人の上にのせる。着物はさかさにして着せる。

講仲間は米一升と香料を一〇銭ないし三〇銭包んで持って行く。近親は木綿一反に菓子料をそえる。煮炊きは死者の家でしないで、近所の家を借りておこなう。もとは酒をよく飲んだものである。〔『中国山地民俗採訪録』〕

島根県片句浦《かたくうら》

トキコー（斎講） 昔はトキ講というものがあった。今は葬式組合になっている。区を四つに分けて組合は四つある。そうしてその組内の者が死ぬと組中は全部出て手伝う。そのほかに親戚も無論手伝いに行くのであるが――。トキ講の時は区内一つで、四組に分けていなかった。トキ講の講銭は米七合ということになっていたが、そのほかにトキを食べる時香典を持って行くから相当の額になり、それによって喪主の方に何の財産がなくとも葬式ができた。だからトキ講というものを大切にしたものである。一般の香典は持って行く家の格によってきまるもので、相手の家によってきまったものではない。格のよい家はたいてい五円くらいであった。

さて葬儀の日の午《ひる》はトキを食べるとて、鉦を叩いてまわると村中の者が集まって来て香典を納め昼飯を食べたものである。それでは事が大きすぎるというので、現在のような組合になり、組以外のものは香典を持って行くだけでトキも食べず手伝いもしなくなった。

埋　葬　この地は土葬である。死体を埋めた上に墓をたてる。また葬儀の時、棺の上に刃物をおく。鎌が多い。墓にも鎌を吊す。これは猫がつかぬためで、猫がつくと死人を踊らすといわれている。

サンバカ　産褥《さんじょく》で死んだ女は一般の墓地には埋めてもらえなかった。片倉小十郎の墓からずっと下って来る途中の三界万霊の碑前の荒地に埋めた。この産婦の墓をサンバカという。妊娠中に死んだ者もここへ埋めたようである。この風は早くすたれた。

藁人形　一年に二人も死ぬると、二人目の時は藁人形を棺の中へ入れ添えた。これは「よいこと悪いこと三度」とて悪いことは三度重なりやすいといわれていて、不幸が三回続かぬようにとの呪からである。

三界万霊　溺死した死体を沖で見つけると必ず漕いで来る。逃げて来ると崇りがあるという。死者がどこの者か分からない時は仮埋葬する。その場所はきまっていた。すなわち片倉の墓から下りて来た所で、道の東側の僅かな空地である。空地の背後は急な崖になって、崖の下は湾入した海である。三界万霊の碑はこの海を背にして、道に面して建てられている。その碑のそばに埋める。本籍が分かって、死体をとりに来る人も多い。

この碑に並んで潜水夫竹村の墓というのがある。先年大敷網にいたんだ所があって、それを見てもらうために潜水夫に潜って見てもらったが、ゴム管が切れ、かつ力綱を持って入っていなかったので引揚げられずに死んでしまった。そこでここに墓を作って葬った。盆にはここで海で死んだ人のための供養をする。

水　死　村人が水死して行方の判らなくなった時は藁人形を作り棺に入れて葬る。もし死体の分かった時は埋めかえる。村人の水死は三界万霊の所には葬らない。

朝参り　葬儀のあった翌日から一週間は朝参りをする。その間は墓地に屋根を葺かない。

屋根がけ　一週間たつと、埋めた所の四隅に高さ一、二尺程度の杭を打ち、前二本をやや高くしてこれに横木をくくり、苫を乗せておく。これをヤネガケという。

ヨセバカ・夫婦墓　墓は四十九日がすんでから建てるが、新盆に建てるのが多い。墓は夫婦で一基ということになっていて一人が死ぬと、残った一人は、死んだ人と同時に戒名をもらい、その戒名を赤字で彫り込んでおく。死んだ人の戒名は黒で入れる。かかる墓をヨセバカといった。最近は墓一つに先祖代々と書いて代表させ、死体は必ずしも墓の下に埋めるとは限らぬ傾向もある。

葬儀の日の忌　葬儀の日には髭髪をそらず、また縫物をしない。湯棺の時髭髪をそり、また死人の白衣を縫うからである。この忌をする家は喪家だけでなく、葬儀に関係ない一般の家庭も同様である。

逆　棒　物をかつぐ棒は前が根、後が梢というようにするものだが、葬儀の時は細い方が先、根が後になる。これを逆棒《ぎゃくぼう》という。平生の逆棒はきらわれる。

アイグヤミ　同年の者が死ぬると、どんなに親しい仲であっても会葬をしない。またお互いに死人のあるときアイグヤミをしない。〔『出雲八束郡片句浦民俗聞書』〕

奈良県吉野西奥

①　天川村《てんかわむら》

死体の処置　塩野では死亡の通知には必ず二人連れで草鞋をはいて提灯を持って行く。これは昼でもこの支度で行く。

死者は蒲団をかぶせて北枕にする。

刃物を死人の上にのせる。これは猫がとびこえるとわざわいをするからだといわれている。

また、死んで固くなっている人の耳に、
オンオンアボカメ　オロシヤノオバカマ　ダラマニアンドガ　ジンバラハラバリタヤ
という光明真言を三回となえておくとやわらかくなる。それを知らねば、手の栂指、足の栂指を折るとよい。〔註：光明真言　オン　アボキャ　ベイロシャノウ　マカボダラ　マニ　ハンドマ　ジンバラ　ハラバリタヤ　ウン　梵字〕

湯棺は死んだ夜、その家の者がおこなうて他人はさわらない。頭を剃って四角な箱棺におさめるのである。

葬儀の方法　塩野では死人があったときくと、カイト〔垣内〕の世話役はすぐ村〔垣内〕全部の人を招いて、その家の葬儀は一体いくらくらいの予算でやるかを相談する。それによってきまると、葬儀の準備をはじめる。これに対して死者の家は一切口がつけない。村の人々は米一升、銭一〇銭を持ち寄る。

煮炊きはすべて死者の隣家を借りておこない、葬儀の出棺の遅れる時は先ず握り飯をたべてもらい、墓からかえって本膳を出したものであるが、近頃は先に膳を出してたべてもらって送るようにした。これをサキトキといっている。

棺の中には枕飯のオンパン〔おっぱん：御仏飯〕だけ入れる。家によっては着物を入れることもあった。

塩野は昔から火葬であったという。ただし旅人は土葬であった。露天でやいたものである。

中越《なかごし》は土葬であった。多くは畑の隅へ埋めたもので、墓地はもときまっていなかった。次々に死ぬると、一所にあまり墓の多いのは気持がよくないからといって所をかえて埋めた。従って一戸の家でも墓地が方々にとんでいる。

広瀬では屋敷まわりへ骨をうずめた。死産児は埋めるだけで墓も何もたてなかった。

中越では葬式のシアゲ〔仕上げ：精進落とし・お斎《とき》などとも呼ばれる〕の日に麻裃を着て、二人で手伝いに来てくれた人の家へお礼に行く風があったが、五〇年も前に止んだ。

先祖のまつり　塩野ではやいた骨はトリハカ〔後述の大塔村「トリハカ」の項参照〕におさめる。墓における仏祭はなかった。ただ正月十三、四日に墓の掃除に行くだけである。花などをたててかえる。法名は仏壇にかけておき、四十九日まではそうめん、菓子、モリモノ〔盛物〕などを供えて拝む。四十九日をすぎるとお骨を持って京の本願寺へ参り納骨する。

年忌は五十回忌で終わる。

報恩講のとき総先祖供養をする。

②　大塔村《おおとうむら》

葬　儀　人が死ぬると、すぐ親戚、寺などへ使いを出す。使いは必ず。二人で行く。するとく子供たちが寄って来てツレをとる〔通夜をする〕。親であれば。一日休ませておいて葬式をする。

ユカンは婿か息子がやる。藁縄の帯をしておこなうのが本当だが、多くは裸でやる。ユカンの水はユカイタをあげて土を掘って埋める。

葬式は卯の日・トモビキを避ける。

葬式の日、喪家では人夫をやとう。たいてい親戚の人が行く。親戚の多い家では二〇〇人も集まるという。香典を五〇銭か一円包んで持って行く。

葬儀の時の煮炊きは他の喪のかからない家でおこない、病気などして死んだので病中に見舞をもらった家があれば、そういう人々を喪家の親戚からということにして招いて飯を食べてもらう。これをオトキ〔お斎〕という。親戚の者にも、三十五日のしるしとて、その当日飯を食べてもらうが、これをもトキという。酒は出さない。〔三十五日のしるし：初七日から七日ごとの法要。四十九日が一般的な忌明けだが、宗派によって三十五日のところもある〕

葬式の時、部落の人は送りに来ない。親戚だけである。葬式がすむと、部落の人々はクヤミとて麦一升に銭一〇銭を包んで持って来る。

棺をかつぐものは近い親類の者で、六人とか八人とかの丁（偶数）にきまっている。白の長袖を着て草鞋をはく。

行列の次第は最初に先払いが行く。五尺くらいの竹の先を割ったものを裃を着た者が持って行くのである。次に花籠一対、これには草花が投げ入れてある。次にシカ花・次にホッチュウ〔坊さん〕・次に棺が行く。棺の中には極楽への送り状が入れてある。棺の次は区長が行く。女は白いサラシを着物の上に着て従う。団子はオンボ〔隠坊〕をする人が先に持って行ってかざっておいた。

書きおくれたが、人が死ぬると必ず刃物を死体の上へおいた。魔性よけといった。猫をきらったもので、猫がまねくと死人が踊り出すといわれていた。

昔は土葬であった。思い思いで畠の隅などに穴を掘ったが、穴を掘るのは希望者がおこなった。土葬をすると、その上へ鎌など吊って魔性よけにしたが、狼が来てよく掘り荒らしたということである。中井傍示は今も土葬である。

篠原は今火葬になっている。薪を持って行って焼いた。オンボはきまっていない。オンボは頼むものではないといわれていた。全然赤の他人がやることになっており、喜んでおこなうものもないが、やがて自分も焼いてもらわねばならぬので、希望してこれと思う死者の家へ行ってオンボを引き受けるのである。今は火葬場がきまっているが、古くはきまっていないので、自分自分が、思い思いの所で、野天で焼いたのである。焚き物をおいてその上に棺をのせ、焼けてしまうまでついていて焼いた。オンボは必ず二人にきまっていた。焼いてしまうと骨をとって骨箱におさめ、葬家へ持って行った。

オンボは全く大事な役目であったから、死んだ時、あるいは供養をする時は、オンボした人が生きている限り坊さん、区長、寺役と共に、その家では二の膳つきで賄った。
また、他村から頼って来た者で、この村で死ぬると、共有墓地へ土葬した。共有墓地をハカといった。
村には二ヶ所ある。これは昔から他村の者を埋める場所で、土地の人はそこへは埋めなかった。しかし
火葬するようになって、火葬の灰はそこへ捨てに行くことになった。

トリハカ　骨は大部分を京の本願寺へ持って行って納め、一部をとって墓にうずめた。この墓をトリ
ハカという。土葬時代には自分の持山に多く埋めたものだが、その名残りで、墓は今も畠の隅や山の中
などにある。

墓が出来ると坊さんが参ってくれる。ただそれだけで、後は僧は参らぬ。

葬式後　七日目にホッチュウが参ってくれる（註：葬式の時だけ僧をホッチュウといっているようである）。
また湯棺の道具などは昔はみな川に流したが、最近は焼く。死者の着物などは、三、四日たって村の下
の川へ親戚の女が洗いに行った。

ガンホドキ　本人が生前どんな願をかけているやら分らず、また病気などで死んだのであればたい
てい家族の者が願をかけているので、ガンホドキとて扇の要をきったものを屋根の棟へあげておく。

年　忌　三十三回忌で終わりになる。それからは祭はしない。年忌の時には坊さんは参ってくれない。
墓などへは家族の者が参るだけである。

その他　十津川では死者をニワ先へ埋める所があるという。惣谷には墓地が二ヶ所あるという。天辻なども村の岡に共同墓地があって、上って見ると、墓が草に埋れていた。古い年号の墓も、形の変わったものもなく、墓地の新しさを思わせた。土葬で、新しく埋めたものの上には、大和の国中地方でモンガリ〔もがり・殯〕といっている上方をくくって円錐型にしたイヌガキがたててあった。

葬儀及び墓制の問題は詳しくきいて見ればなおかくされたる多くがあると思う。記憶に間違いさえなければ、辻堂あたりではずっと以前は死体を川原へ持って出て、砂礫の中に埋め、上に小石を沢山のせておいたようにも聞いた。記憶のちがいであれば訂正を要する。参考のために記しておき後日の調査を待つ。現在辻堂では共同墓地があり、墓は各戸に一つずつで、それに一家の人々の骨を埋めるようになっている。

③　十津川村《とつかわむら》

葬　儀　ここは明治になってから神道になった所で、人が死ぬると神主を招いて葬式をする。多くは土葬にし、埋めた上に石をおき、そこに小さなミタマヤを設けておく、そうして一年なり二年なりすると新墓をたてる。墓に刻む名はすべて生前のままである。

葬列には四花も花かごもないが、五色のハタを用いる。〔『吉野西奥民俗採訪録』〕

兵庫県鴨庄村《かものしょうむら》

葬送　南では、人が死ぬるとすぐその枕もとに刃物をおく。これは猫を寄せつけぬためと言われている。

戸平《とべら》では、人が死ぬるとすぐ団子をこしらえる。団子は粉を水でかいて作ったもので、生のままを枕もとにそなえる。そして一本花をたてる。

南では、組の人がきて世話をする。親戚の者は口を出さず、株の者、組の者に台所一切はアテマカセで、一家の者は死人についている。

香典はあととり以外の子が一番多くする。昔は米一俵を持って行った。また家によると、父の死んだ時は一石、母の死んだ時は五斗を持って行った。最近は大体に多くなっていた。株内の者は村香典より少し多く持ってゆく。

村香典は、昔は、葬式のお供に行って飯をたべるものは二銭、その他の者や近所でも貧しいものは一銭持って行った。

葬式の時のいろいろの役割は、組の者がきめた。親類や寺への使いは必ず二人でゆくことになっているが、そういう割当もすべて組内できめた。

戸平では、棺の出る時、家のまえで火をたく。それをたらいでふせる。葬式からかえってくると、そのたらいで足をあらい、藁をそこにおいて足をふくことにしている。

葬送は、棺の近くに親戚の者がしたがい、村の人はそのあとをついてゆく。

葬送にあたって、その家の相続人の妻はヒルマノママ（キョーゼンともいう）を持つ。釜でたいた御飯をとり、藁の輪をつくってその上にもり、それを膳にのせて持って行って墓のまえに供える。

棺は甥か孫がかくことになっている（戸平）。

墓の穴掘りは組内を順番にまわっておこなう。古いものから順に掘って行くのである。

南では、穴を掘るのは順番で、四人にきまっている。部落を二つに分け、西から二人、東から二人出て、シキアナを掘るのである。次の人が死ぬと、その人たちは坊さんの傘とキョクロク（腰掛）〔曲彔〕を持つことになっている。

穴の深さは四尺、大ささは棺の倍ということになっている。土をかけるのは血の濃い者から順々にこない、あとシキノシュウ（穴掘り）がかける。

シキノシュウは、南では、日光膳（四角な膳で足の少し高いもの）で、お椀でたべてもらう。他の人たちは寺の飯台を借りてきて、それでたべる。他の部落はシキノシュウはテショウ〔手塩〕か皿で、残り物で夕飯をたべてもらう。

棺をうずめる時、垣の形のものをおく。他には何もしない。
　棺をおさめてきて、それからドウクリをする。ドウクリ（ドーグリ）にゆくのは組内の手の空いている者である。ドウクリは地蔵様か不動様のたっているところでおこなう。藁一把を地蔵さんの前でもやす。その場合、親・子というように順を追って死んで行っている家では、オクリ（葬式）の出た後で組の者が、餅米一升をはかりきりにして餅につき、それをドウクリの紙の中に入れて持ってゆく。昔はそれをそのあたりにいる人たちがとりあいしてたべた。親にさきだって子供が死ぬなどというような不幸なことのないようにしたのである。

ドーグリ・その他　鴨庄一帯の村では、どの部落のはずれにも不動明王の碑がたっている。自然石に不動明王とほったものもあれば、半肉彫に像を刻んだものもある。一尺五寸内外の粗末なものであるが、人の死んだ時、葬式の時、ここへドーグリという別図のようなものと、不動さんの塔婆と草履を持ってまいって、不動様のまえで火をたいてくる。草履はオブト、中ジョーリ、小ジョーリなどいろいろ見かけるが、もとはワラジをあげたものであるという。なおドーグリの鳥居の後の竹をまげたところに白紙をはり、団子を一二そなえておく。

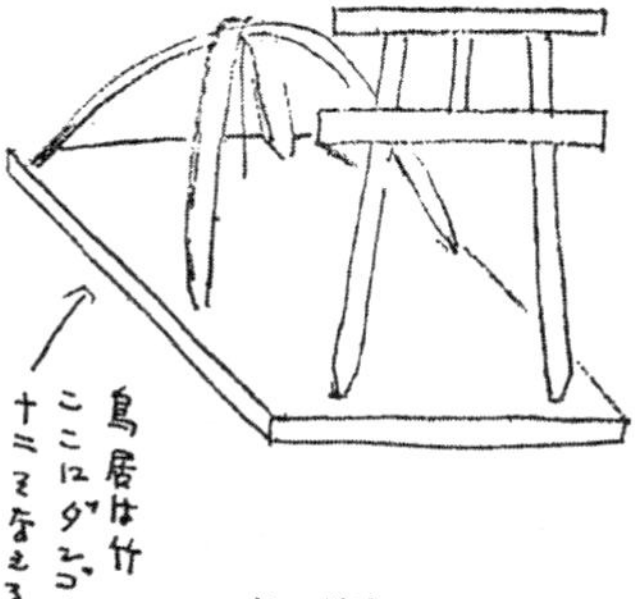

ドーグリ

不動さんの塔婆というのには次のような文字が見られた。

大聖不動明王為正覚祖心大姉頓証菩提之

大聖不動明王茂松禅童供養塔

なお鴨庄の西北、前山村では不動明王のまえに竹をきって花たてにしたものにシキミをたて、これにワラジが下げてあるのを見かけた。

葬式の時には足半ジョリをはくことになっている。

南では、人が死ぬると一日は村ケガレがあるといわれ、穴掘りは一週間けがれるといわれている。

親が死ぬると伊勢へは三年三ヵ月参られぬといわれていた。別には一年三ヵ月まいられぬともいわれた。

また親が死ぬると家の棟を三年葺かれぬともいう。

また、親の死んだ時には火アマの竹を川に流しに行った。ユルイがなくなってからは、ツシの木をはずして流しに行っている。

また、牛のケガエとて牛をかえた。

人の死んだ時には、ガンホドキとて本人のものを雨だれより外のカドへ持って出て、「願流しします」といえば願をほどくことができるという。

両墓制　墓をたてるのはきまりがない。しかし死んでからすぐにたてるというようなことはなかった。人の死骸は墓のうしろに埋め、竹を伐ってたてておく。それは忌中アケにとってしまう。また鎌をうずめた上に下げておく者もある。まよけである（塚原）。

篠山付近では、埋めるところと墓をたてるところが別になっている。石塔のあるところをキヨバカと言っており、埋めるところの方へは四十九日以後は行かない。

鴨庄村でも、古い時代、少なくも元禄以前には、両墓制があったと思われる。その一つの証左となるものは、南の永井氏の墓地である。永井氏の最も古い墓地というのは、最明寺の南の谷にある。そこに石の祠形の墓があり、中に五輪塔などがある。これをつくったのは安政年間であるけれども、それまであった古いものが腐朽したので、あたらしく造りなおしたという意味のことがきざまれてあるので、もとの形をそのまま継承したものと思われる。そうしてこの形式の墓は中世末に多く見かけられるのである。

しかして、この墓には死骸を埋めたものではない。死骸はすぐその近くに埋めたものといわれ、現に一〇間ばかりはなれたところに、拳大の石が堆高くつまれているのを見る。ここが死骸をうずめるところであったらしい。この石をつんだものの上には墓標はない。但し、この埋葬地の一部が永井氏分家の墓地になっている。

このような形式の墓地は鴨庄の中では他に見かけることはできなかった。この地は葬制の変改が相当早く行なわれたようである。もとこの地は天台および真言宗が行なわれていたが、元禄の頃、禅宗が盛んになってきたといわれている。その時から両墓制が止んだのではないかと思われる。現在の墓地における年号の最も古いものは一様に元禄であって、それ以前のものは見あたらない。〔『村の旧家と村落組織』1〕

兵庫県淡路沼島

サンマ 昔は土葬であった。野（サンマ）へ埋めた。アナガエとて古い穴へ埋めたもの。墓はお寺にある。埋めるのはタニの人に頼んだ。今でもタニの人が来て焼く。焼かぬ頃は墓の下に入れることは知らぬ。

両墓制 サンマに二年間埋め、四十九日にサンマまたは川から石を持ってきて祀り、のち墓石を立てる。

ハコツ 土葬をやめ、焼くようになってから、ハコツとて歯をカワラケ（土器・瓦笥）に入れて墓に埋めた。土葬の上に石碑を建てることはなかった。〔『農漁村採訪録XII』〕

大阪府滝畑

別　火 人が死ぬると、まず親戚近所が寄って行く。そうして世話をする。垣内の者は米一升持って行く。これは玄米にきまっていた。

別火と言って、煮炊きは全部死んだ家の近所の家でした。そうして死んだ所から何も持って行かぬ。死人をいろうたら杓子も持てぬのである。

柿の木　昔は焼いた。焼く柴は柿の木にきまっていた。だから柿の柴は平生は焚かなかった。縁付き〔嫁入り〕する時、女は柿の木を持って行った。それで村には柿の木が多い。

村に入って心にとまったのは、深い緑にかくれていた家がまたあらわになってきていることであった。家の丘の櫟林《くぬぎ》も黄に色づいて半分は散っている。家の裏の柿の木も大方は葉がおちて赤い実が残っているのもあり、もうとってしまったのもある。これらの柿は多くは、娘が嫁に行く時、里から持って行ったのだという。やがてその死んだ日、里から持って行った柿の木で焼いてもらうのである。柿の木の成長は、また自らの死の近づくことを意味していた。そうして村人には深い印象をあたえた木であった。それが土葬になってから、柿を持って来た祖母は死んでも木は伐られなくなった。そうして木はだんだんと大きくなって行くのであろう。孫のためにはこれが秋をたのしませるものとなったのである。しかし柿の木を不浄とする心だけは未だこの村にも残っている。ここだけでなく和泉の野の村の方にもあった。和泉取石などではさらに人をやく木がせんだんになっている。かくて柿、せんだんのような落葉樹の広く忌まれる故はもと火葬の用にしたためではないかと思う。そうしてもとの行事の完全に忘れられる時、いわゆる迷信として人々から抹殺されて行くのであろう。庭の柿の木に火の玉のとまったという話は和泉だけでなく中国四国にもおこなわれているようであるが、これはたまたま屋敷中にある大樹が多くは柿であったという関係だけでなく、あるいは前述の如く、柿が人を焼く木であったというようなところにも多少因由しているものではあるまいか。僅かの事実で推すことは危険であるが、一つの俗信といえども蜘蛛の巣の如く、いろいろの事情がからみあって生まれて来たものではあろう。そうして、その解決の手がかりが、いくつも山村に残されているのである。

土　葬　今、土葬になっている。埋めた所へ墓をたてる。

土葬の柵　道ばたの墓場に近頃死んだ人があるらしく新しい柵があるので、上っていってカメラにおさめた。この地は融通念仏宗であるが、土葬である。真宗および浄土宗は大阪を中心にしての一帯は火葬であって、それぞれに火葬場があって、大抵はオンボーがいる。そうして、火葬場をサンマまたはサンマイとよんでいる。サンマイは建物であって、私の故郷のように野天ではない。

土葬による地域は真言宗に最も多く、これには垣に似た柵と、木あるいは竹を円錐形にしたものとある。その見聞は甚だ狭いのであるが、それにも土地とちによって多少の差があった。和泉池田谷では図1のようなもので、これを葬列の一番先を二人の男がかついで行き、棺を埋めた後、上から土にさしておいた。滝畑などはこの型で、柵の中へ檜笠などがおいてあり、柵の前には竹の花筒が一対立ててあった。この型のさらに複雑なものは紀伊根来《ねごろ》で神輿《みこし》に似た型のものが多く、杉皮で葺いた屋根が方形の柵の上にのっているものが大半である（図3）。その柵の中には図4のごとく、竹を縄で巻いたもの（この底に棺がある）があり、その周囲は石が積み重ねられている。中には柵がなく、ただ図4のごときものもあり、これに洋傘をつきさしたものもある。この柵の前には六角の木の墓標があり、これに梵字が書いてある。しかして別に石の墓標はないのである。その付近の人に聞けば、ここは日蓮宗との事であるが、和泉の日蓮宗は石の墓標を有している。

池田谷などでは三回忌がすむと、柵をとって石碑をたてるのが普通であるが、まったく死体の捨て場所に等しいこの墓地を見たとき、異様にさえ感じた。泉南郡熊取村《くまとりむら》成合寺《せいごうじ》の墓地にも根来付近の図4の墓地と同じような埋

（図3）紀伊根来付近の墓地

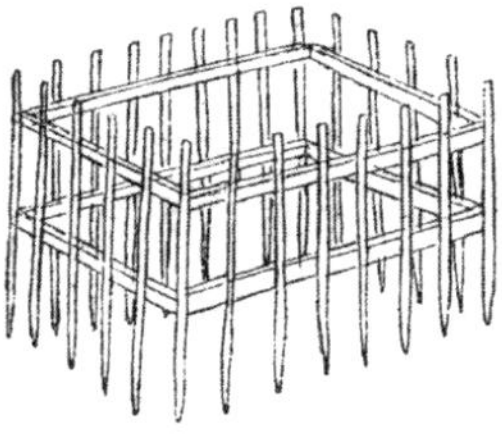

（図2）　和泉池田谷の土葬の柵　（図1）

（図5）小豆島の新墓

（図4）紀伊根来付近の墓地

葬を見たが、ここには石碑があった。

円錐形の柵は和泉では金熊寺《きんゆうじ》谷で見かけ、用材は竹であった。大和大塔村天ノ辻では木で、いかにも素朴な感じがした。淡路の東海岸もこれであるが、淡路では埋葬の上に墓をたてず、埋葬の柵の夥しく林立するに隣って墓が並んでいた。同じように土葬でありつつ小豆島では柵を用いないで、図5のようなものがたっていた。金熊寺の谷での話では、柵をするのは獣に掘られないためだとの事であったが、池田谷ではその理由が忘れられていた。

死去　人が死ぬとその家の者がまず親戚へ言って行く。草鞋ばきだとか提灯を持つとかいうようなことはなかった。死人は北枕にする。猫や牛をよそに預ける。猫は人を食うと言う。そこで死人の枕許に鉄砲や刀をおいた。家の人々は火をともして番をした。死人を獣に食わすと墓役が文句を言った。昔は番を怠って死体を猫に食われたというようなことがあった。墓役はシャジリという派の者が来ていて、なかなか威張っていた。

また枕許へ玄米の飯をたいて供えた。この飯の煮える間に死人は熊野へ参って来るということである。また米のだんごをこしらえた。椀に一杯作って供える。

燈明もたてる。この火は四十九日の間消さぬようにする。消えると道がまっくらになって極楽へ行けなくなる。線香もたてた。

シマイ　シマイは夜した。洗って頭の毛を剃り桶に入れる。これに携わる人は男二人女一人にきまっている。女は水をかける役で左杓で水をかけた。

棺桶　桶は桶屋が作った。私〔熊太翁〕の親が死んだのは正月の三日で、あの時はずいぶん困った。何故かと言うに、この村では正月の二十四日まで念仏も申されず、鉦も叩かれぬことになっている。したがって桶屋へ行っても桶を作ってくれぬ。仕方がないから私が桶をこしらえて入れたものである。棺桶一つすると七日間道具をきよめたもので、桶屋も非常に嫌っていた。

イトマゴイ　桶にいれると水をむける。シキビ〔シキミ：樒〕の葉で水をすくって頭にかけてやる。これをイトマゴイという。そのとき親類の者や老人が念仏を申す。一きりやる。

その夜は皆、棺桶のそばで寝る。寺から枕経に来る。

濃い者がシマイをすると、その者は杓子をもつことはならぬとせられた。

葬儀　葬儀にはまず僧を雇わねばならぬ。僧は三人から六人くらい雇うた。あそこの葬式はよい葬式というときにはたいていモロハチ〔双鉢：導師と僧六名〕であった。が普通はカタハチ〔片鉢：導師と僧三名〕ですました。

死んだ人には四句の文言*を幡へ書いた。すると死人が固くならぬという。

1　昔、髪を結う頃には髪をずいぶん大切にして決して捨てることをしなかった。一々とっておいて死んだ時、墓へもって行って埋めた。

2　シマイのとき剃った髪の毛は高野山へ持って参る。

3　四句の文言というものは非常にありがたいもので、旅をして野宿でもするような時には自分の周囲に指で輪を描きその中に四句の文言を書く。そうして眠ると、魔におそわれたり狐に化されたりするようなことはない。

葬儀の日、村の人、よんだ人々が来る。

「御死去なされ、供養としてトキを下され、よばれに来ました」と挨拶する。すると、

「御苦労でございます。どうぞ水を向けてください」と受ける。

坊さんが拝んで棺の蓋をする。村の人たちは念仏を申す。

濃い所のものは醬油、味噌、乾物などを持って米一升下げて葬式に行った。死んだ家のものはベツヤでまかないをした。別屋は他人の家がなった。少々遠くてもよかった。

棺桶は戸口から出た。デダチの念仏というのを出る前に僧がした。棺が出る時、門火をたいた。一把藁で、オンボが焚いたものである。

行列は一番先を棒振が行く。棒振は三尺五寸の棒を持っていた。もし行列の前を横切る者があったら棒振はスマキしてよかった。

次に火持が行った。火持は門火で線香に火をつけて持って行った。これは白装束することにきまっていた。次に一番ジョ、これは念仏を申して行く村人である。次に幡持。僧。次に村の人がシキビを持って従いて行く。引導坊主は棺の側である。シキビの次が棺で、棺の次がベントー持である。別に弁当を持つわけではなく、棺に天蓋をさしかけて行くのである。

その後にヨトリの嫁が顔の形の飯をこさえ、だんごのおかずをのせたのを持って行く。墓の六地蔵の前を通って大地蔵の前に行き三遍まわって埋めた。

葬式の行列が行く時にツジローソクをたてて行く。墓場へつくと無常の鐘をつく。三つつくのである。そこでカタハチは一人、モロハチは二人がハチをつく。

もとはオンボが墓穴を掘った。

草履はカンジョーカケでぬいで来た。この草履をはくと脚気にならぬと言う。

野辺送りからかえるとオトグチ（大戸口）にタテウスがおいてある。帰った人は杓に蓑をひっかけ空の臼を杵で三つついて、「親にはなれた一人旅、一夜の宿を貸して下され」と唱えた。するとシオガワシといって中から塩をテショーに入れてふってくれた。家の中で装束をとった。

葬儀のとき雇われて行った人の挨拶は前述のものと少しちがっているから書く。親戚や近所以外の人が雇われた時である。

「永らくのわずらいにだんだんとお世話なされたそうなが、このたびは病気相叶わず御死去なされ、ていねいに慫慂《しょうよう》を下され、よばれに参じました」と手に数珠をかけて挨拶する。すると後見人が「このせわしい仕事中にかかわらず、あなたたちを雇いまして、どうぞよろしく頼みます」と答える。

コツオサメ　葬儀の翌日、高野へ参り、骨（毛骨）を納め、位牌を買うて来る。

シアゲ　二日は家にいる女たちはシアゲといって古いものを洗う。川で洗うのである。洗ったものはたいてい古物買いに売った。またカタミワケといって兄弟や子にそれぞれ要るものを分けてやった。

ヒトナヌカ　七日にはみんなが供え物をもって新仏へ参った。まんじゅう、餅などである。そうすると施主の方では精進料理を出した。これは昼のことである。さて食事がすむと念仏を申した。墓へ参る時、供え物をひき、人々に配った。なるべく供えた人の物が、その人にかえらぬようにして……。余ったものは施主がとった。それがすむと墓へ参った。戻って来ると御馳走をたべた。

墓参り　葬式がすんでから身内のものは毎日墓へ参った。その時は必ずシキビを持って行く。墓は死体を埋めた所の方で、大墓と言う。

施主は線香を持って参った。またナゲトーバをも持って参った。埋《うず》んだ前でだんご念仏を申して泣いて来た。

七日参り　親類の者が七日七日に参ってくれると、施主は菓子と茶を出してもてなした。

精進上げ　精進上げは三十五日に行った。その時、薄い所は米一升、濃い所はまんじゅう、餅など持ってよばれて行った。四十九日までは臼をつくことを許されなかった。

四十九日の餅　四十九日には餅を搗いて垣内中を一つずつ配った。その時オタメ〈お返し〉をしてはならなかった。たとえ紙一枚してもいけなかった。この餅を決して子供に食わさなかった。

ムカワリ　人死んで一年目の法要である。この日、濃い所は一軒から二人、または全部をよび、村〈垣内〉からは一人ずつよんで精進料理を出した。やはり祝儀の酒宴の時と同じような方法でおこなう。まず施主が出て、

「本日は仏前へ結構な品々を供えてもらってありがたい。仏もこれで成仏でござる。何もございませんが、それにあげましたのは粗酒でございます。席人から受けていずれ様にもまわして下さい」と中閾に出て言う。席人は数珠を片手に

「美事な盃をあげてもらって辞退するのがあたり前であるが、お供養としていただきましょう」とて右の人を見る。すると右の人が

「こうしてあげて下さったら御辞退申さんといただきますでございます」と座一同を代表して答える。するとすると後見人〈施主〉が

「どなたもどうぞしっかり受けて下さい」と言って、初めて酒をつぐことになる。初献はスエノカサ

で受ける。肴は芋大根の煮たものである。献酒とともに重ね重ねの肴をついでいく。

二献はナカガサで受ける。受ける前に施主と席人の挨拶がある。

「おせわしいか知りませんが、それにあげましたのをおあけ下さい」

「さようでございますか、献合の都合もありますからいただきましょう」とて受ける。肴はあえものである。二献が終わるとおつけを出して飯を出す。飯椀に山盛にする。飯がすむと三献になる。席人が、

「もう多分によばれましたからとって下さい」と言うと、施主が

「いやそれでは都合がつかぬ、どうかそうおっしゃらずに席人からどうぞ受けてどなた様へもまわして下さい」とたのむ。

「それではしいて遠慮申さずにありがたく御受けすることにいたしましょう」と右の座の人にはかり、応答あって三献を汁椀で受けるのである。器物は汁椀となるとずいぶん大きくなっている。肴は八百屋へ行って適当なものを買って出した。昔はよい加減に見はからった。

四献目は山椀でうける。その応答は実に長々しいもので、祝儀の酒宴の時とほとんどかわらぬが、めでたい言葉を言わぬ。肴は蓮、大根等の刺身である。椀をおいたら三杯のまねばならぬ。五献がとり献である。ヒキザカナと言って盆へ鮓、でんぶ、大根、くわい、山の芋などを盛って出す。五献がすむと銚子をさげ、カンナオシと言って徳利で出す。そうして六献をつぐのである。肴はない。七献を盛ると

それで酒の座は終わり、御経をよんで別れる。

法　要　法要は三年、七年、十三年、十七年、二十一年、三十年とおこなう。三十回で終わりで、これで先祖になるという。

仏の祭　盆の墓迎えの仏は仏壇に祀った。しかし無縁法界は外に祀った。棚をつくって菓子、そうめんなどをあげるのである。また箸をたくさんあげる。これはたくさんの無縁仏が集まって食うようにの意である。また墓へ九間半の燈龍をたてた。

七日から十四日まで家々の行燈に灯をとぼした。これは明智光秀を祀るといっている。

（注：明智光秀は歴史上では主君信長を殺した大逆人であるが、民間では不思議に尊敬せられている。信長を殺して十三日間天下をとったとも言い、三日天下とも言い、信長を殺した理由が、その苛政を改めるためであったというのである。この話は故郷の周防で外祖父からしばしばきかされたことで、盆踊は光秀の霊を慰めるために起ったものだと言っていた。ところが大阪府泉南郡有真香村、泉北郡信太村上代でもこれとそのままのことを聞き、同じ泉南を歩いていて光秀が三日天下をとった間に天下の税を免じた、非常な名君であった、ということを聞いたことがある。瀧畑ではそういう話を翁からは聞き出せなかったが、同じような伝説があったのであろう。泉北郡池田谷では信長は根来高野を攻めた無法者で、和泉の寺々をも焼いた。その仏罰で光秀に殺された。光秀はいわば仏法の保護者なので、盆にまつる、というように語り伝えているのを聞いたことがある。）

昔は仏のまつりの時はジョーアナ（焼き場）へ行って泣いて念仏を申したものである。

火葬から土葬へ　この村は明治六、七年頃まで焼いたのである。その焼く木は前申したように柿の木を用いた。焼き場は今の大墓の所にあってジョーアナと言った。野天の穴であったが、家が近いので焼くとあぶないとて焼くのをやめた。もう一つは死人の焼ける匂はいやなもので、その匂がこの谷中にたちこめたから皆嫌った。

葬式をすることを捨てに行くというが、全くその通りで、焼いた時分でも骨を拾うということはなくて、皆搔き捨てたものである。そうして焼場へ持って行く前に、両側の鬢《びん》の毛をきり、右の鬢の毛は内墓へ埋め、左の鬢の毛を高野山へ持って行ったのである。

イチバンジョ　年忌、とむらいの時の念仏の頭取をイチバンジョと言う。（註：墓はいま三回忌にたてるという。）

死体のすてば　昔、飢饉で人の多く死んだ時には村の者も埋めきれなかったから川へ捨てたということである。また行倒れは国境の向こう側へ捨てに行った。蔵王峠の向こう側の崖には何十という死体がほってあった。すると今度は紀州側がそれを一々拾いあげてこちらに捨てに来た。そういうことを何日もくりかえした。行倒れでも領内にあるときは検使に来てもらわねばならぬから手続がうるさく、たいていは蔵王へ捨てに行ったのである。そのためにあのあたりにはダリ〔怨霊〕がたくさんさまようている。

両墓制　ウチバカはムカワリ〔一周忌〕に造る。ウチバカへは毛骨をおさめた。ムカワリの酒盛がすむと、死人の濃い人とイチバンジョが塔婆をもって参る。いま石をきる人もあるが、昔は木であった。大墓（埋めたところ）へは僧と他人が参って拝んで来た。それから帰って来て精進あげをする。村の墓はウチバカはウチバカで、大墓は大墓で一処にかたまっている。今、内幕と大墓の区別がだんだんなくなって行き、大墓を本墓のようにしている。ことに土葬になってからは、大墓は次々に墓がたって、狭くなってしまった。そうして今、墓場に困って来ている。

大墓（本墓）へは死んだ時とムカワリに行くだけで平生は行かぬ。経木はウチ墓へ売りに来た。本墓へ石を立てるようになったのは明治二十年頃からである。無論うずめた上へ墓をたてた。しかし今狭くなってしまって大墓での土葬は困難になっている。〔『河内国滝畑左近熊太翁旧事談』〕

大阪府西能勢

宗　旨　西能勢の永春院という浄土宗寺院の信徒の葬送習俗である。

ヒキャク　人が死ぬる事を人玉が出るとか、おかくれになるとかいう。大抵死ぬ時に人玉が出るからである。死ぬるとこれを親戚に知らせる。同系の者（一族の者）が二人で行く。一人であると魔がさすという。

枕団子　死ぬと同時に北向に寝させる。また黒糀をひいて北向の竈を造り、これに鍋をかけて、団子をまるめ、カワラケに入れ、水と生味噌と共に供える。

湯　棺　湯棺をムクイという。親の死んだ時には僧と長男以下二人の子供がおこなう。使ったたらいは捨てる。子供が死んだ時は親がする。嫁の死んだ時は先方の濃い兄弟一人とこちら二人がおこなう。

ソリゾメ　湯棺の時、僧がそり初めとて剃刀を一寸あてる。女の人はサイガミ（後へ垂れ髪）にする。おばあさんは茶筅髪にする。

オツーヤ　ヨトギという。一族の者、観音講仲間。観音講仲間は尼講をつとめてくれる。

悔みの言葉　隣近所は死んだと聞くと悔みに行く。その挨拶は「承りますれば、ようございませんそうで……」という。答は「ありがとうさん、色々いたしましたけれど、ようございませんでした」といい、怪我などして死んだ時には「不調法なことをしまして」という。

ナベカリ　葬式が出るまでの食い事は殆ど喪家の物を使わないでおこなう。米、野菜、醤油などまで同系、出入の者が持って行き、煮焚する。米は濃い所で一人一升の割である。だから三人行けば三升、五人行けば五升持って行く事になる。此の食い事をナベカリという。別に香典を持って行く。香典の受付には当主と親類の濃い者が当る。

葬儀の支度　葬式の支度にはそのかかりの者がいる。森上という盆地の都には何でも売っているのでそこへ買いに行く。まず棺に貼紙をする。棺の屋根は寺にあるので借りに行く。ヨーラクとかお念佛紙とかいうものを作って棺をかざる。上等は金紙で五円くらいかかり、中は銀で三円五十銭、下等は白で二円五十銭くらいかかる。また菊と蓮華を金銀紙で造る。

食　物　葬儀の時の食物には油揚、ひろうす〔飛龍頭：がんもどき〕、こんにゃく、牛蒡、大根、焼麩、かまぼこなぞが用いられる。手伝いに来た人達は長膳で、これらのものを適宜にとって食べてもらってから会葬してもらう。

葬　列　葬列が出るまでには一番鉦、二番鉦、三番鉦が鳴る。それから出かける。人々はツノムスビ〔角結び〕の草履をはく、座敷からはいて下りる、玄関の側には桶の中に鎌の入れたのがおいてあるが、これを蹴り出す。桶は川に流す。次に門火を焚く。

行列は最初に大ダイマツが行く。出入の古い者が持って行く。同時に墓標と木鍬を持って行く。

二番目に僧が行く。

三番目に幡が行く。三本ある。紙を人形に切ったもので笹竹につけ、村の名誉職がこれを持つ。

四番目に花籠が行く。籠はこの附近に作る村があって、そこで買ったもの。五色の紙が切って入れてあり、これを散らす。

五番目に提灯が行く。四つ。おじいさんなら孫にあたる者が持つ。白紙で貼り四角なもの。その骨は寺にある。

六番目に杖が行く。青竹に赤白の紙をまいたものであるが、平生持っていた杖も一緒に持って行く。

七番目に草履。孫が持って行く。

八番目に四花が行く。

九番目に鶴亀。これはオヒカリをともす台である。親戚の濃い者が持つ。

十番目にヒルメシ持が行く。これは息子の嫁である。小さな膳に白い紙を貼り、また額にもイという白い三角の紙をつけている。膳には煮〆、ひろうす、飯がのせてある。嫁をもらうと、舅なぞは「ヒルメシ持をもらったから、もう大丈夫やで……」と近所の人にも話す。

十一番目に当主が位牌を持って行く。白の麻裃を着ている。

十二番目に輿。棺は四角で、これに屋根をつけて輿にしたものである。親の死んだ時は先棒は娘の婿、後棒は二男がかつぎ、そえごしは出入の人がする。親戚の女たちは輿より先の適当な所へ割込んでついて行く。大抵は幡と花籠との間が多い。昔はかづき〔かずき・被衣〕をかぶって供に加わったものである。

十二番目にテンガイ持。位牌持につぐ大切な人が持って行く。

十三番目に提灯。これは五番目の提灯の四つの中の二つが棺の後についたもので、棺の後につかないで四つが一緒に行く事もある。

十四番にゼンノツナを棺からひき、これを尼講の人たちが持って詠歌をあげながら行くのである。村の一般葬送者はその後に従って行く。

道の曲り角では鉦をならす。鉦は葬列の先を行っている。

墓の手前の辻まで来ると棺を左廻に三遍まわす。ヒルメシ持・位牌持はついてまわる。

六地蔵に蠟燭を六本ともす。

埋　葬　このあたりは火葬を嫌って土葬である。穴は出入の人が三人寄って掘る。穴の位置は当主がきめる。墓地へつくと僧が拝んで木鍬で祓をする。この時、死者が五重をうけているとよいと言われる。（楽に極楽へ行けるという）

イケソメ（埋け初め）は喪主が最初。つづいて人々がおこなう。イケ（埋める）てしまうと、イガキ（斎垣）をおく。大体長方形である。これは先に持って行っておいたもの。墓標はイガキの真中に建てる。同系の人たちはそこで会葬の人々に「御苦労さん」と挨拶をする。そして山供養を渡す。但し山ヲリがあれば家で渡す。帰りは墓の四辻でツノムスビの草履を脱ぎ捨て下駄を履いて来る。

山供養　埋葬地で会葬者に配るヒキモノは施主の兄弟達が整えたもので、下駄、籠、手拭、タオルなどが多く、さらし木綿を配る事もある。

精進あげ　葬儀から帰ると人々は灰と塩をまいて家へ入る。また喪主は袴をつけ扇を持って親戚や手伝の家へ「ヤマヲリさせてもらいますから」と挨拶に歩く。すると招かれた人たちは出かけて行く。この精進あげは、まぜ御飯に、蛸鯖なぞの魚を用いる。

灰ヨセ 翌日、灰寄せとて喪主は麻裃に編笠で、女は紋付を着、鍬をかたげて墓地へ行きカキゾメをして帰る。帰りに寺へ参ってお経をあげてもらい、帰ってまぜ御飯を食べる。またその後毎日米を持って寺に参り、七日七日に仏をまつる。

アライ 二日目は洗いと言って死人の着ていたものを川へ持って行って洗う。

余談 (イ) 出棺の時、死者の平生用いていた茶碗に水を入れシキビと共に供えることがある。

(ロ) かかる葬儀法は大体浄土宗門下だけの様で法華門徒ではまた違っていると言われる。

〔「西能勢地方の葬制」(「上方」九六号)〕

京都府当尾村

死 人が死ぬると一晩は家で病人の態でそのままにしておき、その翌日は近所親類に知らせる。そうしてソーレン〔葬斂・葬式〕の準備をはじめるとモヤになる。

買い物は奈良へ行く。奈良の荒物屋に一式揃っているので、そこで買って来る。その店では棺桶まで売っていた。よい加減な家は箱をこしらえたが、貧しいものはこの棺を買うた。

そのほか経帽子、高野草鞋、たんにん、ろくしょう、線香、抹香なども皆買って来て、死人の支度をして棺に納める。そうして仏様の前へ棺をおく。

それまで北枕西面に寝せておく。死ぬるとすぐそうしなければならぬと言われているが、家によっては寝たままでおくことがある。そして枕飯をそなえ、玄米を飯にたいて供える。この飯を早く炊くといけない。死人はその間に善光寺へ参って来るので、その間がないと言われている。

知らせは二人で行く。血の濃い家へ知らせに行くのである。

死人の枕許には脇差をおく。魔がささぬと言うわけであろう。脇差のない家はない。昔は嫁入りとかソーレンと言う時にはいかなる人でも男であれば脇差を差して行ったものである。式のものとしていた。

死人の側においた脇差は棺を出すまではそのままにしておいた。

アラタナ　その年の盆までに死んだ人があるとシンキャク〔新客〕があるとて、七月十三日に家の前の軒下に麦藁でアラタナ〔新棚〕を作った。近頃は作らなくなって、奈良や加茂で作ってあるものを買って来るようになった。ソーレン屋に売っていた。麦稈で家を作った頃には子や婿がアラタナをしに来たとて手伝いに来た。アラタナは雨戸の縁の柱にくくりつけて作った。

ムカイマイリ　七月十三日の昼、迎い参りと言って、墓へ一家の誰かが参った。しかしただ参るだけで別に行事はない。

その夕方になると、仏様は四辻までおいでになって待ちかねていると言って、丁寧な人は四辻へ行って麦稈や麻稈で火を焚いたり松火を持って迎えに行ったりした。簡単にする家では軒下で火を焚いた。

ショーライサン送り〔精霊さん送り〕　七月十五日の晩に送る。燈明の火で松火をつけて四辻まで送って行く。戻って来ると仏壇をきれいにして、そなえたものやアラタナは川へほかし（捨て）に行く。その場所はタナバタを捨てに行く場所とは違う。〔「南山城当尾郷民俗聞書」（『民族学研究』7巻4号）〕

岐阜県石徹白《いとしろ》

死と埋葬（上在所）　人が死ぬると上在所《かみざいしょ》では死人にあたらしい着物を着せ棺桶に納める。棺は寝棺で足をのばして入れる。棺の中には杖と笠を入れる。昔は六道銭を入れた。八分板の丈夫なものである。この棺に布を貼り、四本柱の祠のようなものを上におく。棺の出て行くまえに、御飯と味噌汁を兄弟が食べるだけたき、棺のまえで、御飯に汁をかけて食べる。これをノダチという。村の人たちは悔みに来て生きている間のことを言い出して必ず泣く。

お供をする人たちは紋付を着る。棺は血縁の者がかつぐ。墓地で式をし、穴は村の人が一丈ほどに掘っておく。その中に棺を入れ、最初に長男が土をかける。埋めた上には石をおき、祠のようなものをたてておく。その後へ何某の墓と書いた柱をたてる。墓場を埋葬場とよび墓石は翌年たてるが、たてない家が多い。上在所では維新前には埋めた上に木を三叉にしたものを立て、石をつるしておいた。その後に何もたてなかった。

棺はオモテから出し、上在所ではニワビを焚いた。

火　葬（上在所以外）　上在所以外は真宗で火葬である。そして方法も違っている。人が死ぬるとしらせの使いが出て行く。袴をはきカタギヌ（肩衣）を着て数珠を持って一人で行く。すると親戚の人が寄って来る。棺や花などは村人が寄ってつくる。一在所のものが全部集まって来るのである。

湯棺は近親の者がする。そしてサラシの着物を着せる。出棺の日には坊さんが来て棺の蓋をとりトクドウ（得道）をして経をあげる。その後で女の人たちだけが血縁の順に焼香する。火葬場では男だけが焼香する。

翌日ハイヨセをおこなう。骨を持ってかえり死者のイトコとマタイトコを全部まねいて玄米をたいて黒い椀に山盛りにしたものを食べる。これをテンコモリという。この時、強《し》い合いをする。サイは小豆の煮たものと漬物である。なお維新前は白米は食べなかった。

骨は仏壇にまつり、三日目に墓におさめる。

死後のまつり　死後のまつりは七日・三十五日・四十九日・ムカワリ・三年・七年・十三年・十七年・五十年・百年とおこなう。

四十九日の後ショージンアゲをする。魚を二、三品つけた料理をつくり、近所の人をまねく。法事の後はアトフキといって残物を集めて近親のものが飲む。

五十年のまつりはていねいにおこなう。これから先祖になるといわれる。百年以上の法事には魚も使う。人は死後も霊がのこっていると信じられており、先祖のまつりが足らぬと病気になるということがある。あまりよく病気などする家でアズサミコ〔梓巫女〕に見てもらうと、先祖のまつりが足らぬなどと言われることがある。またこの地に一人の日蓮宗の信者がおり、その人は死人に逢うてよくいろいろの話をするので、村の人が先祖のことをききに行く。〔『越前石徹白民俗誌』〕

秋田県浅舞町

葬式　葬式の時、まず親戚が全面的に協力するが、これに準ずるものは、向こう三軒両隣であり、その下働きをする者が出入・ナンゴであった。ナンゴというのは親方の家から宅地を借りているもので、その代償として親方に労力を提供することになっている。

親戚の者は主として死人の世話をするが、親戚以外の者は葬式の準備や客の接待をする。そうして三日間位は喪主の家を手伝う。〔『村の旧家と村落組織』2〕

図説　墓地と墓石

願の賽の河原（両津市願、昭和34年8月）

賽の河原と火葬場

賽の河原

「賽の河原」と呼ばれるところはたくさんある。火山系の山で、蒸気の噴出があって荒涼とした地獄と呼ばれる場所の傍に位置していることもあるが、村の境や海辺がそう呼ばれていることも多い。そこには積石塚があり、地蔵様が祀られている場合が少なくない。いずれも此の世とあの世の境として意識されている所である。遠い昔、仏教以前から日本人は、村境や峠などには道祖神をまつり、外からくる災いを防ぎ、守ってもらった。幼くして死んだ子供の霊は、村境の道祖神が管理する場所にとどまって

願の賽の河原（両津市願、昭和34年8月）

いると私どもの先祖は信じていた。そして、そこに赤子塚を築き、再生・蘇りの早からんことを祈った。和名抄には「道祖」を和名「佐倍乃加美・サヘノカミ」とあり。『今昔物語集』では道祖神を「さいのかみ」とよませている。〔編者〕

賽の河原（新潟県両津市願）　願《ねがい》の東に岩が洞窟のようになっているところがあり、そのまえにささやかなお堂がたっているが、洞窟の中には地蔵様がいくつも並んでおり、小石をつみあげたものも見られる。賽《さい》の河原といっている。佐渡順礼たちはここまでやって来るのである。ここからさきは他界とも見たのであろうか。道らしい道もなく、石のみのごろごろしたところである。その石ころの中をあるいてゆく。海はあおい。船も人もいない。佐渡の人たちは、ここから死者の魂が海の彼方へゆくと思ったのであろうか。

もともとは、かならずしもそうではなかったようである。このあたりの村々には、村のはずれに石塔や地蔵様のたっているところがあって、そこを賽の河原といっている。願の賽の河原もはじめは願だけのものであったかもわからない。しかし、ここが佐渡全島の人たちの心をひくほどのイメージをもったところであったのだろう。そしてこの石ころの浜を賽積《さいづみ》といっている。〔『私の日本地図7 佐渡』〕

賽の河原（青森県むつ市田名部恐山）

菩提寺から西、賽の河原の地蔵堂までの間は、いたるところに石積みがある。火山岩の割れたものであるから、ゴツゴツしておもむきのないものである。菩提寺から賽の河原の地蔵堂まで行く人は、そうした石積みのあるところに、そのあたりで拾った石を一つずつ積み、地蔵様があれば、そのまえにお米かビスケットのような菓子を一つずつ供えていく。死者の霊が極楽に行けるようにとの心からである。

月はそのころには半月になっている。旧暦六月二十三日ごろはたいてい天気がつづき、すみきった空に半月がのぼると、湖が銀色に光り、その向こうに大尽《おおづくし》、小尽の山かげが黒く、周囲は山にかこまれて、昼間は地獄とみられた不毛の地も、月光に白くかがやく中に菩提寺が山を背にしてたち、この天地がそれこそ魂の寄り集まる聖地のように思えたものであるという。その光の中で夜の明けるまで踊りをおどったそうである。〔『私の日本地図3 下北半島』〕

［上・中］恐山の賽の河原（昭和38年8月）［下］まいる人たちは途中で石積みをしていく（青森県恐山、昭和39年7月）

［上］恐山の賽の河原（昭和38年8月）［中］宇津観音堂の賽の河原（山口県見島、昭和35年8月）［下］賽の河原（山形県酒田市飛島、昭和38年8月）

周囲を石垣でかこみ、その中で死体を焼く（佐渡北海岸、昭和35年8月）

火葬場

火葬場（新潟県佐渡市）　佐渡北海岸の村々をあるいていて目につくのは火葬場や墓地である。高千《たかち》の千本に入崎《にゅうざき》というささやかな岬がある。岩山を砂洲がつないだものである。その砂洲に火葬場がある。周囲にまるい石をつみあげて囲いにし、その内側に棺をすえ、薪をおおいにして火をかけて焼く。

こういう島では土葬が多いのが普通だが、北岸では火葬にしている。それが海につき出た岬にある。ここで多くの人が焼かれたことであろう。石垣の上に茶碗が六つ七つおいてあった。野送りの膳の茶碗であろうか。中にはこわれたものもある。焼場の中には骨をひろった箸がのこっていた。

火葬にすれば死体を埋める場所と墓地を別にした

［上］石垣の上には茶碗がすててあった（佐渡北海岸、昭和35年8月）［中］平野の火葬場（山口県東和町、昭和36年2月）［下］新しい火葬場（東和町田ノ尻、昭和44年4月）

崖下に焼場があり墓がならんでいた（佐渡市岩谷口、昭和34年8月）

り、古い墓石をたおしたりする必要はなくなる。死体の処理にあたっては便利である。火葬はすでに奈良時代にはおこなわれるようになってきていたようであるが、その普及は明治・大正にいたるまではたいへんおくれていた。佐渡で火葬のおこなわれるようになったのはいつ頃であっただろうか。佐渡北岸（西岸といってもよいのだが）の墓地は多く海岸の海をのぞむところにある。岩谷口《いわやぐち》などは村の北のはずれの岸壁の下に、火葬場を中心にしてならんでいた。〔『私の日本地図7 佐渡』〕

母の葬儀（山口県大島郡東和町） 私の母は生涯、苦労の多い人であった。しかし、ふるさとの自然と人間の中にしっかりと生きてきた。村人とのつきあいも決しておろそかにはしなかった。村でおこなわれていた大師講が中止になったことがあった。すると母は、年寄のたのしみがなくなるからといって私の家でひらくことにした。どこの家でも、若い嫁がきりもりをするようになると客をするのをきらう。そんなことが次第に講のような集まりを廃止に追いやってしまった。幸い私の家は、妻が母の気持をよく理解していて、講中の世話もしてくれたので、講を続けるこ

母の葬儀（東和町、昭和37年3月）

とができた。葬式のときにはこの仲間もみんな集まってくれた。生涯を働きつづけ、他人に大した迷惑もかけず、好きな風景の中で大して苦しみもせず、心あたたかい人びとに見送られて死んでいったのである。おそらく、思いのこすこともなかったであろう。

死の翌日、葬式をおこなった。寺の後の丘に火葬場がある。野天に壺を掘っただけのものであったが、数年前に周囲を煉瓦でかこんだ。その中へ棺をおき周囲に割木を詰め、上に藁のおおいをして火をつける。その夜、火屋《ひや》見舞といって焼ける様子を見にゆき、その翌日、骨拾いにゆく。昔のままの通りに葬儀をおこなった。母もそれを望んでいたであろう。

母の死によって、母の世話をしていてくれた妻と末の子が上京することになり、家は戸をしめたままにしておくことになった。そのようにして、ふるさとには空家がふえていく。六十歳をすぎたら、私もふるさとへ帰って百姓をしながら晩年をすごそうと思っていたのだが、その頃から学校へ勤めることになってしまって、まだふるさとへ帰住する目途が立たない。しかし、都会で働きつづけて、一応その仕事を終えた者は、出身の地に家と土地を持っている限りはそこに帰るべきものだと思っている。そして、そこで人生をふりかえって見る生活をすることも、意義のあることではないかと思う。〔ふるさとの村『私の日本地図9 周防大島』〕

うずめ墓と石碑（新潟県佐渡市深浦、昭和39年8月）

墓地所見

埋め墓と詣り墓　―両墓制の墓地―

両墓制　土葬地帯で墓が密集してたてられているようなところでは、埋める場所と墓をたてる場所が別になっている例が少なくない。両墓制といっている。両墓制の起原についてはいろいろのことが考えられるが、墓を一ヵ所にかためてたてておく場合には、埋める場所と墓をたてる場所を別にする方がよかった。死体を埋めた上に墓をたてると棺がくさって土がくぼみ、墓石がかたむいている例も多く見かける。研究者は遺骸を埋めた場所を埋め墓といい、墓石をたてた所を詣り墓というが、土地の人たちはそれぞれが異なった呼び方をしている。土葬から火葬にかわるこ

新墓（新潟県佐渡市深浦、昭和39年8月）

とにより、骨を埋めた上に墓石をたてるようになり、両墓制はしだいに消えてゆく。

佐渡深浦　深浦の小学校は夏休みでひっそりしていた。学校の西からV字形にきれこんだ谷におりてゆく。その道の右側に墓地がある。手まえの方には墓石がたっているが、向こうの方には墓石がなく、花だけが竹筒にさしてたててある。そして中には、竹をおりまげたもので小さな土まんじゅうを囲ったものもある。新墓のようである。このあたりは土葬なのである。そして棺をうずめたところには墓はたてないで少し離れたところにたてる。いわゆる両墓制なのである。人を埋めるところと墓をたてる場所を別にしているところは、日本でもかなり広く分布を見ている。佐渡のうちでもこのあたりにはそういう習俗が見られる。これは僻地だからそうなったのではなく、京都や大阪付近にもこの風習は多い。一つは仏教の宗旨が影響しているようで

新墓。土葬である（山口県大島郡東和町、昭和36年2月）

ある。真宗の盛んなところならば火葬にする。土葬はそれ以外の宗旨のところに多く、しかも西日本の方に両墓制が濃厚に見られる。沖縄などにおこなわれている二重葬と深い関係があろう。二重葬というのは、死体をはじめ洞窟のようなところにおき、骨だけになったとき、その骨を洗って墓におさめるのである。これは死者がけがれており、何年かたつとけがれがとれると考えたことからおこなわれている葬法である。

〔『私の日本地図7　佐渡』〕

兵庫県鴨庄村　鴨庄村でも、古い時代、少なくも元禄以前には、両墓制があったと思われる。その一つの証左となるものは、南の永井氏の墓地である。永井氏の最も古い墓地というのは、最明寺の南の谷にある。そこに石の祠形の墓があり、中に五輪塔などがある。これをつくったのは安政年間であるけれども、それまであった古いものが腐朽したので、あたらしく造りなおしたという意味のことが刻まれてあるので、もとの形をそのまま継承したものと思われる。そうしてこの形式の墓は中世末に多く見かけられるのである。

しかして、この墓には死骸を埋めたものではない。死骸はすぐその近くに埋めたものといわれ、現に一〇間ばかり離れたところに、拳大の石が堆高くつまれているのを見る。ここが死骸をうずめるところであったらしい。この石をつんだものの上には墓標はない。但し、この埋葬地の一部が永井氏分家の墓地になっている。

このような形式の墓地は鴨庄の中では他に見かけることはできなかった。この地は葬制の変改が相当早くおこなわれたようである。もとこの地は天台および真言宗がおこなわれていたが、元禄の頃、禅宗が盛んになってきたといわれている。その時から両墓制が止んだのではないかと思われる。現在の墓地における年号の最も古いものは一様に元禄であって、それ以前のものは見あたらない。〔『村の旧家と村落組織』1〕

東京都府中市新宿山谷　武蔵野の村々ではごく最近まで土葬が多かった。土葬だから自分のひらいた土地に埋めてもらい、その土地の守り神にもなろうとしたのであろう。ところが拓きつくされたところに住んでいる者は、先祖の墓のそばへ埋められる場合もあった。一つの家に墓が三ヵ所もあるというような家もあった。早くから寺の境内に寄せ墓をつくったようなところでは、新しい死者のあるときそこを掘りかえして埋めるというのも困難なことが多く、死体を埋めるところと墓を別にする家も生じてきた。府中

埋め墓。いまここには家がたっている（府中市新宿山谷、昭和39年4月）

の新宿山谷というところなどはそれであった。府中新宿からの分村で、墓は本家の墓のある寺の境内におき、死体だけは新田の一隅に埋めた。しかし火葬がおこなわれるようになると埋葬地は必要がなくなり、今は埋葬地だった上に住宅がたてられている。〔『私の日本地図10　武蔵野・青梅』〕

兵庫県沼島（ハコツ）　サンマ（野）に二年間埋め、四十九日にサンマまたは川から石を持ってきて祀り、のち墓石を立てる。土葬をやめ、焼くようになってから、ハコツとて歯をカワラケ（土器・瓦笥）に入れて墓に埋めた。土葬の上に石碑を建てることはなかった。〔『農漁村採訪録XII』〕

大阪府滝畑（ウチバカと大墓）　ウチバカはムカワリに造る。ウチバカへは毛骨をおさめた。（中略）

村の墓はウチバカはウチバカで、大墓は大墓で一処にかたまっている。今、内墓と大墓の区別がだんだんなくなって行き、大墓を本墓のようにしている。ことに土葬になってからは、大墓は次々に墓がたって、狭くなってしまった。そうして今、墓場に困って来ている。大墓（本墓）へは死んだ時とムカワリに行くだけで平生は行かぬ。経木はウチ墓へ売りに来た。本墓へ石を立てるようになったのは明治二十年頃からである。無論うずめた上へ墓をたてた。（後略）〔『河内国滝畑左近熊太翁旧事談』〕

［上］内墓［中］大墓。柵のあるのは新墓（滝畑、昭和11年）［下］埋め墓（滋賀県近江在原、昭和16年8月）

横穴墓

渡久地の横穴墓（沖縄県国頭郡渡久地）

車で渡久地《とぐち》の町に入る手前の右側の崖下に、崖に横穴を掘った墓がいくつもならんでいるのが目についた。まずそれを見にゆく。沖縄本島における古い墓はこういうものではなかったか。

いや、このような墓のつくられる前にまず洞窟が墓として用いられたと思う。浜比《はまひ》嘉《が》のノロ〔祝女・巫女〕の墓は洞窟にあったし、そこにはまたノロ以外の骨もたくさんちらばっていた。

また王の墓である玉御殿《たまおどん》といわれるものは、崖下の洞窟の前に漆喰をほどこして墓としたものもある。そのような墓と渡久地の横穴墓とは形式の上で近くなるばかりでなく、本土の崖に横穴を掘った古墳とも近くなってくる。

崖下にひっそりと墓がある（昭和44年10月）

修理した墓（沖縄県国頭郡渡久地、昭和44年10月）

崖面を利用して横穴を掘り、そこを墓とするものはセレベスあたりにも分布を見ているが、本土ではずいぶん広く分布している。あるいはそういうものにつながるものであろうか。渡久地の墓には、もうまつらなくなっているものも見かけた。

渡久地の崖下の墓は草におおわれてしまったものもある。崖面をきれいに削り、そこに四角な穴をあけ、その中に骨を入れるのであろう。その前が整地せられて花瓶や香炉のおいてあるものもあり、それのなくなっているものもある。墓のまえにブタ小屋のあるものもある。

那覇へついた日、糸満へゆく途中、小祿《おろく》でそのような情景を見て、埋葬とはいったいどういう意味を持つものであろうかと考えた。単なる死体の処理なのか、魂を神の世界へ復帰せしめることなのか、前者ならば墓のまえにブタ小屋があっても不思議はないが、後者ならば墓地は聖地のはずである。沖縄でも畑の中に多くの墓を見たが、本土でも畑の中の墓は少なくない。本土でも墓のそばにブタ小屋のあるのを見かけた。

人びとが死とは何かを考え、埋葬とはどういうものであるかを考えていたのは、これまでのわれわれの調査したものよりはもっと複雑なような気がする。慣習による一つの通念ができていたにしても、さらに一人ひとりのうけとり方は違っていたのではないだろうか。そのわずかばかりの差を見てゆくことだけが目的ではなく、慣習による行為の統一の中になお一人ひとりのうけとめ方の差異があることが、しだいに習俗全体をもかえてゆく力になっているのではないかと考える。

崖下の墓はあらたに作られたと思われるものはほとんど見かけられなかったが、古いものを修理したものはいくつか見かけた。新しい死者のあったとき修理したのか、または長く旅にあったものが戻って来て再びまつるようになったものか。

墓の持つ問題はきわめて複雑である。沖縄のように先祖を大事にし、りっぱな墓をたてるところでは、もしその一家のものが出稼ぎのために離村し、やがては帰住しなくなったときなど、どうするのであろうか。

私は昨年一昨年かけて山口県萩奥の村の調査*をおこなったが、その折、私の友は主として墓についてしらべた。その結果を見ると、現在その土地に住んでいる人たちのまつっている墓のほかに、まつられている墓とおなじくらいの数の墓が、草や木の中に埋もれ忘れられていた。それがどこの家のものであるかさえ、知っている人はほとんどなかった。死に絶えたか、他出していったものと思われる。それは

［上］ブタ小屋の後にも墓があった（沖縄県国頭郡渡久地、昭和44年10月）［下］田舎道をゆくといたるところに立派な墓を見る（沖縄県与勝半島、昭和44年9月）

私にはおどろきであった。平和に見える村の中にも大きな変動があったのである。

沖縄のように早くから人がみちあふれ、出稼ぎを余儀なくされたところでは墓をどのようにして守ってきたか。また捨てていったか。誰かがとどまってかならず守ったであろうことはわかる。そのあり方の中に、ふるさととの結びつきのあり方を見ることができる。

私はいま東京都の府中市に住んでいる。そして市内にある墓のあらましをしらべてみた。すると市内にある墓のほとんどは在来市民のもので、新来市民のものはごくわずかしかない。在来市民三万、新来市民一二万の町である。新来市民のほとんどは死者のあるとき、その骨を郷里へもってかえってまつっているようである。

このようにして、多くの地方民が都市生活をするようになっても、埋葬を媒介にしてなおふるさとに結びつき、都市住民の中に、ほんとうの市民意識はまだ十分に発達してはいない。やがては市民化してゆくであろうが、都市民の秩序のなさも、こういうところに大きい理由があるのではなかろうか。

いろいろの疑問を持ちつつも、ゆっくり時間をかけて見てあるく旅ではないので、ただ疑問を疑問としておくにすぎない。行きかう人に声をかけて聞いてはみるが、そういうことに気をとめている人に出あうときはよいけれど、そうでないときは求める答は返ってこないものである。そして道ゆく人は皆いそがしくなってしまっている。〔『私の日本地図8　沖縄』〕

月隈公園の横穴（大分県日田市、昭和43年8月）

横穴古墳（大分県日田市）　旧日田《ひた》代官所の背後は城址で公園になっている。その城址の本丸へのぼっていく道の斜面に無数に横穴古墳がある。岩質は凝灰岩でやわらかく、そのやわらかさを利用して人びとは横穴をほって人の死体を埋めたものであろう。

山の崖面に横穴をほって古墳とする風習は各地に見られる。おなじ大分県の中でも佐伯地方でたくさん見かけたことがある。大阪付近でも河内玉手山《たまてやま》にはたくさんの横穴古墳があった。神奈川県鎌倉はそうした古墳の多いところ。東北地方の南部にまで分布している。

それが思いもうけず、代官所背後の山地月隈《つきくま》公園で多数にそれを見かけたのである。横穴の中に遺物はのこっていない。こういうものは史蹟として保存すべきではないのであろうか。これらの遺址はこの地の歴史の古さを物語るものである。そして古墳を持った者から今日まで、

月隈公園の横穴（大分県日田市、昭和43年8月）

多くの人がここに住み生活してきたのである。それは日田郡司大蔵氏*が勢力を持つようになる前からのことかもわからない。

横穴は大小さまざまで、立ってはいれるものもあるし、やっとはいこむことのできる程度の小さいものもある。いちいちかぞえたのではないから、数はよくわからないが、何百という数にのぼるものと思われる。これらの横穴を大切に保存する方法はないものであろうか。中にはすでに土に埋もれかけたものもある。〔『私の日本地図11 阿蘇・球磨』〕

門中墓

糸満の門中墓（沖縄県糸満市） 摩文仁《まぶに》からのかえりに「糸満《いとまん》にある門中墓《むんちゅうばか》も見ておくのがよいですよ」と松田さんに案内していただいたのは幸地腹《こうちばら》**の門中墓

幸地腹・赤比儀腹両門中墓（沖縄県糸満市、昭和44年9月）

であった。

沖縄島の墓の様式はいろいろあるようだが、いま多いのは破風《はふ》型の墓である。もとは亀甲《きっこう》型の亀甲墓《かめこうばか》が多かったという。幸地腹の門中墓は破風型である。門中は一門一族のことである。幸地一族の墓地はきわめて広い。四〇〇〇坪にものぼっているといわれるが、奥に一基、その前に四基ならんでいる。奥の墓には八十五歳以上でなくなった人の骨と、生前功績のあった人の骨がおさめてあるという。そのほかの人たちは、その前の墓におさめられる。

この墓の東につづいて納骨堂がたてられており、その前に神社風の建物がある。これは新しいもののようである。その前の松林に若い男が三人、焼酎をのんでいた。この墓にゆかりのある人たちであろうか。飲んでゆけといわれたが、先をいそぐので失礼した。そして港の方へ出ていった。

沖縄の人たちは祖先を大切にする。そしてりっぱな墓をたてる。その墓をいたるところに見ることができた。いつごろからこのような墓が建てられるようになったのであろうか。幸地一族の場合は康熙二十三年とあるから、一六八四年で、本土の貞享元年にあたる。その頃つくられたものであろうか。〔『私の日本地図8 沖縄』〕

［上］門中墓の東隣、納骨堂 ［中］子供用の一次葬墓 ［下］奥の墓（沖縄県糸満市、昭和44年9月）

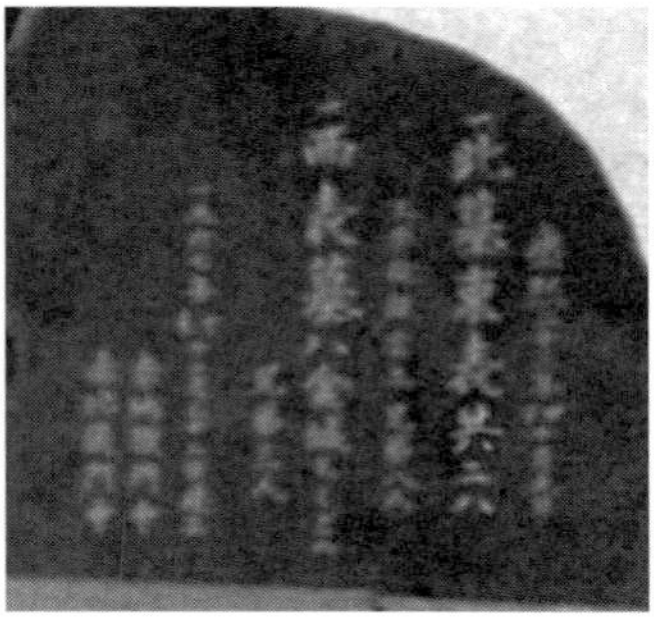

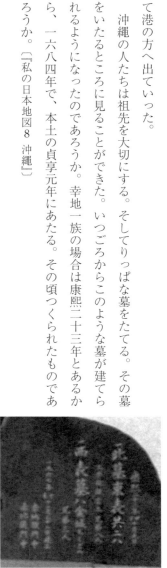

石垣にかこまれた墓地（佐渡市小野見、昭和34年8月）

渚の古墳と石囲いの墓地

石垣に囲まれた墓（新潟県佐渡小野見） 高千から北の村は、ほとんどといっていいほど村のはずれに墓地があった。そしてその墓のつくり方も思い思いであった。小野見《おのみ》の近くでは周囲に高い石垣をめぐらした墓地があった。多分、牛込の石垣から思いついたものであろうと思うが、石垣の中に墓がずらりとならんでいた。

私は佐渡の調査の後、山口県見島《みしま》へわたって、そこで石垣で囲った墓地を見た。そこでは石垣の区画が無数にむすびついて、それが中近東あたりの古代都市遺跡をおもわせるようなさまになっていた。そういう風景は他ではあまり接したことがない。佐渡でも石垣をめぐらしたものはここだけであった。しかしこういう墓地のつくり方は、石垣で囲むのではなく、築土《ついじ》をめぐらしたものならば、他の地方

墓は石垣にかこまれている（山口県見島、昭和36年9月）

にもいくらもある。石垣であるために物々しく異様に感じられるのかも知れない。〔『私の日本地図7 佐渡』〕

渚の古墳（山口県見島） 見島の渚の石はみんなまるい。長い年月を波にあらわれているとみんなこうなるのであろう。玄武岩がくだけたものだから、みんな黒い。その石をひろって来て石垣を作る。波のあたるところでは漆喰をするが、屋敷まわりの石垣はそのまるい石を積みあげただけである。そのまるい石垣がくずれもしないでいる。素人の築いたものだからきちんとしたものではない。しかしこの島の人ほどまるい石を巧みに利用した人たちはないのではないかと思う。

その歴史もきわめて古い。この島に人が住みはじめて以来、島の人たちはこの石を利用しているのである。本村の東南の海岸にジコンボウあるいは、ジイコンボウというところがある。もとは慈光坊とでも書いたものではないかと思うが明らかではない。とにかく海に面した丸石ばかりの浜に何百というほどの古墳がある。今は半分以上はこわされているが、それでも一〇〇あまりはたしかめることができた。まるい大きい石を積んで石室をつくり、その中に死体をおさめて、さらにその上に丸い長い石で蓋をする。さらにその上を小さいまるい石で葺く。

おそらく、この島に住んでいたものが死者をこの浜に葬ったものかと思うが、あるいはまた本土の方

［上］［中］ジコンボウの古墳［下］古墳の石をとって石垣をつくる（山口県見島、昭和35年8月）

から海の彼方に常世の国をもとめてやって来て、ここに死体を埋めたものであるかもわからない。この古墳はある時期にほとんど盗掘されたものの如く、小石がはがれ、また蓋石の一つか二つかがとり除かれている。私はその一つひとつを見てあるいた。古墳が海岸にならんでいることで、そこが堤防のように高くなっており、潮風を防ぐことにもなっていたようである。

しかし古墳列の内側に松を植えて防潮林とするためには、潮風をできるだけ幼樹にあてぬようにすることが重要で、この古墳をくずし、古墳の石を積みあげて石垣にすることにした。石垣を築くには古墳の石は手ごろなものである。現在の島の人たちにとっては、古墳はたいしてかかわりあいのあるものではない。このようなことから多くの古墳がこわされた。

地元の人にとっては古墳は重要なものでなくても、学問の上から見ると重要なのである。誰が造ったのか、いつごろ造ったのか。もし島の人が造ったとするならば、島には多くの人が住み、高い文化があ

古墳から出土した遺物（『見島総合学術調査報告』より、昭和39年）

ったということにもなろう。それではその人たちの住居のあともあってよいということになる。

そういうことについては考古学班の人たちが調査にあたった。みんな盗掘しているように見えても、いろいろのものが出てくるばかりでなく、発掘しなおしてみると、およそ一八二基の古墳が確認されたのである。

そして出土品にもいろいろのものが出てきた。神功開宝・隆平永宝・承和昌宝・貞観永宝・和同開珎などの貨幣*をはじめ銅鈴・勾玉・帯具・紡錘車・貝輪・銅鋺・刀子・鉄鏃・須恵器などがそれで、それらの出土品を通じてみると、もっとも新しい古墳は九世紀の終わりか十世紀の初め頃に築かれたものではないかということになる。この浜に多くのまるい石があったということで、この島の人たちは石を積んで墓とする作業をつづけてきたのであろう。十世紀の頃には、他の地方では、このような古墳をつくることはほとんどやめていたようである。

おそらく、この島には古墳を築くことのできる技術も持ち、鉄や銅を使用することも知った高い文化を持った人たちが住んでいたと思うが、それにしても、ここに埋葬された人がこの島の住民だけであっただろうかということには、まだ疑問をもっている。沖の島の海岸に死体を埋める風習は、九州の海岸地方にはいたるところに見られる。そういう島をスズメ島**などと言っているが、鎮め島であろうという。その島は海岸からそう遠くはなれているわけではない。しかし死体を沖の島まで持っていって埋めなければ

鹿児島県長島の積石塚（昭和38年3月）

ならなかったのは、人の魂が海の彼方からやって来、またそこへ帰ってゆくことが信じられてのことからであろう。

海岸にたくさんの積石塚を見たのは鹿児島県の長島であった。島の青年たちに案内されて海岸の防潮林の中をあるきまわったことがある。大半は盗掘されているようであるが、木の茂る中を押しわけて歩いて何十というほどの古墳をたしかめたが、ジコンボウのように学問的な発掘調査をおこなえば何百というほどのものが確認されるのではないかと思った。

〔『私の日本地図13　萩付近』〕

石囲いの墓（山口県見島）　古墳のあるジコンボウの西の高見山の上に立って北を見ると、そこにはまた異様な風景がある。丸い石を積みあげて四角に区切った屋根のない住居を思わせるものが、ひろい区域をしめている。そこは墓地なのである。その墓地は近世来のものである。古代の墓地は丘の東側の海岸にあり、近世の墓地は丘の西側にある。では、古代

高見山の上から見た墓地の石垣（昭和35年8月）

と近世の間の中世の墓地はどこにあるのだろうかということになる。それは、はっきりとはわかっていない。それにしても近世のこの墓は見事である。近世の墓は吉祥寺《きっしょうじ》という寺の背後にもあるが、そこよりも海岸墓地の方がはるかに広い。

見事に石を積みあげて四角な囲いをつくり、その中に死体を埋める。この一つひとつの区域が竪穴式の石枠を思わせるものであるが、今は墓石が立っている。昔は墓石をたてることは少なく、棺を埋めた上をまるい石で掩ったようである。そういう墓もいくつか残っている。しかし江戸中期頃から墓石をたてるようになった。このような石の囲いもそれぞれの家で造ったもので、海の方から見ると城のように見える。

誰の思いつきでこうした墓地をつくるようになったのであろうか。そこにまるい石が多かったということから思いついたのが、このような墓地をつくらせたものであろうか。石の囲いの中に建てられている墓で古いものは少ない。江戸中期

［上］向こうの松山は高見山　［中］墓地の内側（昭和35年8月）

［下］墓の石垣を渚から見ると城壁のようである（昭和36年9月）

以降のものがほとんどである。しかしここに人を葬るようになったのは、それ以前からのことであろう。墓石はたてなくても、人を葬っていたことは、石おおいのみある墓地もあることで推察されるが、中世にはすでにこのような石囲いをつくり、死体のみをここに埋めていたものであろうか。

そういうことについて、くわしくは島の人から聞き出せなかった。しかし全く見事なものである。規模の小さいものなら佐渡などでも見かけたが、このように見事なものは見島以外ではまだ知らない。

ところが、海にのぞんだ方はまるい石が積みあげられているが、内側の、田圃に面した方の石囲いは切石を使ったものが多い。この方はどうも後から築かれたもののようである。そのようなことから推察すると、この墓の石囲いは、はじめ、海に近いところに多く築かれ、しだいに内側の方へ増築されていったことになる。

この島には中世の墓もある。それは山手の方に多い。海岸にないこともない。しかし山手の方が多い。この島には山手に墓をたてる習俗を持つ人びとと、海岸に死体を埋める人と、系統のちがった人たちがもと住んでいたのではなかろうか。そして地方《じかた》の人と浦の人たちは、この島への来住の歴史がもともと違っており、墓のあり方はそれを物語っているのではないかとも思った。

この石囲いの外に自然石を積み重ね、自然石の墓標の立っているものがある。その中には流人としてこの島に流され、島で死んでいった人のものもあれば、遭難して死体の漂着したものをここへ埋めたものもある。そういう墓は古墳の様式に近いといっていい。

まるい石があったということで、このようにまるい石を利用していろいろの構造物をつくりあげていったのであるが、それがこの島では古代から現代まで続いている。石の利用法のみを追いかけてみても、島の文化のあり方はかなりの程度まで明らかになるのではなかろうか。つよく心をひかれながらも、そのことについて十分追究してみる時間をもたなかったが、文化の研究にはいろいろの方法があろう。(『私

流人の墓。石垣の外にある（昭和35年8月）

の日本地図13 萩付近』）

島外の人の墓（山口県見島） この島には島に流されて来て死んだ人の墓がいくつもある。たいてい流人であった。流人は家も家族も持たないものが多いから、死ぬと、石囲いの外に埋めた。流人の墓は海岸の墓地にもあったが、吉祥寺背後の山の墓地にもいくつかあった。流人は武士が多かったようで、戒名に居士とあるものも見受ける。萩の方からお骨をとりに来たものもあって、そういう墓はこわしていった。いま残っているものはお骨をとりに来なかったものであろう。漂死者の墓も、とりに来るものがなければ、そのままになってしまう。宇津には日露戦争の日本海海戦のとき、この島に漂着して死んだ兵士たちの墓がある。島外から来て死んだ人たちを丁重に葬ることによって、島はそういう人たちの霊によって守られるものであると信じられていた。

鳥辺野墓地（京都府、昭和38年2月）

宇津というところは、まるい石の少ないところで、まるい石囲いの墓地はあまり見かけない。囲いは竹や板でなされていた。墓の周囲にかこいをすることはこの島の古くからのならわしのようで、墓にも強い風をあてないようにしようとしての心からであろうか。〔『私の日本地図13　萩付近』〕

京都鳥辺野の墓と辻仏・厨子仏

鳥辺野の墓（京都府京都市）　真宗の開祖親鸞の遺骸は東山の西の麓、鳥辺野《とりべの》の南のほとり延仁寺《えんにんじ》に葬ったという。もとより火葬であった。その茶毘《だび》に付した延仁寺のあとは明らかでないが、大谷から清水寺へのぼっていく道を延仁寺の辻といっているから、そのあたりであろうと考えられる。そして延仁寺の下に廟所がもうけられることになったかと思うが、知恩院の南に東大谷の廟所

［上・下］京都人以外の墓が多い（昭和38年2月）

があり、この方は東本願寺でまつっている。

もともと大谷というのはここではなく、知恩院のあたりで、そこに親鸞の墓があったのを、慶長八年（一六〇三）徳川家康の命によって親鸞の遺骨を二分し西大谷と東大谷に廟所をつくり、西本願寺と東本願寺でまつることにしたという。鳥辺野というのは広い範囲であり、あるいは東山の西麓の一帯は埋葬地として、京都市民の多くはここに葬られたのではなかったかと思う。そして南の泉涌寺《せんにゅうじ》、中程の阿弥陀ヶ峯、歌《うた》ノ《の》中山《なかやま》、北の将軍塚は埋葬地の中心をなすものではなかっただろうか。

鳥辺野の墓地は何回もそこを通った。現在ある墓はほとんど江戸時代に建てられたもので、中世にさかのぼるものは見出し得なかった。中世には、いわゆる墓石というものはほとんどなく、あるとすれば供養碑で、非業の死をとげた者の供養のために建てたものが多い。ここで葬られた者の多くは平和な死をとげた者であろう。そしてここが死者の聖地のような意味をもったものであろうか。いまここに建てられている墓を見ると、京都以外の人のものが多いのである。

その一基一基についてしらべてみる必要がある。通りがかりに見るだけでは、この墓地の持つ意味はよくわからない。いつ頃から他国人がここに墓を建てるようになったのであろうか。また何のためにここに墓を建てたのであろうか。墓の世話は誰がしているのであろうか。

ここは昔から諸宗の墓所であったという。もともと単なる埋葬地であったと思われる。古い時代には真宗を除いてはほとんど土葬であり、卑賤の者ならば土葬もろくにはせず、死体は遺棄同様であった。そのことは『餓鬼草紙《がきぞうし》』*などにうかがうことができる。しかも阿弥陀ヶ峯の北側にひろがる墓地は蓮台《れんだい》野《の》や化野《あだしの》とともに京都市民の埋葬地として知られていた。そしてここには土葬ばかりでなく火葬もまたおこなわれていたようである。そして埋葬者の数がふえ、墓石が建てられるようになってくると、土葬は次第に姿を消し、火葬を主とした墓地にかわり、墓石がぎっしりと立ちならぶ墓原になっていたものと思われる。今はほとんど空隙のないまでに墓で埋まっている。

昭和三十八年にこの墓地を訪れたとき、京都以外の人びとの墓を何枚か写真におさめた。三界万霊塔は名古屋の杉屋佐助が建て、個人の墓は江戸から大坂までの各地のものが見られる。それらの墓はほと

［上］三界万霊塔　名古屋の杉屋佐助が建てる。
［下］中央は江州人のもの。左に一部写っているのは江戸人のもの（昭和38年2月）

んどは江戸中期以後のものである。墓の様式はほぼ一定しているから、このあたりの石工《いしく》の作ったものであろう。石質は花崗岩がほとんどであった。それにしても、どうしてここに墓を建てたのであろう。戒名に「釈」とあるのは真宗が多いから、あるいは大谷御廟に近いところから、祖師のそばに葬られることを希ってのことであろうか。しかし真宗以外の墓も多い。〔『私の日本地図14 京都』〕

辻　仏（京都府京都市）　京都の町をあるいてみると、町のいたるところに小さな厨子《ずし》仏がまつられている。地蔵様であることもあり、観音様であることもある。多種多様である。そのはじめは何らかの理由があってまつられたのであろうが、まつってある近所の人に時折きいてみるが、いつまつられたか、何故まつったか知っている人に出逢ったことがない。

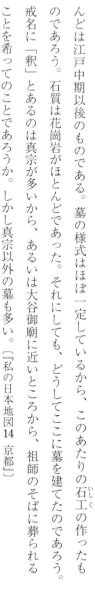

しかし辻にこういうものをまつらねばならぬ理由があったのである。明治の初め頃までは町の辻のいたるところに石造物があったそうである。それらを整理して一つ所にあつめて、塔のようにしてまつったのが壬生寺の石塔であるという。今でも洛北をあるいていると、道の辻に小さな石地蔵などの並んでいるのを見かけることがある。多くは不慮の死をとげたものをまつったのだという。幼くして死んだ子供、行き倒れの人などいろいろあった。そのような行き倒れは明治の初めまで見られたのである。

京都の町の人たちほど残酷な人の死にざまを見てきた人たちはなかったであろう。飢饉のときなどは、ただわけもなく都へゆけば何か食うものがあるだろうぐらいに考えて京都へ出て来て野たれ死にする人も少なくなかったと思う。天保八年（一八三七）の飢饉のとき、たまたまこの町に来ていた周防大島の僧

［上］路次口の厨子仏［下］神道教会の塀にはまった厨子（昭和47年2月）

の手記を見ると、「京の町にはいたるところに行き倒れがあり、これを処理する人もなく、中には道ばたの溝に首を突込んで死んでいるものもある」というようなことがしるされていて、悲惨だったさまがうかがわれるのである。社会秩序が十分に確立されていず、また悪病、戦乱の相ついだ頃には、行き倒れが道を埋めることは少なくなかったと思う。町の人たちは混乱がやや回復すると、この人たちの供養のために碑をたててまつり、死者の冥福を祈った。そうしないと死者の霊はたたるものと考えたのである。

京都でしばしば悪病のはやるのは、不幸な死をとげた者の怨霊のなせるわざと考えた。その怨霊を鎮めるために多くの御霊社がもうけられ、御霊会《ごりょうえ》がもよおされた。御霊をまつられた者の中には政治の犠牲になった菅原道真*や早良《さわら》親王**のような人もあった。

[上] 路次口の厨子仏（昭和40年9月）
[下] 店屋の軒下の厨子（昭和41年4月）

［上］家の壁にはめられた厨子仏
［下］喫茶店前のお厨子（昭和41年4月）

しかし、そういう身分の高いものばかりでなく、身分の低い、道ばたの行き倒れもまた、まつる必要があった。京都の祭はこの御霊会から発達したものだといってもよかった。それらの御霊会は共同墓地や辻でおこなわれた。町の人たちが集ってこれをおこなったのである。辻や家の軒下にまつられる厨子堂は、そうした辻祭の名残を示すものであろう。そのはじめは独立したお堂であったと思うが、道路の整備にともなって軒下に移されたり、中には家の壁の中にはめこまれたりしたものもある。そしてしかも、それが今日もまつられ続けていて、花立てにたてられた花がしおれているのを見ることは少ない。

こうして厨子にまつられた仏が地蔵である場合には、八月二十四日に地蔵盆がおこなわれる。京都の町には地蔵様が多く、それを近頃は子供たちが彩色しているものが少なくない。

路次奥にまつってあるものは、昔、家の後の空地でまつられていたのが、その空地にも家が建てられて、路次奥になってしまったのであろうが、その数は意外なほど多い。あるいは、子供の死んだときはその死体を屋敷内に葬って、町内の人たちの供養をうけるような風習があったのではないかと思っている。関東では、古い屋敷は屋敷内に墓をたてる風習があった。それが関東だけの風習であったのかどうか、共同墓の発達するまでは、屋敷内に墓をたてる風習は西日本にも点々として見られる。京の町の中にこのように多くの厨子堂の見られるのも、行き倒ればかりでなく、一家の中で若死したり疫病で死んだりしたものを、こうしてまつることもあったのではないかと思う。〔『私の日本地図14 京都』〕

［上］路次口の厨子仏
［下］商店軒下の厨子（昭和41年1月）

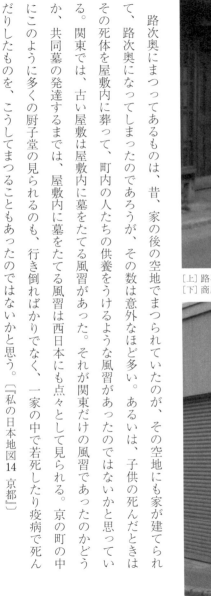

畑の中の墓地・地主様

畑の中の墓（東京都府中市人見） つい先日東京都府中の多摩霊園や浅間山付近をあるいて見た。三、四年前にこのあたりをあるいた時にくらべて、田舎がすっかり町らしくなっているのにおどろいたのだが、畑があり、ムギやキャベツをつくっておれば、そこに農家があることはおのずからわかる。ことに浅間山から南側にはかなりの畑があるので、その方へ下っていって見た。畑の中の細道をゆくと、畑の中のそこここに墓がある。私は墓があれば必ず見てゆくことにしている。墓が板碑に近いうすいものであればたいてい延宝（一六七三〜八一）から元禄（一六八八〜一七〇四）ごろのものである。様式がほぼ一定しているのは、そうしたものをつくった石工がこのあたりにいたことと推定せられるが、それがどこに住んでいたかはまだたしかめていない。また舟形の光背を持つ半肉彫の地蔵や如意輪観音も多いが、それは元禄から宝暦（一七五一〜六四）ごろまでのものにいいものが多い。文字だけの墓の幅があつくなってくるのは享保（一七一六〜三六）からのようである。

浅間山の南には畑を中において東西に長い人見という部落がある。古い部落である。墓はこの部落のもので、したがって古い墓が多い。墓の数から見てどうも一軒に一ヵ所ずつは持っているようであり、墓のある畑はその墓の家の持地であろう。墓だけ残して畑を売るという者もあろうが、墓のある畑は先祖畑といって大事にする。九州の椎葉、米良の山中などでは、畑をひらいた人をその畑の隅に埋めたものだそうで、そういう墓を地主様といったというが、おなじような伝承は山梨県東部などでもきいたから、府中付近の畑の中の墓も同様な意味があったものかもわからないが、いままでそういう伝承をきいたことはない。が、この墓をつぶさに調べていると本家分家関係や、いつ頃分家したものか、家の盛衰などもわかってくる。墓石の戒名や大きさによってそれを知ることができる。また子供の多く死んだ家

［上］［中］畑の中の墓（府中市人見、昭和43年5月）
［下］屋敷の中の墓（府中市人見、昭和44年8月）

ならば童子、童女の戒名が多い。そこにおのずからその家の歴史がうかがわれるのである。

私はそんなことを考えながら村の中へ入っていったのであるが、そこに一軒の草葺の家がある。かなり古いものである。そこでその屋敷の中へ入っていって、縁側にいる老人に声をかけた。そしていろいろのことをたしかめることができた。この家は八〇年まえにつくられたそうである。この家のまえにあるのが本家で、その家の二男であったが、徴兵検査が近づいて、兵隊にとられてはたまらないというので、親が屋敷の一部とそれに新しく五畝ほどの畑を買いたして家をつくってくれて分家した。それで一戸の戸主になったため兵隊にゆかなくてすんだ。分家したのは明治十八年だが、家のできたのは二十年だという。それから今日までずっとこの家に住んでいる。カヤなどどのように調達しているのかときいたら、浅間山の所にカヤ場が四畝ほどあって、それを刈りためて葺きかえている。カヤ場のないものは早くトタン葺や瓦葺にかえた。

屋敷の広さはこのあたりでは本家筋ならば二反から二反五畝ある。三反もあれば一反わけてそこに分家をつくる。また老人が長男に嫁をもらった後、二、三男をつれて別に家をたてて分家することがある。これは隠居といっている。隠居してから後、親の働きで財産もふえ、本家とあまり財産がかわらないそうである。昔からの屋敷を旧屋敷、分家・隠居したものを新屋敷とよび、旧屋敷の方が格式が高い。

こうした農家は一見いかにも古くさく見える。土間には昔のままのイロリもある。東京西郊の農家に

人見の墓地の位置

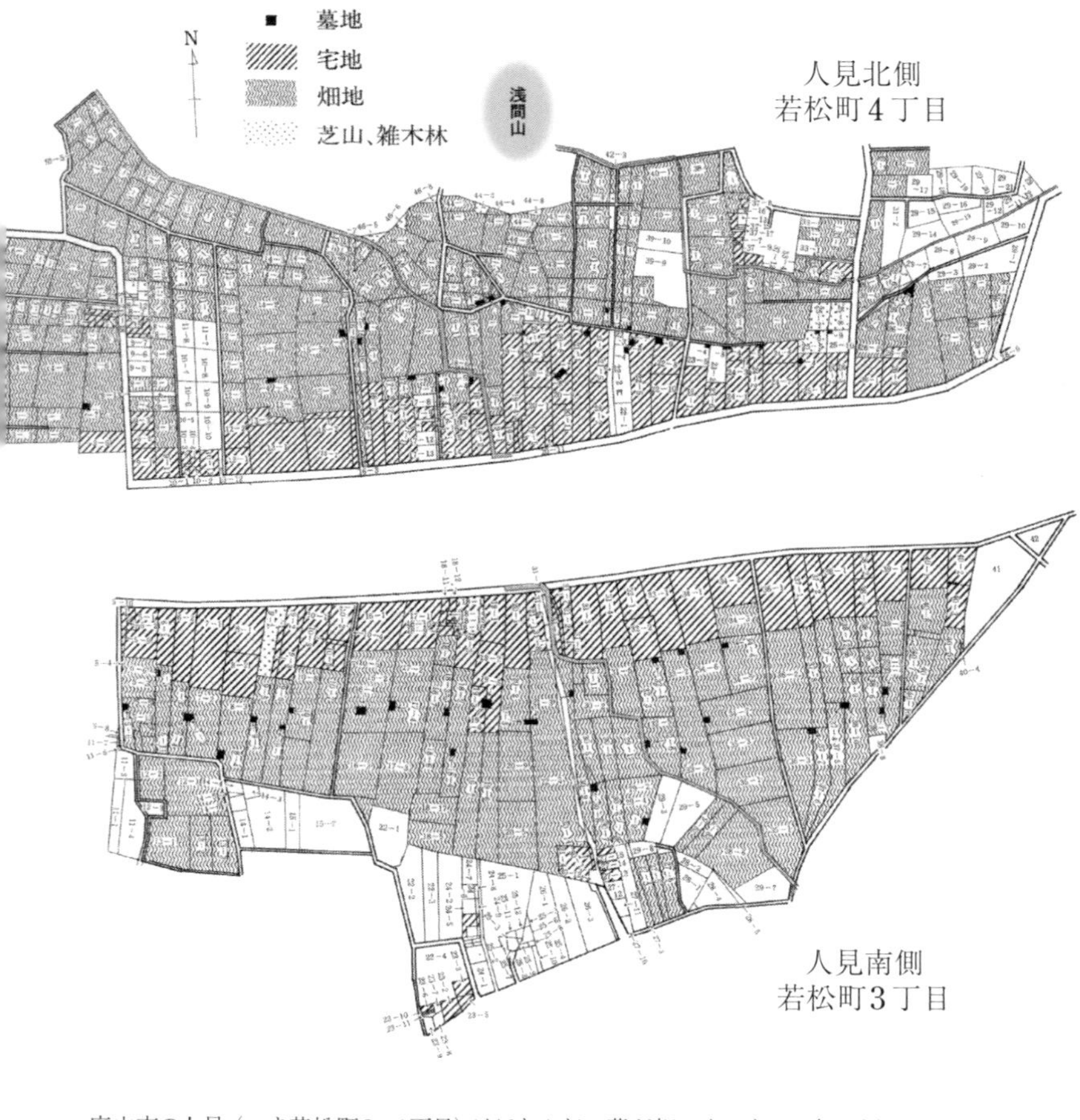

府中市の人見（いま若松町3・4丁目）はほとんどの墓が畑の中にある。畑は屋敷の後に短冊型につづいている。そして、墓のある畑はいまも売らないで耕作されている。しかし宅地化の進んでいく中で、この墓は守りきられるだろうか。
（『府中市の庶民生活調査資料集』宮本常一編著、東京都府中市、昭和46年12月）

は昔は土間にイロリのあるものが多く、そのまわりに莚をしいて、屋内で仕事するときにはそのまわりで火にあたりながら仕事し、また、いそがしいときにはそこで食事をすることもあった。つまり土間住いの風習がかすかに残っていたのである。そういう家がまだ人見には残っていた。それでいて座敷にはテレビが二台もすえられており、その一つはカラーテレビであった。

この家の後には郊外各地で見られる小住宅群があった。その小住宅群はこうした古い農家の所有であ

［上］田の中の墓（府中市四ツ谷、昭和45年6月）
［中］［下］畑の中の墓（広島県百島泊、昭和36年2月）

［上］畑の中の墓（愛知県北設楽郡豊根村下黒川、昭和18年1月）

［中］集落と墓地（鹿児島県大浦あたり、昭和35年4月）

［下］畑の中の墓（福岡県、昭和35年4月）

るらしい。私のたずねていった農家の老人の話では、在来住民七〇戸のうち五五戸はそうした貸家を一〇戸平均持っているとのことで、「私の家にも家作が一五戸あります」と言っていた。その家賃だけで三〇万円あまりも月々入ってくるそうである。表面古風に見えてもガッチリした経営をおこなっているのである。人見には戦前までは一〇〇丁歩の耕地があったが、今三〇丁歩しか残っていない。それはこのように宅地化が進んで減っていったのだが、その宅地化は農家で土地を売ったものは少なく、たい

ていは持地に家作して貸しているのである。これは畑に墓があり、そこには先祖がうずめられているから土地を売ることが少なかったためであるという。他の地域では土地を売って家など建てかえ、同時に農業をやめていくものが多いのであるが、ここでは百姓をつづけながら持地の一部には家を建てて貸しているのである。墓地が寺の境内に集められているような場合には、このような現象はそれほどつよくおこってはいないようで、墓のあり方が、持地を売らせなかった事実に興をおぼえた。〔「府中市の中の村」〕

［上］ブタ小屋の後の墓 ［中］軒下の墓（広島県百島泊、昭和36年2月）［下］畑の中の墓（静岡県浜松市佐久間町あたり、昭和43年5月）

〔『民芸手帖』123〕

広島県仁保島　畑の隅などに墓のあるのを見ると、心をいたましめる。生涯を海に生き、その生をやしない、またわずかばかりの畑を耕し、やがてそのやせた土の隅にみずからの骨をうずめる。また、そういう生活にうたがいも持たず、不平も持たなかったがゆえに、ここに骨をうずめるのであろう。通りかかった道のほとりの墓のそばには新しい骨壺が二つおいてあった。おそらく、その骨はそこに立っている墓に合葬せられたものであろう。（『私の日本地図4　広島湾付近』）

墓を畑の一隅に建てる（広島県仁保島、昭和36年11月）

古墓様と地主様　―山口県東和町―

土地を開いたご先祖様の墓を地主様と呼んで大事にまつっている例をいくつか見てきた。周防大島の東和町では、地下《じげ》を開いた最も古い先祖を大先祖といっており、その墓を古墓様と呼んで大事

中央の宝篋印塔が長崎の古墓様、左の名号碑は
佐渡の六部の廻国供養碑（東和町西方、昭和38年）

にしている。最も古いといっても現在につづく先祖のことであり、すでに子孫がこの地にいなくなってまつる人のいない中世以前の五輪塔、宝篋印塔などを地主様と呼んでいる。〔編者〕

古墓様　記録の上にあらわれた事実とは別に村々には言い伝えによって村の歴史が語られている。これらはずっと古くは史実のように取り扱われて来ていたが民俗学が発達するにつれて、史実ではなく伝説であるとして区別されるようになってきた。ところが、そうした言い伝えを証拠づける資料のあるものもあって、村の歴史に関する言い伝えには相当信頼できるものが少なくないばかりでなく、むしろそうした伝承を通して古い生活をさぐりあてることのできる場合も少なくないと考えられるにいたった。

まず西方眷龍《にしがたけんりゅう》寺《じ》の本堂背後の墓地に古墓様というの

がある。室町時代のものと思われる宝篋印塔である。誰の墓であるかわからないが、これが西方の大先祖だといわれている。長崎氏に関係あるものかとも思われるが、証拠はない。檀家の者が眷龍寺へ参るとき、山門を入るとかならずといってよいほど、この墓の方に向かって頭をさげたものであったという。古墓様は西方の大先祖をまつったものであると信じられていたのである。そしてそれは昭和の初め頃までは住民に厚く尊崇されていた。

長崎の古墓様は、山本家、通称大家《おいえ》と言われる家の背後の丘にある宝篋印塔の残欠であるが、これは様式からすると室町時代の終わり頃（十六世紀）のものではないかと見られる。この古墓様は大家の先祖である宇野兵庫をまつったものだということになっている。宇野兵庫は城山に城のあった頃の城主だったということになっているが、古老の話によると毎年大晦日の晩に、城山の方から白い馬に乗った者が、この古墓様のところまでやって来るのだといわれていた。そういう話が大正時代までは信じられていた。長崎には宇野のほかに長崎氏がいた。村人の間に印象に残っているのは長崎丹後で、この人も長崎をひ

長崎丹後守の墓という（昭和39年4月）

らいたといわれている。昭和の初め頃、大家の老刀自から聞いた話では宇野兵庫と長崎丹後は平家の落人で、戦にまけてこの地まで落ちて来て宇野兵庫は大家のあるところに住み、長崎丹後はそれから少し奥の荒神田に住んだという。この話は信用度はともかくとして長崎丹後という人は実在していた。さて長崎丹後の子孫たちは、荒神を信仰して、一族の者で神舞《かんまい》（神楽）をおこなってきた。この神舞をおこなう仲間を神舞座といった。幕末の頃一〇軒あまり座の仲間がおり、一年のうちに日を定めて仲間が集まって酒宴を張り、そのあと長崎の村の中央にある大きな松の木のある砂浜で、神舞を舞った。座仲間の者だけでは人数が足らず、屋代（大島町）の畑の神舞師にも参加してもらったといわれている。この神舞座は明治十年頃に座の仲間が貧乏して、他地方へ稼ぎに出る者が多くて解散したといわれている。その神舞がいつ頃からおこなわれていたかは明らかでないが、一族で座を形成し、神舞講とは言っていなかったことに心をひかれるものがある。あるいは中世に多く見られた宮座などに関係のあるものかもわからない。この話は神舞座に属していた家の古老から聞いたもので、その人の子供の頃に自分の家で座をひらき、また砂浜で神舞を見た記憶があると話してくれた。平家の落人伝説はともかくとしても、村の中に二つの重要な家筋があり、それが近世以来の村を形成したことは信じられてよいことである。

伊崎《いざき》にも古墓様がある。これは同地をひらいた緒方九兵衛をまつったもので、土地の人は伊崎の大先祖だといっている。自然石の表面に「光接院釈浄相清心居士」の文字が刻んであり、その両側に「寛文十三（一六七三）癸丑三月十六日」、側面に「俗名緒方九兵衛尉元勝」とある。墓石の作られるようになったのは元禄（一六八八〜一七〇三）頃からだといわれているが、それより一〇年あまりも古いもので、墓様式としては古いものであろう。それまでのものは多く供養塔か供養碑である。九兵衛はその初め才太郎といった。毛利輝元に仕えていたが、関ヶ原後浪人して伊崎に来て、山野を開いて住みついた。伊崎は当時田ノ浦といった。そしてその田畑を召し抱えの下人たちにならして配当し、帳面の方は目代《もくだい》の九右衛門を代表として記録し上納させることにした。このように開墾したときは荒神を祀らねばならぬが、元和六年（一六二〇）に、村の中に残っている古木を荒神としてまつり、同九年に石の祠を建てたという。九兵衛はその後この地で死んだが、この人を伊崎の開祖とした。そこで伊崎の人々はこの人を大先祖とし、この墓を古墓様としてまつったのだが、古墓様は単に村の大先祖として尊崇されるばかりでなく、周囲の村の人びとの信仰をあつめ、いろいろの病をなおしてくれると信じられ、特に首から上の病をなおしてくれるものとして参拝する者が多い。

伊崎の古墓様（昭和39年10月）

地家室《じかむろ》の古墓様は部落の東の共同墓地の中にある。墓石には「當邑開基　松樹院本覚了意居士」と書かれており、その両側にも戒名が小さく刻まれて、さらに右及び左側面には三人の女の戒名が刻まれているから、その妻にあたる人であろう。この墓の主を地家室の大先祖といっている。本覚了意居士は松井半右衛門であろう。部落の人もまつっているが、松井家が主としてまつり、墓前にはいつも青柴が供えられている。順序から言えば林家の方が古くこの地に来たのだから、林家の先祖が大先祖としてまつられそうに思われるが、実際に手を下して土地を拓いたのは松井氏の先祖であったために、この家が大先祖としてまつられているのであろう。松井家は地家室へ来てから二軒にわかれ、一軒は旧姓をおこして弘中を名乗ったが、この家は中途に疲弊して現在地家室にはいない。

地家室の浦を最初にひらいたのは浅原吉兵衛ということになる。外入《とのにゅう》の浄念寺をおこした人で、この人が地家室の開基ともみられるが、外入に移ったためか、古墓様とよばれる象徴的な墓は残っていない。また地家室には早くから桑原氏がいたが、この家の古い墓も大先祖としてまつられてはいない。地家室には大東という旧家があって、その家も古いといわれている。その大東から小兵衛という人が桑原の養子にいった。この小兵衛は庄屋を勤めている。大東や桑原は松井や林よりも古くからいた家と思われるけれども、これも大先祖としてまつられていない。地家室には荒神は二社ある。一社は鵜喰《うぐい》にある。今この地に人家はない。ここに人家のあった頃まつられたものであろうから中世以来のものと見られる。

現在は稲荷様として二月の初午に祭りをしている。
今ひとつの荒神は中原神社の境内にある。地家室の浦が発達しはじめたときにまつられたものであろう。

大積《おおつみ》には古墓様というのはないが、大先祖というのはある。大元家の先祖である。大元氏は伊予河野氏の家臣であったが天正二十二年（一五八五）河野氏滅亡のときのがれて大島に来たといわれる。ここでは地蔵様がまつられていて、それが大先祖だといわれている。そのなくなった日が三月六日なので、この日を命日としている。この地蔵様へまいるとイボがとれるといわれている。この地蔵様のとなりに「真言宗祐信士」ときざまれた墓があるが、これは大先祖ではないようだ。大先祖は「教智鏡心」といったという。

東和町の東部では古墓様の話はほとんど聞いていないが、和田の郷に古墓様がある。花崗岩の大きな五輪塔である。これはその墓の下にある小野家の先祖をまつったものだといわれているが、『風土注進案』には「古人申伝ニ大内之家臣の墓と申事に御座候」とある。小野という家は紀州高野山の北方山中にある須川という所の出で、明徳五年（一三九四）六月に聖観音をつくり、それを持って諸国をまわり、

和田郷の古墓様（昭和40年2月）

文安年中（一四四四〜四九）に和田へ来て荘の木の下を宿にして正月を迎え、この地に落ち着いたという。今日では和田でもっとも古い家と信じられている。そしてその伝承が信じられるものならば大内の家臣の墓というよりも、小野家の墓と見られるのだが、このことはなおいろいろの角度から検討してみなければならない。

いずれにしても古墓様というのは一見して目立つような大きさを持っているのが普通だし、一軒だけでなく、その村人たちにまつられているのが特色である。古墓様のない村は、村の開基の伝承がそれほど明らかでないといっても差し支えない。そしてこのような古墓様は安下庄などにも存在しており、現在の村はその墓の主によって形成されたものと見られるのである。

地主様　古墓様はまつられる子孫を持つ古い墓であるのに対して、誰の墓であるかわからない古い墓ののこっているところが少なくない。多くは墓の残欠であるが、それを地主様とよんでいる。とくに油《ゆ》宇《う》には地主様が多い。五輪塔や宝篋印塔の残欠がよせあつめられているもので、辰右衛門畑・茂左衛門畑・城垣内などにたくさんある。城垣内というのはお宮の森の上の畑で、そこには大門とか土井などの地名が残っていて、昔の土居の大きさなどもほぼ推定される。これらの墓の主はどういう人たちであったか明らかでない。しかもそれが油宇では畑の中に多いのは、もとは畑ではなくて荒地かあるいは屋敷内であったのかもわからない。そういうところが後世畑にひらかれたとき、一ヶ所に古墓が集められたものではないかと見られるが、それにしてもこれを最初に造立した人びとと、現在の住民との間には大きな断絶がある。そうでなければこれらの古墓に対しても何らかの伝承がある筈なのだがそれがない。しかしこれを粗末にすると何らかの祟りがあるといわれている。城垣内の古い墓はそこに何か埋まってはいないかと言って掘った人があった。するとその人はまるで気がぬけたようになってしまった。それからこういう墓にはあまりさわらなくなったという。

このような五輪塔や宝篋印塔の残欠の多いのは油宇のほかでは伊保田《いほた》・長崎がある。伊保田は小学校の北の丘にかなりある。小伊保田・和田・内入《うちのにゅう》・小泊・和佐・神浦《こうのうら》には少ない。長崎には若宮・上山・正田などにあり、正田では一般の墓地の中にもある。一般の墓地の中にあるものは地主様といっていない。地主様というのはこのように、後世の者にまつられなくなった墓のことのようであるが、そこにまつられていたということで、その土地に霊がなお残っていると見られるのである。そしてその土地はまだその墓の主のものであるとの思想がかすかに生きているのではないかと思う。〔『東和町誌』〕

畑の中にある古墓群（油宇、昭和40年）

多磨霊園とクリスチャン墓地 ―都市の共同墓地―

共同墓地（東京都府中市）　府中市四ッ谷の墓地を見ると、市川氏の本分家の墓がそれぞれ古いものから新しいものへと並んでいて実に見事である。それほどではないが、小金井貫井の大沢家なども共同墓地の一隅に一族墓がある。そしてそこには家の歴史を刻んだ墓誌も建てられている。墓誌によると、京都大沢池を荘園として持っていたことによって大沢氏を称したもののようである。そこから下って来てここに落着いたのであろう。

武蔵野に住むものはもとこの地方にいた者の子孫が多いようだが、西の方から来て住みついた者も少なくなかった。同時にまた関東から西へ下っていって新しい郷里を作った人も多かったのである。中国地方で中世以来栄えてくる小早川・吉川・熊谷・三浦・山内首藤など、すべて関東から西へ下っていったものであった。こうして

墓のいろいろ（東京都多磨墓地、昭和39年6月）

長い歴史の間に人は東西交流して住んできたのであった。

人の流動は明治・大正・昭和にいたっていよいよはげしくなる。江戸時代に一〇〇万といわれた江戸の人口は現在〔昭和四十六年（一九七一）〕七〇〇万をかぞえ、その西にひろがる武蔵野から多摩丘陵へかけて三〇〇万をこえる人が新たに住みついてきた。もとからそこにいた人口はほんのひとにぎりである。府中市のように昔から人の住んでいたところでも、昭和三十年頃にやっと三万程度になったという。そして他地方から移り住んだ者が二万あまり、あわせて五万余で市制をしいたが、現在は一五万をこえる大きな町になっている。一六年あまりの間に増加した一〇余万人の人たちのほとんどは他から入り込んだものである。その多くは、ほんの一時の借住居のような気でそこに腰をおろした。その人たちは親戚も田舎にあり、先祖の墓も田舎にあるというのがほとんどであった。

だから、盆や正月になると田舎へ帰る人が多かった。死ねばふるさとへ遺骨を持って帰って埋めるというのがほとんどであった。だから府中市の中の寺の墓地など見ても、新来者の墓を見かけるということはほとんどなかった。むしろ早くから東京に移住し、次第に東京を自分のふるさとと考えるようになった人びとのための墓地が必要になってひらかれたのが、多磨墓地*や小平霊園**である。

多磨霊園　多磨墓地は浅間山《せんげんやま》のすぐ東にある。その大半が府中市のうちに属し、北の一部が小金井市に属している。人はそこに墓地を持ったことによってはじめて郷里の意識を持つものである。はじめは自然の中に道をつけただけであったが、アスファルト舗装され、道の両側に植えた桜やクルミが成長して来、墓も思い思いに意匠をこらしたものが作られて、そこを単に人々の墓地として見るだけでなく、散策の地として訪れる人も多くなりつつある。そして墓地の周囲にはいつの間にか一〇ヵ寺あまりの寺

墓のいろいろ（東京都多磨墓地、昭和44年9月）

凝った墓（東京都多磨墓地、昭和43年5月）

が東京都の市内から引越して来た。

墓を拝んでもらうには僧が必要であり、その僧をわざわざ檀那寺からつれて来るのも大変なことである。そこで墓地の近くの寺の僧にたのむことになる。すると墓の持主との間におのずから、檀那寺と檀家とは別の関係が生まれて来る。これを墓檀家といっている。そのようなことは東京の寺にはこれまでもしばしば見られたという。その家の宗旨とは違う場合もあるが、地方から来た者が、東京の寺の墓地の中へ墓を造って、その寺で墓を管理してもらうことは当然起り得ることである。

ところが多磨墓地は東京都市内の人びとの墓がほとんどで、府中に新しく住みついた者の墓はここにはほとんどない。人間が新しく居住を定めるにあたって、真にその地の者になりきるまでには実に多くの手続きと歳月を要するものであることを教えられる。武蔵野の都市は他から来て住みつくことは歓迎するが、墓地の世話まではしていない。しかし新来の者を早く市民化することによってその土地を守り育てようとする意志も育ってくるものである。武蔵野の自然破壊は市民意識を持たない来住者の増加も一つの原因になっているのではなかろうか。都市計画の中のいろいろ大事なものを欠落させたまま、住宅だけがむやみにふえてきたのが、東京近郊の姿であった。〔『私の日本地図10 武蔵野・青梅』〕

クリスチャン墓地（東京都府中市）

府中からはこの地方にキリスト教をひろめた小川義綏《よしやす》*が出ている。明治四十五年（一九一二）に八十二歳で死んでいるが、その活動は目ざましかった。そのためであろうか、府中市の新宿《しんしゅく》山谷《さんや》にはキリスト教徒の墓地〔カトリック府中墓地〕がある。墓地の入口には墓石を売る店がある。その墓はいずれも簡素である。古いものを残しているこの町にこうした墓地のあるのもめずらしい。ある日この墓地に入って徳川好敏《よしとし》**の墓標を見た。日本の航空界の先駆者として、私の子供の頃その名をきいたことがある。日本における航空事業の初期には多くの犠牲者が出た。幼稚な飛行機にはどこかに欠陥があって事故をしばしばおこした。そうした中で徳川好敏は不思議に生きのびてきた人で、最後は陸軍中将になっていたとおぼえている。その人の墓がこの墓地にある。そしてこの人がクリスチャンであったことをその墓標を見て知った。この墓地には木の十字架も多い。日本風に見れば仮のものであろうが、その木が風雨にさらされて朽ちてきているのもある。手入れはゆき届いているから参る人は多いのであろうが、素朴な感がふかい。そうした中にマリアがキリストを十字架からおろした大理石の像がある。それがこの墓地の一つの雰囲気をつくっている。

聖書をひろげた型の墓もある。しかし全般としては墓標が十字架になっているものが多いというだけで、やはり日本の墓という感が深い。ただ一つ一つの墓がいかにもつつましい。青山墓地*のように周囲を威圧する大きな墓もなければ、一つの墓が広い面積をしめているというようなこともない。

徳川好敏の墓（東京都府中市新宿山谷、昭和39年6月）

武蔵野をひらいて、畑の隅に埋めてもらった人たちの墓は小さい。多くの苦労をなめてこの土に生き、この土となった人たちの墓はそれがふさわしいのかもわからない。その土地の上に新しい力がのび、それは開拓者といいえないような人の大きな墓が建つ。やがて先人たちの苦労や功績すらが忘れられて、はじめから今日のような繁栄があったと思いこむような人も多くなるであろう。私は小さな墓、草に埋れた墓に限りない愛着をおぼえる。そしてその人たちの心がこの野のどこかに生かされる方法はないものかと思う。〔『私の日本地図10 武蔵野・青梅』〕

［上］カトリックの墓石屋　［中］マリアとキリストの像
［下］聖書の形の墓地（昭和39年6月）

墓石と供養塔

板碑　—青石塔婆—

昭和十五、六年頃、足にまかせて武蔵野をあるいていたころには道の辻のようなところに青石塔婆（板碑*）の立っているのをよく見かけた。それにはたいてい年号が刻まれているので、それを書きつけたりなどしておいたのであるが、戦後おなじ道をあるいてみると、ほとんど姿を消していた。ぬすまれたものも多かったのであろうが、それが重要なものであるとわかって、家々で保管するようになったものも多い。しかしまだ青梅市の塩船観音や宗泉寺・今井などでは屋外に立っているのを見ることができる。青梅は青石塔婆の多いところであった。青石塔婆のもっとも古いものは埼玉県大里郡江南村須賀広にあるもので嘉祿三年（一二二七）の銘がある。つまり鎌倉時代に始まったものであるが、関東ばかりでなく九州や四国にも分布している。関東のものはほとんど秩父産の緑泥片岩を用いて作った。供養のため、逆修作善のためにこれをたてたものであったが、これにきざまれた文字によって十三世紀から十七世紀初めにかけて人びとがどのように生きてきたかをうかがうことができる。

東村山市の徳蔵寺*に元弘三年（一三三三）五月十五日在銘の青石塔婆がある。五月十五日は府中の分倍《ぶばい》河原《がわら》で新田義貞の軍と北条氏の軍の激戦のあった日である。この塔婆はそのときの戦死者の供養のために建てたもので「飽間《あくま》斎藤三郎藤原盛貞生年二十六、於二武州府中一五月十五日令二打死一、同孫七家行二十四同死、飽間孫三郎宗長三十五、於二相州村岡一十八日討死」とある。飽間は群馬県太田市の近くで、そのあたりは新田義貞の勢力範囲である。義貞が新田《にった》郡《ぐん》生品《いくしな》神社で旗上げをしたとき麾下として馳せ参じた人びとであろう。義貞が兵をあげたのは五月八日、それから七日後には府中で北条氏の大軍をやぶり、さらに十八日には相模原村岡で勝ち、二十一日には鎌倉をおとし入れて北条氏を滅ぼしている。鎌倉往還をまっしぐらに南へ下っていったのである。この合戦で飽間一族の者は三人の戦死者を出した。その人たちの供養のために、玖阿弥陀仏という時宗の僧が勧進し、遍阿弥陀仏が碑文を書いて供養塔をたてた。新田義貞の鎌倉攻めのときの供養碑はそのほかにもある。

　青梅市の塩船観音の境内にあるものは永仁四年（一二九六）九月十四日の銘がある。高さ二メートルあまりの大きいもので「願以此功徳、普及於一切、我等与衆生、皆共成仏道、奉造立一百余人　逆

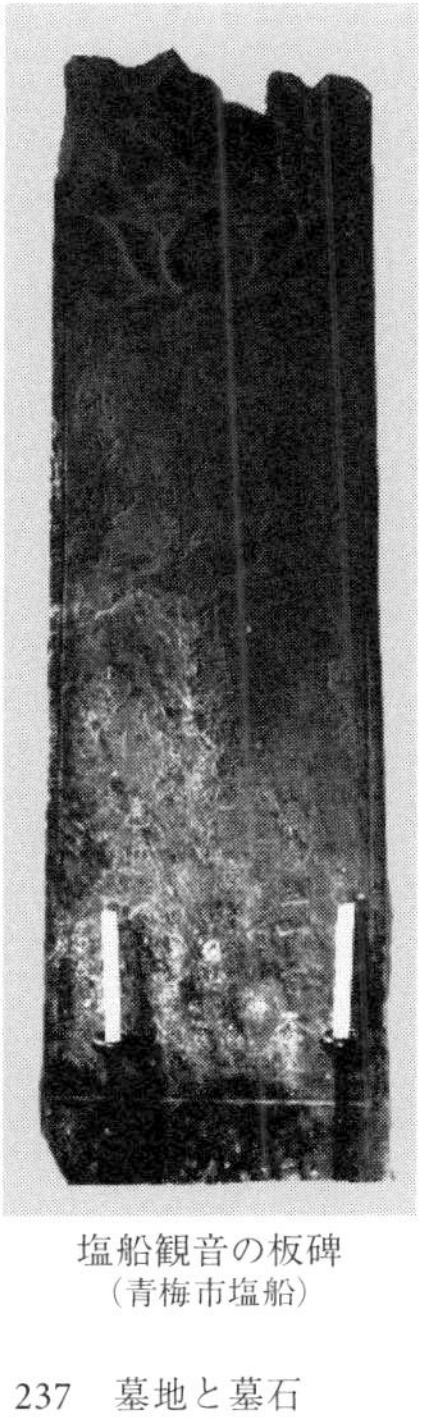

塩船観音の板碑
（青梅市塩船）

修卒塔婆也」ときざまれている。一〇〇人あまりのこの付近の住民が仏法の功徳によって成仏できるようにと祈ったもので、逆修作善塔であることがわかる。一〇〇人というのはいったいどういう人びとであったのか、この碑文には人名は一切省かれている。

塩船観音から東へいった今井という村から七国峠へのぼる麓のところに、建武五年（一三三八）十月、正平二年（一三四七）、応永十四年（一四〇七）在銘の塔婆がある。戦争の多かったときのものであるから追善供養塔ではないかと思う。不幸な死をとげた者に対する哀惜の心は深く、その供養をおこたらなかった姿がそこにうかがわれるけれども、この野でくりかえされた戦の数はまたおびただしいものであった。そうした戦の終わったとき青石塔婆は消えていった。〔『私の日本地図10 武蔵野・青梅』〕

今井の青石塔婆（青梅市今井、昭和45年12月）

ならぶ地蔵（東京都小金井市貫井、昭和43年3月）

地蔵さまと子供墓

地蔵さま　私は武蔵野をあるいて墓地を見かけると、かならずそこに立ち寄ってみることにしている。まず年号を見る。そして次には地蔵さまの数を見る。地蔵さまは早く死んだ子供のためにたてられたものが多い。船形光背を持った半肉彫のものならば、両側に文字が彫ってある。戒名と死んだ年月日を読みとることができる。その子供墓だけがずらりと並んでいる墓地もある。大勢の人に拝んでもらうために、家族のものとは別にまつったものかもわからない。

この国では死者の追善供養を特に大切にした。そのことによって死者の霊は極楽にもゆき、やがては神にもなると信じられていた。いっぽう、まつることのない霊は成仏できず、いつまでもこの世にうろついており、それがまた人間に不幸をもたらすとも考えていた。子のない者が、養子をもらって後をついでもらうのも、先祖の供養を絶やさないためであった。

ところが、早く死んだ子供たちは親の生きている間は親がまつってくれるであろうが、死んでしまった後は誰もまつってくれることのない無縁仏になる。そこで人の多く通るところや人の目につくようなところに墓をたて、その人たちの手向けをうけて成仏させるようにした。道ばたの地蔵さまや、墓地の入口などにならんでいる地蔵様にはそうした親の心が秘められていた。地蔵たちの顔に縹渺《ひょうびょう》たる哀愁のただようているのは、そうした親心のあらわれであろうか。

しかもその地蔵の数が実に多い。関東の野は堕胎間引が多く、そのための子供墓が多いのだと説く者もあるが、それはウソで、戒名が童子童女とあるのがほとんどだから、成長の途中で死んだ子供のものである。

妊娠中に死ぬるか、または子を生んだ後に死んだ女の墓には如意輪観音を刻んだというが、そういう墓もきわめて多い。お産は大役であり大厄であるとする日は久しかったが、全くその通りであった。この野に生きた人たちは貧しさや、姿を見せないでおそいかかる多くの災厄と戦いつづけなければならなかった。そうしてそういう災厄のためにたおれた者に対して特別の哀惜の情を寄せていたことを、これらの地蔵さまの姿に読みとることができる。と同時に、この野に生きついできた人びとの心や姿を思い見られる。〔『私の日本地図10 武蔵野・青梅』〕

総じて地蔵信仰は北の方に盛んなようであって、寺の境内の墓地に足を入れてまず目につくのは地蔵をきざんだ小さい石碑である。秋の平鹿《ひらが》平野の真中にある浅舞《あさまい》というささやかな町を訪れた時、その寺の墓地にも夥しい地蔵墓碑を見た。手に蓮華のまだひらかないのを持ち、中にはその童子姿が筒袖に帯をしめているものもあった。そこにきざまれている文字は何某童子であり孩子《がいし》であって、恐らくは幼くして逝った子たちのためのものであろう。寺の本堂の本尊様の後には一つの部屋があって、そこにも木像の地蔵様がまつってあり、ややまる味をおびた石が積んであった。そのまえの天井にはパラソルや帽子や、ヨダレカケやおもちゃのラッパなどがいくつも吊りさげてあった。早世した子たちのものであろう。いかにもあわれ深いものを感じたのである。

東北の地蔵（青森県下北郡川内町、昭和38年8月）

津軽にやや似た地蔵の造立は石見あたりにも見られる。村はずれの辻のようになった所に小さいお堂があって、その中にいくつもの地蔵様がたちならんでいる。これらは色形も何もないが、銘から見ると早世の子の冥福を祈るためのものであるらしい。

若狭もまた地蔵様の多い所である。その中には屋根を持ったものもあるが、屋根なしに道ばたの古い木の下にならんでいるのも、島根あたりの地蔵様によく似ているが、最近はこれを横にねせてしまっているのが少なくない。しかし今日なお信仰せられているのはこれらの前に、草花のたてられていることによって察せられ、かつ地蔵盆も盛んに行なわれている。

秋田仙北地方にも地蔵様は多い。やはり幼児の死に際してたてたものである。しかもそれが家やしきの中や、道ばたに多く見かけるのは、墓地へ一緒にうずめたのではさびしかろうとの親心であるという。やしきの中にささやかなお堂をたててその中にいくつも安置してあるのは、眼にとまる風物の一つだが他の地方ではあまり見かけない。

もともと私は地蔵信仰について深く心をとめたこともなかったのであるが、子を失ってみて、辻々にたつ童形を思い出し、その中に秘められた親心を考えてみようとするようになった。津軽の川倉や深沢、または恐山のように一定の日に親たちの集うて祭をするほかに、京阪の地のごとく行きずりの人の祈願によって子の霊の幸を祈る風も見られた。死んだ童子は本来祖先となるものでない。親たちが死んで行けば祀ってくれるものもない。そのために行きずりの人たちの祈願をいつまでもうけるべく童形をきざんだ石碑に戒名を彫り、また左何右何と名高い寺社の名などを書いて別れ道にたて道標にしたものが多い。古い大阪や京の町を知る人の話によると、そうした道標が実に多かったということである。

村内安全を祈るための地蔵堂なども村に必ず一ヵ所は見かけるが、もとは不幸な死をとげた子のためにたてたものが少なくないようである。

この仏の民衆的になってきたのは鎌倉時代以来であって一つには地蔵経〔延命地蔵菩薩経〕の流行によるかと思われる。この経はもともと偽経と言われているが、さらに地蔵和讃*の流行によって民衆にしたしまれることになった。

いま一つ、われわれはこの時代によき鉄器をもって石に彫刻する術を覚えた。石造の美術品はその歴史の相当に古いものであるが、きたえられたる鉄によって花崗岩に盛んに彫刻をするようになったのは平安末以来のことである。むろんそれまでに花崗岩彫刻の行なわれないことはなかったが、宋より新たなる技術の渡来があって畿内各地に十三重石塔の造立が行なわれ、かつ石像の造立が見られるに至ったのであった。かくて地蔵像は堂塔から街道に出てきた。そうして花崗岩の得やすかった大和・山城・近江などにおいて特にその盛行を見た。そして初期の石造地蔵は半肉彫が多く、舟形の光背を背負い、必ずしも雨ざらしでなかったらしく奈良の十輪院のものなど特に龕《がん》の中におさまっている。また大和蛇穴《さらぎ》の地蔵像も吉野時代の造立であるが、造立当時のものと思われる着色をのこしているのは仏堂の中に納まっていたからである。ただし木造地蔵の着色は鎌倉時代に特に盛んで、快慶作の東大寺の地蔵像はその美しいものの一つである。

かくのごとく、街頭で雨ざらしになる前に小さいお堂の中に納まったのであろう。

これは塔頭講堂の中に納まっていた仏教が、鎌倉時代になって在家の中に進出したことにもよる。当時の僧の中には村々をあるきつつ教化する者が多く、それらは村の中に簡単なお堂をたてて、そこに阿弥陀様や地蔵様をまつり道場とした。『一遍聖絵』を見るとこのお堂の絵が至るところに出ており、多くは切妻で建物の前半は吹きはなし、中央に格子戸があり、その奥に仏様がまつってあるようである。現在西日本各地の村々、特に兵庫・徳島などに多く見られるお堂は宝形造になっているけれども、三方吹きはなしで奥に仏様のまつられていること、この絵と共通のものがあり、かかるお堂の発達のあとをうかがうに足るのである。かくのごとく寺よりお堂へ、やがては辻に進出して大衆の仏となる。

半肉彫舟型光背の地蔵（東京都、昭和34年6月）

室町時代に入っては大和の野では地蔵阿弥陀の信仰が盛んで、一つの石に二つの仏像を刻んだものを辻々にたてた。徳川時代にはこれを墓碑として多く用いている。あるいは幼少なる者の死にあたって刻んだのかも分らない。

紀伊根来の寺は中世に特に庶民の信仰の厚かった所であるが、天正十三年（一五八五）秀吉の攻略によってあえなく崩れ、爾来勢力の振わなかった所である。この寺の境内にはどうしたことか至る所に弘治（一五五五〜五六）、永禄（一五五八〜七〇）、天正（一五七三〜九二）頃の五輪塔および半肉彫の地蔵像の墓碑が多い。年号や人名は陰刻してあるので丹念に見て行くと、多くは法印を名乗る人びとであるから、多分は僧兵山伏のたぐいであったと思われる。あるいは附近の合戦に出て行って不慮の死をとげたものか、このような形式の墓はその以前にも以後にもなくなる。奥院に至る道の右側のやや高くなった所にある墓碑のごときはそのほとんどが地蔵半肉彫で石質は砂岩か凝灰岩のようなやわらかいものである。

そしてかかる墓碑はひとり根来の寺に限られたものではないらしく、根来から北へ峠をこえて和泉の国に出る道のほとりにも、和泉の国の人たちに厚く信仰された爪かけ地蔵というのがあり、これは陰刻の線彫であるが天文六年（一五三七）八月十一日の文字を読み得る。ただし何某敬白とあるから供養碑のごときものであったかと思われる。すなわちこれらの墓碑の形式はもともと位牌と同じような意味を待ったものでなく、むしろ供養碑であったと思われるのである。そうして地蔵尊の力によって不慮の死者の霊を救いとってもらおうとする心が強かったと考える。

墓地の入口に六地蔵*をたてるようになったのは、一体いつ頃からのことであろうか。これなどもやはり、大和のあたりに起原が求められるのではないかと思う。かつて大和郡山にいた頃、生駒から平群へかけての墓地をよくうろついて見たことがあったが、銘のある地蔵様で今日記憶しているのに、天文頃（一五三二～五五）のものがあった。多分さらにそれよりも古いものを求め得ることであろうが、その流行は今日すでに近畿地方をはみ出している。そうしてそこに六地蔵文化周圏の成立が見られる。

一枚の石の中の六地蔵
（愛知県佐久島、昭和32年7月）

それがどうしたことであろうか、山梨県の谷村《やむら》から秋山のあたりにかけては、一枚の石に小さく六つの地蔵をならべて彫り、これを秋元但馬守の犠牲になった庄屋の霊をなぐさめるための供養碑としている。

笠地蔵とよばれる昔話に出てくる六体地蔵も墓地の入口にあるのではなくて、多くは野中に立っているのである。あるいは野中の六体地蔵が墓地の入口におちつくようになったものかと思われるが、地蔵

六地蔵（東京都、昭和35年2月）

様の様式から言うと墓地の入口にあるものの方が古いようであるから、墓地から野へ出て行ったと見るのが至当であるかと考える。

わずかの間に地蔵がこれまで広く全国に分布するに至ったのはそれなりの理由がなければならぬ。その理由として伝統的な信仰の展開がまずあげられるのである。

すなわち地蔵は石に彫っても他の仏像よりは表現が容易であったことも一つで、野に出て大衆化せられる性質を持ったであろうが、鎌倉時代における八幡信仰の流行と、本地《ほんじ》垂迹《すいじゃく》*の説から八幡を地蔵の垂迹として僧形八幡の多く祭られるようになってきたことにも原因があろう。いずれにせよ、地蔵信仰は鎌倉時代以来盛行を見るのである。そうして僧形八幡同様の坐像形式の地蔵の出現が多くなっている。それまでは立像がほとんどであった。

一方平安時代に盛んであった薬師・阿弥陀・観音等の信

仰霊験譚が漸次地蔵に転移してくる。すなわち仏教信仰に関したものを説話書*に求めて見るに『日本霊異記』『今昔物語集』『宇治拾遺物語』など、いずれもほとんど地蔵に関する話はのせていないのであるが、『沙石集』に至るとその第二巻に見出すことができる。そうしてその中に「弥陀と地蔵と一躰の習を知れり」という言葉をも見出すのは信仰の推移を物語る手がかりになる。―〈中略〉―『沙石集』に「阿弥陀利益ノ事」という一章がある。鎌倉の町に弥陀信心の女童があり、正月元日に南無阿弥陀仏と称えたこ

［上］牛島の墓地の六地蔵（香川県丸亀市、昭和46年5月）

［中］向上寺の六地蔵（広島県生口島瀬戸田、昭和36年5月）

［下］鎖塚地蔵尊（北海道常呂郡端野町、昭和54年4月）

とから主人の怒を買い、銭をあかく焼いたのを頓にあてられた。しかし女童は念仏の故には、いかなるとがにもあたれと思って、それにつけても仏を念じ奉った。するとに別に痛みもなかった。さて主人が年始の勤などしようとして持仏堂に詣でて、本尊阿弥陀仏の金色の立像を見ると御頬に銭の形がくろくついている。あやしんで、よくよく見るに、かなやきした銭の形である。おどろいて女童をよんで見れば、いささかの疵もない。主人は大いに驚き慚愧懺悔して、仏師をよんで金箔をおさせるに、箔は幾重にもかさなれど、疵はかくれなかったという話である。―〔中略〕―

ところがこの系統の身代説話は鎌倉時代以後になると地蔵について語られるようになってくる。大和宇陀郡三本松村大野寺の国宝木造地蔵菩薩立像は鎌倉時代の手法を示した秀作であるが、はなはだ黒ずんでいて一見焼けたように見える。そしてこの寺ではこの地蔵を半焼地蔵と言っている。一説によればこの地のさる長者の下女が地蔵を信仰して日々炊いた飯を少しずつこの仏に供えていた。それを主人に見つけられて、食物をぬすむ者として火あぶりにされることになった。縛りあげられた女が煙の中につつまれた時、よく見れば煙の中に立っているのは下女ではなくて地蔵だった。そこであわてて火を消しとめた。そのためこの地蔵が黒ずんでいるというのである。これに似た話はなおいくつかある。そうして後には身代の伝説は次第に地蔵を中心にしてくるのである。

山口県沖家室島の鱶《ふか》地蔵などもそうした系統の説話を持っている。

山形屋が寄進した地蔵（山口県沖家室島、昭和40年8月）

いつのころのことであったか、下関の長者山形屋庄右衛門なる者が娘をつれて上方を見物しそのかえる途中この島の沖まできた時、乗っている船がとまってしまった。船舷より海中をのぞいて見れば一尾の大鱶が船を背負うている。「多分はいけにえを求めているのであろう、一体だれを求めているのか、銘々の持っている手拭を投げ込んで見て、その沈んだものが犠牲に立てばよかろう」と船頭が言うので、各自はそれぞれ手拭を海へ投じて見た。すると山形屋の娘のものが海深く沈んで行った。山形屋はおどろきかつかなしみ、なんとかして娘をたすけたいと思った。すると船中にいた客の一人が「この島に霊験あらたかな地蔵がある、その地蔵を念じて見よ」と言った。親子の者はそこで、ただいちずに祈ったのである。すると鱶は静かに船をはなれて行った。山形屋は喜び感激して、地蔵のために新たなるお堂をたて、また新しい別の地蔵を刻んで奉納した。それからこの地蔵を鱶地蔵とよんだ。

その後この島にさる漁師が住んでいた。その妻は男の沖に出ている間に他の男とねんごろになった。情夫は女の夫が生きていては具合が悪いと思って、女とはかってその夫を島の南方一里半ばかりなる千貝瀬に連れて行ってなきものにせんとした。千貝瀬は周防灘中に根を張る瀬で潮がひけば水面にあらわれ、満つれば深く没してしまうのである。情夫は女とその夫とともにこの瀬に至って貝をひろい、折を見はからって瀬の上に夫をのこして女と共に船で漕ぎ去った。瀬にのこった夫は潮のみつるにつれて瀬と運命を共にしなければならない。そこで神の見すてたまわぬものならばと男はひたすらに島の地蔵を祈った。やがて瀬が白々とした波におおわれる頃、一尾の大鱶があらわれて男の周囲を泳いだ。男はこの鱶が自らの生命をねらうものでないと見てとったので、鱶の背に持っていた庖丁をうちたて、それにつかまって鱶の背にまたがった。鱶は青波をかきわけて沖家室の島に泳いだのである。

フカ地蔵（山口県沖家室島、昭和40年8月）

翌朝海より地蔵堂に至る道に点々と血の滴っているのを島人が見かけて辿って行くと、血は本尊のところまで続き、本尊の背には庖丁がつきささっていたという。―〔中略〕―

このような例が一体どれほど多かったことであろう。そうしてそれが時には思いもそめぬようなところへまで流れて行っている例は少なくなかった。

さてかくのごとき仏の慈悲による身代りの思想から不慮の死をとげてあの世へ行く道を失い、さまよっている霊をなぐさめ、かつ導いてもらうために地蔵への信仰も一だんと強くなり、供養塔地蔵を刻む風も盛んになったのではないかと思われる。そうして特に、まつってもらうべき子孫を持たない不幸なる小児の霊のために、親が地蔵にたのみまいらせるのも当然のことのように思われるのである。世の親の子に対する愛情は一様に深かった。

その上鎌倉以来の地蔵は石にきざまれることが多く、可憐なる童形は庶民に親しまれると共に辻に立っていつまでも朽ちず、そのために信仰伝播の歴史も比較的明らかにしやすいようである。地蔵様がさらに子供たちと密接に結びついてきたのは船形石の半肉彫から全身彫になった徳川時代からのことではないかと思われる。―〔中略〕―

地蔵はまたお産を司る神として民間では親しまれている。賽の河原の子供たちの連想から、そこにいる子供たちの魂をこの世へ戻してくれる役目をも持っているると考えたのかも分らない。

若い魂はその去ることを惜しむのと共にできることなら一時も早く再生してもらいたいと、親たちは希ったのである。幼くして逝った小児の掌に、有徳の上人が経文を誌してよき再生を祈ってやると、ほどなく手に文字を誌した子供の生れたという伝説はよくきくところであるが、地蔵は若い魂の再生復興にも参与したと考えられるのである。幼少の頃からきいた昔話の中で強く印象にのこっているものを次にしるして見よう。

昔一人の行商人があって行商に出かけたが、家へかえる途中雨になり日は暮れたので、道ばたの地蔵堂の中へ入って「まことに恐れ入るが一夜の宿を貸して下され」と言って泊めてもらうことにした。もとより淋しい野中のお堂のことで、なかなか眠ることができなかった。するとその夜半の頃、馬の蹄の音がしてきた。そしてお堂の前までくると馬の主は「地蔵殿地蔵殿今夜は里に子が生れるがおいでなさらぬか」と言った。すると地蔵は「今夜は客があるから行くことができぬ、よろしく御たのみ申す」と答えた。馬に乗った神はそれからまたチャンガンチャンガンと馬にゆられて行った。しばらくして、また蹄の音がしてさきほどの神がかえってきた。それがお堂の前でとまり「生れたのは女でありました」と言った。男は不思議に思って翌朝かえって見ると自分の家に女の子が生れていたという。

この話はまだその先があり、馬に乗った主は観音様で、生れた子に水難の相があると予言した。親はそのようなことのないように水のほとりにはできるだけ近づけなかったけれど、成長して一人であそぶ位になった頃たらいの水に顔をつき込んで死んでしまった、というように話され、また子の生れるのは相隣する二軒の家で一方は男、一方は女の子であり、女は長者になり男は乞食になるという予言を、男の子の親がきいて、子のために色々苦心するけれどもついに男の子は成長の後乞食になってしまうというような話のついているものもある。

子供の誕生について箒神の来訪すること、または箒神をまつる風は広く全国に見られるが、箒がお産に特別に関係あるのは興味あることであり、これが地蔵へ転じてきた地方のあるのは地蔵信仰の盛行以来のことと考えられる。

一方また死にも関係あり、墓地の六地蔵のほかに出雲地方には死者のある時、一里四方の間に地蔵様を刷った小さい紙札を辻々の地蔵堂などに貼ってあるく風があった。

かくてわれわれの生死に関する信仰において地蔵の占める地位は次第に大きくなってきたようである。そうしてこの仏は信州路あたりの道祖神のように特に子供たちに親しまれたのである。

道祖神もまた子供の好きな神であり、子供たちはこの神の氏子だと言われていた。そうして、お産のある時は馬にのってその家を訪れ子供の運を定めるとも信じられていた。あるいは道祖神の方が先であったか、または子安地蔵の方が先であったか、子供の出産に関与したことは両者全く一様であったと言っていい。ただ地蔵は仏教臭を帯びており道祖神はその色彩が乏しかった。両者とも石に刻まれて路傍にたつことは等しかったが、道祖神の多くが粗末な半肉彫であるのに地蔵の方には関の地蔵のような見事なものまでできたのは、一方はささやかな村人たちだけの信仰にささえられたものであるのに対して、他は権勢と結びついた仏教者の支持が大きかったからであろう。

今一つ両者の差は道祖神の祭が主として陰暦の一月十五日を中心にしているのに対して、地蔵は七月二十四日を縁日としていることである。しかしこの両日ともに子供たちの相集う風のあったのにはかわりがない。中部から関東へかけての道祖神の祭はことのほか盛んであるが、関西、特に京阪において子供たちの一つのたのしみは地蔵盆であった。戦災にあわない前の大阪の町家の一角や路次奥の行きづまった所などにささやかに地蔵がまつってあって、この日には近所の人びとが集うてその前にもろもろの供え物をなし、またほおずき提灯をつけて華やかに、夜は子供たちが町内のおっさんの世話で盆踊りなどした。まったく子供の世界であった。

単に町の中のみに限らず、村々においても地蔵盆は子供の盆として喜ばれたのである。今でもたのしい思い出の一つになっているが、私の郷里にも村の中に地蔵様が一つまつってあって、七月二十四日には村の老人たちが家々から米二合と大豆とを集めてきて世話人の家でこれを飯にたき三角形の握飯にして、その日の午後子供たちを地蔵様の前にならばして、二つずつ配ってくれるのであった。塩で味がついていて実にうまいものであったと覚えている。その握飯のゆえに今もこの地蔵様がなつかしい。夜はその前で村人たちが踊った。

若狭は地蔵盆のていねいに行なわれる所であって八月二十二日に子供たちは辻々の地蔵堂から地蔵様を持ち出し、海中であらって、その年の盆の宿にあたる家へ持ち込む。地蔵様には白粉をぬり、墨で眉もかかれる。化粧が終わると新しいヨダレカケもかける。宿では店に白本の堂をおいて、その中に地蔵様を安置し、その前にもろもろの供え物をする。門口には大きな竹二本をたててその間に縄を張り、これに五色の紙をつぎ合せて作った旗に南無地蔵大菩薩と書いて三〇枚も吊りさげる。

二十二日には宿に子供たちがみんな集まり、昼すぎには他所の地蔵様の宿へおしかけて南無地蔵大菩薩の旗をぬすんでくる。それが一枚でも多いのがよいと言われているが、そのことのために争いの起ることもある。しかし大人は口出ししない。夜は各家から老人や母親たちが宿に出かけて念仏をとなえる。

翌朝になると、まだ五時頃というに子供たちは起き出て地蔵様に供えたものを一戸一戸にくばって歩き、地蔵様はまたもとの辻へかえす（「郷土研究」七—三）。

子供たちのまつりながら、それは大人のまつりの形式をとっており、はなやかなものであった。

今はそのようなまつりもなくなっている。辻の地蔵様にも建てられた頃にはそれぞれのまつりの行なわれていたことは考えられる。

長野県の伊那谷や松本平などではこの地蔵様に念仏講がついており、念仏講によってまつられていたという。現在この地方の村々にのこっている大きな数珠は、この念仏講の時に使用されたものが多い。しかしこの地方では早く地蔵を中心にした講はおとろえて行った。これは講を形づくっていた人たちが老人であったためであろう。そしてここでは子供たちの参加するまつりとしては道祖神祭が盛んだったのである。

かく考えてくると子供は案外古い文化の保存者であった。村の古いまつりの数々を少年たちの手で保存した量は大きかった。まつりばかりでなく、子供のあそびさえ古い生活の名残りがひそんでいる。

子供の生活をしらべることによってわれわれは多くの古い生活をあきらかにする手掛りを得る。地蔵様も子供たちの世界にむすびついた仏として前代の人の心を知ることができる。

かくて辻に立つその一つ一つの地蔵様は、それがいかに小さくまた稚拙なものといえども、意味なくして

積浦の子供墓（香川県直島、昭和37年11月）

地蔵さま（佐渡市小田付近、昭和34年8月）

建てられたものは一つもない。それぞれの理由のもとに、それぞれの人たちの心をこめてそこにたっているのである。今は雑草の中に埋もれようとしているものもある。

しかしその心細げな地蔵にさえ、夕暮れなど通りかかって見ると線香の火のかすかにともっているのを見かけ、またはそのにおいのほのかにただようているのをかぐことがある。宵やみの中に女がうずくまって祈りをさげているのを見る時など、多分は子供たちのために祈っているのではなかろうかなどと思って見たりする。〔『愛情は子供と共に』〕

子供墓（新潟県佐渡）　小田《こだ》の近くの墓地はややひろい丘の西向きのところにあった。盆前というのに墓はいずれも草にうずもれていた。そうした中に地蔵様がずらりと並んでいるのは子供墓であろうか。問いただしてみる人がないので通りすぎてしまったが、地蔵様は不慮の死をとげた者か子供のためにたてたものが多い。秋田・青森では子供のためにたてたものがとくに多い。ここでもよだれかけや頭巾をかぶせてあるのを見ると、子供墓のようである。子供墓を墓地の一角にもうける例は瀬戸内海地方にはとくに多い。

子供墓（東京都、昭和34年6月）

夏の日の午後を日のくれまであるいて、私の目にとまり、心にのこったのは、水のほとりでせんたくしている女たち、わびしい墓、高燈籠、草刈風景などであった。いま一つ、どこにもきれいな水の流れがあった。そしてその小さい流れをこえるところにはたいてい地蔵様がまつってあり、その前に花がそなえてあった。五十浦《いかうら》ではわき出る泉を囲って小さな池がつくられており、そのほとりに地蔵様が並んでいた。子供が一人来て、地蔵様の前でやかんに水をくんでいった。そこから水がわき出ているのである。〔『私の日本地図7 佐渡』〕

兵隊墓（香川県手島、昭和46年5月）

兵隊墓

香川県手島　海岸近くの墓地に戦死者の墓がずらりとならんでいる。今度の戦争でなくなった人の墓だけでも五〇をこえる。

私はどこへいっても兵隊墓を見るたびに心が痛む。みんな若い人たちであった。この人たちが戦地へ出ている間に残っている者も無理をして働いた。そして多くの年寄りたち、女たちが死んでいった。女は男より長生きするというけれど、内海の島々では、その女の最高年齢が男より短くなっているところが少なくない。

〔手島・小手島『私の日本地図12　備讃の瀬戸付近』〕

山口県東和町平野　最近、私が各地をあるいて一番注意して見ているのは兵隊墓である。それも大東亜戦で戦死した人の墓がどんなふうに建てられているか、またいくつあるかを見る。どういうわけか、東京の大きな墓地に兵隊墓を見かけることは少ない。大阪の阿部野の墓地にも、私が大阪を活動の中心にしていた昭和二十五年頃まではそれほど多くはなかった

［上］平野の兵隊墓（山口県東和町、昭和39年4月）
［中］和佐の兵隊墓（山口県東和町、昭和40年2月）

［下］真鍋島岩坪の兵隊墓（岡山県真鍋島、昭和32年8月）

が、地方をあるいて見ると、墓地の中にズラリと並んでいるところが多い。九州地方ではあまり数が多くて建てきれないから、霊堂を建てたところが多いという。平野の墓地にも兵隊墓が三一ほど並んでいる。* この付近では最も多く並んでいるのではないかと思う。この人たちがいま生きていたらどうであろうと思って見る。戦死した軍人の中には優秀な人が多かったばかりでなく、大地から生えたような百姓が多かった。その人たちは、世の中がどんなに変わろうとやはり百姓をつづけたであろうと見られるものが多い。そしてその人たちが生きているとすれば、いま四十五歳から六十五歳くらいになっているであろう。すると村の中堅になっているはずである。そういう人たちがいま生きて村の中で働いてくれたとしたら、日本の農村が今日のように無残な形で崩壊したであろうかどうか。農村に戦争の打撃がもっとも大きくあらわれはじめたのがここ一〇年ほどの間ではなかろうかと、兵隊墓を見るたびに思うのである。

古い世が新しくなってゆくのは、すべてが理想的な形ではなく、実はその半分ほどはいろいろの犠牲をともない、また人間の不幸を道連れにしていることを忘れてはならない。海外出稼ぎと戦死とは全く別の次元のように見えるけれども、その両方が平野というところを変えていった大きな力になっている。

〔『私の日本地図9　周防大島』〕

京都市鳥辺野　鳥辺野の墓地の一隅には兵隊墓もずらりと並んでいる。兵隊墓を見るたびに私の心はいたむ。天命を全うしたのでもなく、自分の意志で死んでいったのでもないということは、その人にとってもっとも不幸なことであったと思う。しかも、いつの世にも死を強いられて死んでゆかねばならない人は多かった。幸いここ三〇年ほどそういうことがほとんどなくなっている。〔『私の日本地図14 京都』〕

［上］鳥辺野の兵隊墓（京都市、昭和38年2月）
［下］小阪の兵隊墓（大阪府、昭和35年9月）

夫婦墓

岡山県白石島《しらいしじま》　島で働いている人は、年をとったら皆この島へ戻って死ぬ。この島の人は他所で死んでも他所へ墓をたてることは少ない。たいてい島へ墓をたてる。だから墓地が年々拡大していく。島の人口は減っているように見えても働き場がよそにあるというだけで、本家はこの島にあって、この島を捨てるような人は少ない、と区長さんは話してくれた。

丘の上の墓地へ登ってみると、区長さんの言う通りで、墓地に墓はぎっしり立ちならんでおり、新しく死んだものはそこに埋められなくて芋畑の中に仮墓の立っているものもあるし、オリーブ畑のオリーブの木の下に新しく墓地をしつらえたものもあった。島の人は長生きのようで、墓には年齢がきざまれ

白石島の夫婦墓（岡山県白石島、昭和37年8月）

ているが、八十歳から上というのが実に多い。しかも、この地の墓には夫婦の戒名を刻んだものがほとんどである。生も死も共にしているのである。つれあいのどちらかが死んだとき、残った一人も戒名をもらって墓をたてる。死んだ方は刻んだ字に墨を入れておくが、生きている方は朱を入れておく。死ぬと朱を墨にする。

この墓が象徴しているように、島の人たちの夫婦仲はいたってよいようである。夫婦で力いっぱい稼ぎ、この風光の中で生き、この丘に埋められる。そして墓も一つなのである。この島に生きた人は決して多くを望まなかったようである。同じような大きさの家、同じような墓、そしてその生き方をくずしていない生活がそこにある。区長さんの話をきいていても、過疎を大して問題にしていないようであった。家の建ち腐れも昔からあって、今にはじまったことではない。亡びたり栄えたりしながら、村全体としては、それほど大きな変化をすることもなしに今日にいたったという。〔『私の日本地図12 備讃の瀬戸付近』〕

香川県与島　中世関係の文書はこの島にはほとんど残っていないが、島で文字のかかれているものは墓石で、小学校の北方の松林の丘にある墓地には花崗岩の板碑が多数あり、その中には万治三年(一六六〇)、延宝四年(一六七六)などの年号をよみとることができる。丹念に拓本などをとって見ればなお多くの年号を見出すことができるであろうし、この墓地が近世初期以来のものであることを知る。

その中で特に興をおぼえるのは一基の碑に夫婦の戒名のしるされていることで、西日本の墓には、ひとつの墓に夫婦の戒名のきざまれたものが少なくないが、その古いものをこの島で見ることができる。いわゆる偕老同穴がこの島では早くからおこなわれていたのであり、そこに夫婦あるいは男女が同等にとりあつかわれていた事実を数えられるのである。〔「本州四国連絡架橋に伴う周辺地域の自然環境保全のための調査報告書」〕

柳田国男の夫婦墓（神奈川県川崎市、春秋苑）

与島の夫婦墓（香川県与島）

無縁墓と三界万霊塔

無縁墓 これまで郷土史で墓を取り扱う場合には墓に書かれている文字だけを問題にした。そしていつのものか、誰のものかということだけが多く取り扱われた。しかし墓はそこにあるすべてを取りあげてみるといろいろの問題がうかび上がってくる。たとえば墓はすべての人が建ててもらったであろうか。どの家の墓地にも無縁墓というのがある。戸主の身内の者で独立した一家を成さなかった者はここに埋められるという。そのように無縁墓に埋められた者がどれほどあるだろうか。あるいはまた多くの無宿人のように墓をたててもらえない者もあった。今日残っているのは特殊な例であろう。あるいはまた子孫にまつられなくなっている墓がどれほどあるだろう。この地で家の生命というようなものはどれほど続くものであろうか。近世初期以来続いている家がどれほどあろうか。また死に絶えたり退転していったりしたものがどれほどあろうか。〔「監修のことば」『佐渡相川の歴史・資料集二』〕

無縁墓（東京都府中市） 人びとは家の永続を願い、子孫の繁栄を願ったけれども、現実はかならずしもそのようにはならない。絶家、退転する家もまた多かった。府中高安寺《こうあんじ》の境内には、そのようにしてまつるもののなくなった墓を三界万霊塔を中心にしてひとところに集めている。その中には古い墓もある。いわばこの地で朽ち果てていった家のものであるといっていい。同じところに同じ家のものが長く住みつづけてゆくということも容易なことではない。そのような現象は特に都会化したところには甚だしいようである。

土地によっては、人のまつらなくなった墓をひとところに集めて塔のように積みあげたものである。そのような墓石の塔は京都や大阪あたりには多い。それにくらべると高安寺の無縁墓など、まだ数が少ない方だといえる。一つには関東地方は同族的な結合が強く、本家を中心にして分家が何軒もわかれ、家々が孤立することが少ない。そういうことも原因しているかもわからない。府中市四ッ谷の市川一族

［上］佐渡は念仏信仰が盛んでよく三界万霊塔を見かける（佐渡市畑野、昭和35年8月）［下］高安寺の無縁墓（東京都府中市、昭和41年頃）

や、小金井市貫井の村越家などもその例に属するものであろう。〔『私の日本地図10　武蔵野・青梅』〕

三界万霊塔（兵庫県鴨庄村）　無縁仏をまつる三界万霊塔は、この地にも見かけられる。しかし、他地方の如く寺の入口にあるものはなくて、神池寺は境内にこれを見、元禄三年（一六九〇）のもので、在銘

［上］金蓮寺へゆく途中にあった無縁墓の塔。
こうすると墓も美しい（広島県因島、昭和36年5月）
［下］観音寺の無縁墓（広島県三原市東町、昭和51年3月）

の万霊塔としては一番古いものである。この地にはまた個人の墓地にも、その入口にこれのたてられているのを見かけた。尾松氏の墓地のものがそれである。もと個人的なものではなく万人の供養を待ったものかと思われる。その隣に念仏の供養塔がたっている。〔『村の旧家と村落組織』1〕

［上］向上寺の三界万霊塔（広島県尾道市瀬戸田、昭和34年8月）

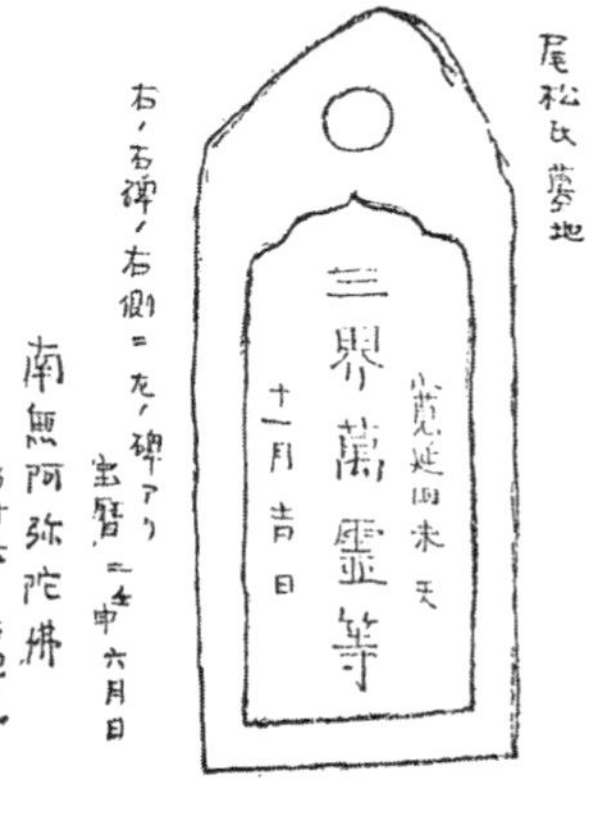

［下左］尾松氏の墓地

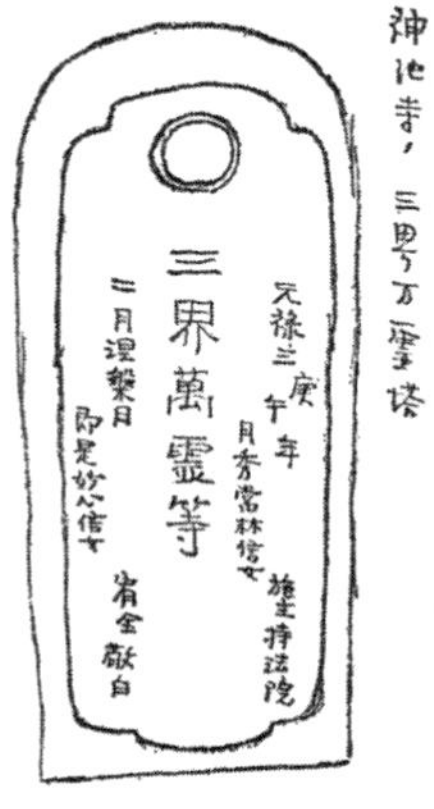

［下右］元禄3年の万霊塔

弥生町上小倉の石塔（写真：佐伯市観光協会）

慰霊碑、供養塔のいろいろ

弥生町の石塔（大分県南海部郡弥生町）　大分から東南へ四〇キロあまり、佐伯市から西へ六キロほどのところに弥生町という町がある。町というには少し散漫でむしろ村といった方がよい。

その町の停留所から西の方、田圃をへだてて丘陵があり、丘陵の下に民家がならんでいる。その民家の裏が崖になっていて、その崖に七基の宝塔と二三基の五輪塔がきざまれている。向かって右側の方はいきなり雨が吹きつけるようになっているために大方摩滅してしまっているが、左方の二〇ほどの塔は崖がかなり深くほりこまれていて、そこに浮彫にされているために、いまも彫刻せられたころのおもかげをとどめている。宝塔は方形の台座の上に方形かまたは楕円に近い国東塔に似た塔身をもち、その上に方形の屋根と相輪がきざまれている。国東塔と関係があるものだと思われるが、独立したものでなく半肉彫であることに特色がある。五輪塔は大小さまざまである。宝塔の間にきざまれている。

この塔には文字もきざまれていて、このあたりに勢力のあった大神氏が先祖の追善供養あるいは逆修のために刻んだものである。そして、年代は嘉暦元年（一三二六）から康永四年（一三九七）にかけて造立せられたものであろうと考えられる。つまり鎌倉時代の終わりから南北朝時代にかけてつくられたものである。深田のように仏像をきざんだものでないから、多くの人には大して興味がないようで、深田の石仏を見にいった人も、ここまで足をのばすものはほとんどないが、一見する価値のあるものである。

国東塔（大分県国東市国東町岩戸寺）

この磨崖はもと埋葬地として利用せられていたようで、横穴古墳がいくつも刻みこまれている。この時代の埋葬儀礼を見るには大へん参考になる。そしてここから東へいった佐伯市上岡の十三重塔とおなじ石工によってつくられたものではないかと思う。この塔も供養塔であった。六メートルほどの美しい石塔である。〔「ツーリストニュース」33〕

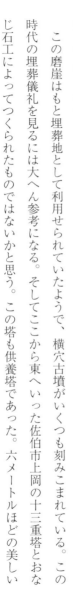

並ぶ石碑に村の歴史がある（長野県奈川村黒川渡、昭和40年6月）

黒川渡の石の記念碑（長野県南安曇郡奈川村黒川渡）

黒川渡の村役場のまえ、古宿の方へ上ってゆく道にそって、たくさんの石碑がたっている。年代的に見ると、ここのは幕末から昭和の初めまでのものがある。

その中でひときわ目立つのは、南無阿弥陀仏の碑である。念仏が民衆の心をとらえた力は実に大きかったようで、その地方におこなわれた宗旨の如何をとわず、この碑を国の隅々にまで見ることができる。しかも、石に彫られた字はたいてい達筆である。これを書く僧がおり、その書いたものを石工が刻んでいった。黒川渡も念仏宗*のおこなわれている地ではない。だが、念仏を信仰する行人がここに来たものであろう。この山の奥まで。そして念仏によって極楽往生の功徳《くどく》をといたに違いない。

念仏宗は一種の雑草のような力をもった宗教であった。そのことについては、どこかでまたくわしくのべてみた

［上］巡礼供養塔［下］三界万霊塔（黒川渡、昭和40年7月）

いと思う。

その念仏宗にちなむものとして、三界万霊塔がある。元来、先祖はその家に属する子孫たちのまつるものである。人の霊はまつるもののあることによって極楽に往生できると考えた。家を大事にし、家の永続を願ったのは、一方から言えば、我が身の死後、子孫の祈りによって極楽に往生することも重要な理由の一つであった。しかし、世の中にはまつってもらうことのない霊も実に多かった。身寄りのないもの、あるいは旅で行きだおれた者などがそういうもので、その人たちの供養のために三界万霊塔をたてて供養したのである。この塔は寺の前にたっていることが多い。

ここのものは角柱の上に観音の座像をのせている。多くの旅人の通過したこの谷には行きだおれもまた少なくなかったと思われる。

島々〔松本市安曇島々《あづみしましま》〕にも巡礼供養塔があったが、ここにもまたそれがある。しかもここのものは、西国三十三ヵ所のほかに、坂東（関東）秩父などの観音を巡拝した供養塔で、施主は飛州高山となっているから、高山の者がわざわざここに建てたのであろう。その理由はわからないけれども、あるいは、巡礼者がここまで帰って来て死んだのかもわからない。

供養塔をたてるほどの人ならば、多少のゆとりもなければならぬ。そういう姿を、中心をなす部落に一つは見かけるということは、塔をたて得ない巡礼者はなお多かったと考えられるのである。こうした霊場巡拝者たちは、親を早く失ったとか、子を失ったとかいうような者が多く、死者の霊をなぐさめるために遠い旅へ出ていった。山の中のささやかな村の人びとが決して世間と隔絶していたものでなかったことは、こうした塔で推定せられるところである。

しかし、私がこうした巡礼塔を写真にとりはじめたのは新しいことであった。早く昭和十五年頃から

ブレル神父遭難碑（昭和39年5月）

気がついておりながら、これを見かけた場で写真をとり、また記録にとどめることをしなかった。それは一つの怠慢であったといえる。このような塔が、どういうところにどんな密度で分布しているかがわかるだけでも、江戸時代の民衆の信仰の旅の足跡はたどれるはずである。そしてそれは、意外なほど数も多いのである。〔『私の日本地図2 上高地付近』〕

ブレル神父遭難碑（長崎県有川町鯛ノ浦） 鯛ノ浦の教会の裏の傾斜地は墓地になっていた。どの墓もみな上に十字架がついている。その中の一つに、明治十八年（一八八五）四月十九日、難船のために死をとげたブレル神父と一二名の死者の記念碑がある。そのくわしい事情は知らぬ。五島への布教の途次おこった遭難事故の犠牲となったものであろう。長い鎖国の間、信仰の火を消さないで持ちつづけた東洋人の純粋な情熱に対してさしのべた、西欧の宣教師たちのかたむけた熱情もまた強いものがあった。

そのことによって五島にはまた、カトリックが新しい芽をふいてきたのである。そのかげには、いくつかのこのような話がひそんでいるであろう。

墓の中にはまた、大東亜戦争で戦死した若者たちのものも、いくつかまじっていた。宗教をこえて、命は国にささげられたのであったが、そして、そのことによって、在来住民とひらき住民との間の感情的な溝も大きくうずめられていったという。思えば長い苦しい道をあるいて来たものである。〔『私の日本地図5　五島列島』〕

［上］戦死者慰霊碑（長野県下伊那郡高森町、昭和38年7月）［下］溺死者供養塔。文化5年（1808）11月、坊の港にて船が沈没、溺死者61名。天保10年（1839）建立（鹿児島県坊津町、昭和35年4月）

佐久間ダム殉職者の碑（静岡県浜松市）　私は、佐久間ダムの工事中にその映画を見たことがある。その工事の規模の大きさと最近の技術に、眼を見はったものであった。ただただ、驚嘆のほかはなかった。そして川底から見あげるダムの高い障壁に、日本のエネルギーのたくましさを感じた。今はそのダムに満々と水がたたえられている。しかし、そのはなやかな、たくましい工事のかげに、実におびただしい

［上・中］佐久間ダム殉職者の碑（昭和34年8月）
［下］カノエ塚の庚申塔（佐渡市徳和、昭和39年6月）

犠牲者があった。湖畔の慰霊碑がそのことを物語ってくれる。ダムを背にして慰霊碑はたっている。その碑に太陽がさんさんとして照っていた。そして碑のまえには花がいけてあった。碑の裏には犠牲者の名がつらねてあった。その数は百人に近い。銅板に浮彫にされたその名の一つひとつを見ていくと、全国各地から、この工事のために人は集まって来ていたようである。ダム工事は、まさに大きな戦であったのだ。〔『私の日本地図』1　天竜川に沿って〕

供養碑（新潟県佐渡市徳和）　急斜面をのぼってゆくと、やや平らなところがあって、そこに供養碑がならんでいる。それにもまたおどろかされる。供養碑がたっているのだから人通りが多いはずである。この道は、昔は畑野へこえる道であった。山の尾根づたいにいくもので、見はらしはよいが、あるくのに骨は折れる。それでも赤泊と畑野をつなぐ直線に近いコースとして、昔はきっと人通りが多かったのであろう。

そればかりでなく、この山頂に昔は人も住んでいたのかもわからない。その供養碑のあるところからすこし北へゆくと、カノエ塚というところがある。そこに庚申塔がいくつもたてられている。寛政四年（一七九二）のものがある。ここで庚申講をしたはずもあるまい。供養碑にしても庚申塔にしても、山の頂へたてたことにはわけがあったのであろう。しかし、同行の人びとにはその理由を知るものはいなかった。〔『私の日本地図7　佐渡』〕

地蔵盆と墓まつり

津軽川倉の地蔵祭 ―青森県北津軽郡金木町川倉・昭和十六年七月―

津軽平野は地蔵信仰の盛んな所である。木造《きづくり》の町から十三《じゅうさん》の湊に至る一〇里近い道のほとりにはとくに多くの地蔵様を見かける。木造の近くでは石にきざまれたものが野ざらしになったり、または小さいお堂の中にいくつも安置してあることもあるが、時にはそれが立派なお堂の中に納まっていることもある。飯詰《いいづめ》村深沢の地蔵堂などその立派なものの一つである。親地蔵とよばれる大きな地蔵様の周囲に小さい地蔵様がいつも取りまいているのである。それがペンキで顔を白くぬり、衣紋は赤や緑でぬりたてられている。稚拙で毒々しいものではあるけれど、何となく心をひかれるものがある。この地蔵様はそれぞれの家に属していて、子を失った親たちがこれを作ってこの堂に納め、六月二十四日の祭の日にはここに集うて供養する。中には石油箱のようなものの中におさめられた地蔵様もあった。また中には二人肩をくみあわしたようなものもあった。その地蔵様たちは一様に十文字の入った袈裟をよだれかけのようにつけていた。子を失った者のかなしみ、いつまでもすぎし日を偲ぶよすがとしてこれらの地蔵

地蔵堂（青森県北津軽郡川倉、昭和16年7月）

に愛情を覚えてまつる人たちの心をおもって私は久しくこの堂の中に時をすごしたことがあった。この深沢から広い水田を東の方へ行った山の麓に川倉という所があって、そこの地蔵堂にも沢山の地蔵様がまつられていた。

昭和十六年の夏、私はその川倉の地蔵祭へ出かけたことがあった。その年は東北は冷涼の気が天地に満ちて、雨のしとど降る下北津軽の野は稲の葉の白く枯れているのが所々に見かけられたのである。五所川原で小さい汽車にのりかえて金木で下車してそこから地蔵堂までの道は悪かった。人びとは毛布や外套を着て畑中の道をお堂のある丘の方へ歩いた。畠にはジャガイモの葉がよく茂っていて、さすがに北であることを思わせた。

寺の近くに池があって池のほとりの道を通って松の茂った坂にかかると、そのあたりには道の両側に石のつみあげてあるのが見かけられた。これが賽の河原であっ

イタコの口寄せ（青森県北津軽郡川倉、昭和16年7月）

た。石にはお米や団子が供えてあった。お堂は四阿造《あずまやづくり》で方四間もあろうか。お堂の前にはテント張りの店が出ていて、お堂にそなえる菓子やわらじを売っているものもあった。雨のために道がぬかるんで人びとは行きなやんでいた。お堂の後には一坪ほどずつに区切った茅ぶきの小屋があって、その一つ一つに巫女〔イタコ〕がおり、死者の口寄せをしていた。そしてこの小屋掛をヤシロと言っていた。人びとは巫女をかこんで口寄せをきき、中には涙を流している女もあった。若い巫女の語っているのはどうやら戦争で死んだ者の霊のようであったが、きいていた女は、「私のききたいのはその仏ではない」と言ってたちあがって行った。太鼓をたたいて仏をおろしているのもあれば、イラタカの珠数をつまぐって仏をおろしている者もいた。今年は弓をならして仏をおろす巫女は来ていなかった。年老いた巫女の一人はお堂の軒下にまるくなってねていた。

お堂の中では経木に戒名を書いてそれを尊前に供えて拝む人たちで満ちみちていた。堂の真中ほどに柵でしきりがしてあって、その中は床がはってあり、お通夜の人びとがそこに坐っていた。その頭の上の横に張られた綱には夥しい草履がかけてあり、床の上にも堆高い山があった。人びとの称名の声は堂の中に満ち、ロウソクの光の中にいくつもの地蔵像がならんでいた。堂の前では座頭が金切声で地蔵和讃をとなえて奉捨をうけていた。全体が悲しみに満ちたような雰囲気である。私は世話役の人たちから色々話をきいていたが、日がくれてから通夜の善女に交じって通夜することにした。晴れていれば今夜は外で二十三夜の月待踊りがあるということであったが、雨ではそれもできなかった。そして老女たちは狭い床の上にギッシリとつまってすわって、ただだまっていた。少しずつ昔の話などきいて見ようとしたが雲林院の講*のような訳にはいかなかった。ただ人びとは親切で「おなかがすいているだろうから」とて地蔵様に供えたお団子をおろしてくれてすすめたり、他のたべものを持ってきてくれたりした。

夜ふけてから坐ったままうつらうつらしているとだれか毛布をかけてくれたものがある。雨にしっとりぬれたものであったけれど身体はそれでほのぼのとぬくもった。

ここに集まる人びとは多くは子を失った人たちである。その子の冥界での暮しの様子をきき、また冥福を祈るためにこの祭にくるのである。親たちはその失える魂の行く方をいつまでもいつまでも案じて生きているのである。この近くの田畑にはたらいている人たちは夕方などこの地蔵堂のあたりでよく子

ヤシロで太鼓を叩く（青森県北津軽郡川倉、昭和16年7月）

供の声をきくことがある。また子供の群れあそんでいるのを見ることもあるという。土地の人たちはその話をきいては死んだ子の上に思いをはせるのである。

雨の中で裏のヤシロでは夜もすがら太鼓が鳴っていた。口寄せは夜通し行なわれたのであろう。

夜があけてから世話にあたっている人たちは私のために弁当を作って持ってきてくれた。別にたのんだのではなかったが、行きずりの人の飢を見すごすことはなかった。このような気持がまた子を愛する者の心ともなっているのであろう。

夜があけてよい日和になった。人びとはまた次々にお堂に集まってきはじめた。私はそれから北の方の小泊の港へ旅立ったのであったが、こうした古風な祭の中に古い日本の姿と古い愛情の表現を見たように思った。小泊からのかえりに板柳の町の巫女の家へよって見たら恐山の祭へ行くとて出かけた後であった。巫女たちは家々に門付けしつつ、恐山の地蔵祭に集まって行くという。

恐山は下北半島に聳える休火山であって山頂には湖をたたえており、湖底からはしきりに噴気がある。火口原にも噴気孔があって硫気を吹き出し、草木の育たない荒涼たる一角がある、そこに名刹菩提寺が建てられている。西の方では死んだ霊は信濃の善光寺に行くといい、また紀州の高野山や熊野の妙法寺山へも行くと言われているが、北の方ではこの恐山へ行くという口碑が多い。そうしてその祭の日には百人を越える巫女たちが集まってきて参詣の人のために口寄せをするという。〔『愛情は子供と共に』〕

南部恐山の地蔵会 ―青森県むつ市曽利山・昭和三十八年―

寛政五年(一七九三)六月二十三日、この山の地蔵会をみようとしてのぼって来た菅江真澄*は紀行文『奥の浦うら』に「夜が明ければ地蔵会であると、きのうから仮小屋をたてて、あれこれの用意をしている。午未《うまひつじ》(正午から午後二時)ごろから各地の村人が大ぜい集まってきて、国々の修行者(諸国からやって来た廻国修行者)は鉦鼓をうち鈴をふりならし、阿弥陀仏をとなえている。卒塔婆塚の前にはいかめしい棚をつくり、それに薄《ススキ》を刈って敷き、高いイタヤの木を二本、左右にたてて、からほひ(カラアオイ)、ナデシコ、女郎花《オミナエシ》、紫陽花《アジサイ》、連銭《レンセン》、馬形《ウマガタ》などの草花をあげて、七つの仏の幡《はた》をかけて、あか水を供えてある。御堂から柾仏(檜の柾板に祖先の名のかいたもの)といって、仏名を書いてもらったうすいソギ板を、一本六文の銭でもとめ、老若男女、手ごとにもって来てこの棚におき、水をくんであげ、「ああ、はかないものだ。わが愛する花とみていた孫子よ、こうなってしまったか、わが兄弟、妻子よ」と、あまたの亡き魂呼びになき叫ぶ声、念仏の声が山にこたえ、こだまにひびいている。小さい袋の中からうちまき（散米）をだして、水をそそいだ女が「わが子がさいの河原にいるならば、いま一目みせて」とうち嘆いて、しぼんだとこなつ（ナデシコ）をこの棚の上においた。

日が暮れると大ぜいの人々が群れあるき、たがいに相手になるような人を求めて言いあい、吐きだすようにののしりあっている。うば堂、食堂、尊宿寮、小屋などまで、たくさんの人が入り、いっぱいに満ちあふれているので、寝るところもない」と地蔵会の情景を描いている。

菩提寺から西、賽の河原の地蔵堂までの間は、いたる

恐山案内図

［上］地蔵堂前 ［中］柾仏にかこまれた石地蔵 ［下］卒塔婆の垣（恐山、昭和38年8月）

ところに石積みがある。火山岩の割れたものであるから、ゴツゴツしておもむきのないものである。菩提寺から賽の河原の地蔵堂までゆく人は、そうした石積みのあるところに、そのあたりでひろった石を一つずつ積み、地蔵様があれば、そのまえにお米かビスケットのような菓子を一つずつ供えていく。死者の霊が極楽にゆけるようにとの心からである。

月はそのころには半月になっている。旧暦六月二十三日ごろはたいてい天気がつづき、すみきった空に半月がのぼると、湖が銀色に光り、その向こうに大尽《おおづくし》、小尽の山かげが黒く、周囲は山にかこまれて、昼間は地獄とみられた不毛の地も、月光に白くかがやく中に菩提寺が山を背にしてたち、この天地がそれこそ魂の寄りあつまる聖地のように思えたものであるという。その光の中で夜の明けるまで踊りをおどったそうである。〔『私の日本地図』3　下北半島〕

柾仏をもってまいる女たち（恐山、昭和38年8月）

数珠をかけた六地蔵（尻労、昭和38年8月）

下北尻労の墓参り

墓参り（青森県東通村尻労） 私が二度目に尻労《しつかり》へ行ったのは、ちょうどお盆の十四日（昭和三十八年八月）であったと覚えている。みんなについて墓に参ってみた。

尻労のあたりには、海岸の砂浜に近いところにハマナスの茂っているところが多い。実に美しい薄紫の花をつける。それが白い砂浜と青い海を背景にしているのを見ると、しばらくは足をとめたくなるほど心をひかれる。やがてその花が散るとつやつやした実がなり、八月の中頃には赤く熟れる。その実を取って来て茅草のようなものにつらぬいて数珠のようにくくる。つやつやして美しいものであるが、墓参りのときにはそれを持って墓にもかけ、墓の入口の六地蔵の首にもかける。この日ばかりは、あばらやの中の地蔵殿もたくさんのハマナスの数珠をかけて華やかである。

この村では墓の前に木で作った棚を定置しているものが少なくない。また、小さい木の枝など利用して棚を作り、マコモの菰《こも》を敷いたものもある。棚の前にはミソハギやオミナエシなどの花をさし、赤い数珠をかけ、菰の上には団子や赤飯なども供える。供えて拝んでしまうと子どもたちがすぐ取ってそれを食べる。墓地には何十というほど子どもがいて、供えものを取って歩いている。〔『私の日本地図3 下北半島』〕

盆の墓地。ホカイ棚には供物を捧げ花を飾る（尻労、昭和38年8月）

五島富江の墓まつり —長崎県南松浦郡富江町—

その夜〔昭和三十七年八月十四日〕は、田橋君*の父君の家にとめてもらうことにした。夕飯をたべていると、花火のあがる音がする。墓地からである。昼間、墓地のそばを通ったら、どの墓のまえでも提灯を吊る準備をしていた。そして子供が二人、墓のまえでチャンココを踊っていた。六十近い老人が一人ついていて、それが鉦をうつ。子供は太鼓をまえにかけ、腰みのをつけて、せまい墓のまえで踊る。形ばかりのものであるが、踊れば墓の主からお布施が出る。しかし、そのお金は老人がとってしまうのである。チャンココがここではこのような形式になっている。

墓の前に燈籠を下げて（長崎県福江島富江、昭和37年8月）

さて夜に入ると、すべての墓の提灯に火がともる。私たちも、花火の音に墓地へいって見ることにした。あらゆる墓のまえに提灯がさげられ、火がともされ、墓のまえのわずかばかりの空地にはそれぞれむしろをしいて、そこに重箱など持って来てひろげている。そして重箱の中のものを墓にそなえ、お祈りをささげたあとで食事する。先祖との饗宴なのである。自分の墓でのおまいりをすますと、親戚の墓へもまいる。すると、「どうぞ」と重箱のものなどすすめる。酒をもって来ているものもある。夜空にはしきりに花火がうちあげられる。町中の人が墓地へ出て来て、先祖とともに一夜をすごすのであるから、たいへんなにぎわいである。

墓地でチャンココを踊る子供（福江島富江、昭和37年8月）

私は田橋君について墓と墓の間をぬけてゆく。どこの墓にもシキミがたてられて、墓は木の葉の間から立っているようにさえ思える。昼間とはすっかりかわった風景なのである。老人も子供も若い男女も、みな楽しそうに話しあっている。旅から帰って来たものは、肩を抱きあって話しあっている。昼間あんなにひっそりしていたのが、このような夜のあるために、遠くからも帰って来るのであろう。ここへ来れば、町中の人にあうことができる。

こんな日を一年のうちに一回だけつくった、このあたりの人たちの知恵はすばらしい。この雰囲気のゆたかさ、なごやかさは、ちょっとたとえようがない。しかも墓地の中には僻地はないのである。いちばん隅っこの墓にも火がともり、人がおり、次つぎに人がまいる。日本の国が、このように隅々まで和気にみちた国にならないものであろうかと思った。高声放吟するものもいない。みんな自分の日頃の声で、ニコニコしながら話している。わやわやしているように見えて、案外、静かである。なぜなら、虫のすだく声が実によく聞こえるからである。私はこんな情景に接したことがほとんどない。墓地の饗宴とはすばらしいことを思いついたものである。

田橋君が郷里を愛している理由をそこに見たように思った。人はいつまでもこのような、和やかなゆたかさをつづけることはできないものであろうか。

墓地での饗宴は十二時近くまでつづいたが、人びとはやがて提灯の火を消し、重箱をしまい、むしろをまいて帰ってゆく。青年たちは、墓の間を見まわって火の始末などしてあるく。私たちもそれから家へ帰った。どの家もあけはなされていて、墓からの帰りを知人の家に寄って縁側などで話している。私たちもそれからしばらくの間、話しあって寝た。これは、日本でもいちばん西のはしにある島でのことであるが、すこしも西のはてての感じはない。むしろ、こういうものが今から何十年か何百年かまえの日本全体の姿ではなかったのか。〔『私の日本地図5　五島列島』〕

新墓（長崎県福江島富江、昭和37年8月）

日本の葬儀と墓　註

11頁＊路傍に死んだ者の処理：日本書紀巻二十五 大化二年（六四六）三月甲申に下された、大化改新の詔の第二部、旧俗の改廃十二段の内の第八段から十二段に「復、役《つか》はるる辺畔の民有り、事了りて郷に還る日に、忽然《にはか》に得疾《やまひ》して、路頭《みちのほとり》に臥死ぬ。是に、路頭の家、乃ち謂《かた》りて曰はく、『何の故加人をして余路《あがあたり》に死なしむる』といひて、因りて死にたる者の友伴《ともがき》を留めて、強《あながち》に祓除《はらへ》せしむ。是に由りて、兄路に臥死ぬと雖も、其の弟収めざる者多し。復、百姓有りて、河に溺れ死ぬ。逢《みあ》へたる者、乃ち謂ひて曰はく、『何の故か我に溺れたる人を遇へしむる』といひて、因りて溺れたる者の友伴を留めて、強に祓除せしむ。是に由りて兄河に溺れ死ぬと雖も、其の弟救はざる者衆《おほ》し」とある。おそらくこの部分を云っているのであろう。

11頁＊＊餓鬼草紙《がきそうし》：地獄の餓鬼道世界を主題とした絵巻。「正法念処経」の説く、現世の「原因（所業）」に対する来世の「結果（応報）」が描かれている。平安時代末期から鎌倉時代初頭の不安定な動乱期の社会情勢を背景として、流行した六道思想を反映した「地獄草紙」などと共に製作されたものと考えられている。河本家に伝来し現在東京国立博物館に所蔵されている「餓鬼草紙」には欲色餓鬼、伺嬰児餓鬼、羅刹餓鬼、食糞餓鬼、疾行餓鬼、曠野餓鬼、食火餓鬼、塚間餓鬼、食吐餓鬼、食水餓鬼などが描かれている。

12頁＊スズメ島（雀島）：以下に記した雀島、雀磯などは手元にある『日本島嶼一覧』（財団法人日本離島センター編・発行、昭和五十一年三月）などによって拾い出したもので、五万分の一地形図などを丹念にみていくと、まだまだたくさんあるはずである。

	名称	所在地
1	雀島	岩手県釜石市鵜住居町室浜
2	雀島	秋田県秋田市飯島雀島
3	雀島	宮城県宮城郡七ヶ浜町吉田浜
4	雀島	宮城県本吉郡唐桑町津本
5	雀島	千葉県鴨川市磯村
6	雀島	千葉県安房郡天津小湊町小湊
7	雀島	千葉県安房郡富浦町多田良
8	雀島	千葉県いすみ市岬町津々ヶ浦（通称雀島）
9	雀岩	静岡県熱海市錦浦
10	雀島	三重県尾鷲市天満浦水地
11	雀島	三重県志摩郡志摩町越賀
12	雀島	和歌山県東牟婁郡太地町夏山
13	雀島	島根県隠岐郡西郷町中村
14	沖ノ雀島・地ノ雀島	広島県尾道市因島重井町市
15	雀磯	広島県豊田郡豊浜町大浜
16	雀礁（ハエ）	徳島県阿南市中林
17	雀岩	愛媛県西宇和郡保内町二見

18　雀碆（バヤ）　愛媛県西宇和郡瀬戸町大久
19　雀島　長崎県長崎市三和町（旧西彼杵郡三和町）（干潮時陸続き）
20　雀島　鹿児島県川辺郡笠沙町宇治向島
21　雀島　鹿児島県川辺郡坊津町栗野

13頁＊　一遍聖絵《いっぺんひじりえ》：一遍上人絵伝《いっぺんしょうにんえでん》ともいう。一二巻本。もと京都歓喜光寺に蔵されていたが、現在は藤沢の遊行寺にある。時宗の開祖一遍上人（延応元年～正応二年・一二三九～八九）の生涯を描いた絵巻で、一遍の死後、異母弟ともいわれる弟子の聖戒が絵師円伊をともない、上人の足跡を忠実にたどり、没後一〇年目にあたる正安元年（一二九九）に完成させたもので、絵はきわめて写実的で、北は陸奥江刺郡（岩手県）から南は大隅（鹿児島県）にいたる各地の風物がそれぞれの特長をとらえて描きわけられており、当時の民衆の生活や風俗をうかがうことのできる、きわめて史料価値の高いものだと評価されている。入水往生は第六巻にあぢさか入道の富士川入水の様が描かれている。

13頁＊＊　渡海入定《とかいにゅうじょう》：即身仏となっての衆生済度を目的に、小舟に乗って海の彼方にある観音浄土（普陀洛山）を目指して捨身行に出ることで、普陀洛（補陀洛）渡海という。普陀洛渡海は足摺岬や室戸岬、那珂湊などでも行われたという記録があるが、紀州熊野（那智勝浦）からの普陀洛渡海が最も知られており、『熊野年代記』によると貞観十年（八六八）から享保七年（一七二二）までの間に二〇回行われたという。

15頁＊　鎮魂伝《ちんこんでん》：江戸時代の国学者伴信友（安永二～弘化三年・一七七三～一八四六）によって弘化二年（一八四五）に著された宮中鎮魂儀礼を中心にした鎮魂祭の考証本。伴信友全集第二冊に収録。また『鎮魂伝　附宇知都志麻』（大岡山書店、昭和六年）もある。なお「魂結の緒」を盗まれたのは、三代実録、貞観二年（八六〇）八月二十七日の条の記事によるもので、これをうけて『鎮魂伝』には「…貞観二年は、清和天皇、いまだ幼くて、知食せる御世の始にて、其頃故ありて、極《きはめ》たる姧《かたま》しき意のすさびたる、悪人の出来て、天皇の御命を長からしめ奉らじとて、為《なせ》る凶悪態《まがわざ》なるべき事、決《うつな》し。さりけれど、御恙なく、その年より、なお十七年、御世知食して、陽成天皇に、御代を譲らせたまひにき」とある。醍醐天皇としたのは宮本先生の記憶違いであろう。

16頁＊長谷雄草紙《はせおぞうし》：平安初期の文人・紀長谷雄にまつわる絵巻物。民間説話として伝えられる笑話「鼻高扇」と共通する構成をもつ貴族の滑稽譚で、鎌倉から南北朝時代頃の作か。永青文庫蔵、重要文化財。

17頁＊おあむ物語：石田三成の家臣であった山田去暦《きょれき》の娘が、晩年、娘時代に体験した関ヶ原の戦い（一六〇〇）の際、立て籠もっていた大垣城での体験などをこどもたちに語り聞かせた話を筆録したもの。主人公は「おあんさま」となっており、仏門にはいって尼となったのであろう。正徳年間（一七一一～一七一六）の成立とされている。元和元年の大阪落城のとき、城中に在った菊という二十歳の女の体験を記した「おきく物語」、足軽などの下級兵の功名談などをあつめた「雑兵物語」とセットで岩波文庫に収められている。

18頁＊沖縄の風葬《ふうそう》：風葬は、遺体を崖や洞窟、樹上において風化を待つ葬法で、曝葬ともいう。世界各所に見られる。日本でもかつては行われていたであろうことは餓鬼草紙の絵などによって知られる。沖縄、奄美地方で行われていた風葬は、大きくわけて二種類あった。一つは「グショー（後生）」などと呼ばれる特定の洞窟や山林に、莚に包むとか棺に入れるとかした遺体を安置して風化させ、白骨化した後に洗骨して村墓と呼ばれる共同の納骨所に納めるやりかたと、亀甲墓や破風墓の中に棺を一定期間安置した後に洗骨を行い、厨子甕などに入れて納骨所に納める方法である。洗骨する時期は、門中墓では次の死者が出たとき行うという場合が多いが、後まで風葬をおこなっていた久高島では、十二年で一巡する寅年におこなっていた。琉球王朝時代は王族や士族以外の者が墓を持つことは原則として禁じられていたため、大多数の庶民は前者の方式で弔われていたが、明治以降は士族に倣った亀甲墓などが一般にも広がり、後者の葬法が主流になる。

19頁＊　経文を書いた頭骨：『鎌倉材木座発見の中世遺跡とその人骨』（日本人類学会編、岩波書店、一九五六）としてまとめられている鎌倉材木座の中世遺跡から出土した頭骨のことであろう。材木座遺跡の発掘は、昭和二十八年（一九五三）五月、十月および昭和三十一年三～四月と三回にわたって東京大学理学部人類学教室主体で行われ、合計九一〇体の人骨が出土している。これらの夥しい人骨は元弘三年（一三三三）五月に行われた新田義貞による鎌倉攻めの戦闘による戦没者を主とするものだとされており、戦後、長時間放置され、散乱していたものを集めて、簡単な供養をほどこした後、穴に投げ込まれたものであろうと考えられている。中には頭骨に経文らしい文字を墨書したもの発見されている。当時さかんであった念仏宗（時宗）の僧侶たちが、後始末の一端をになっていたことをしめす藤沢遊行寺の他阿弥陀仏の手紙が知られている。

21頁＊　法然《ほうねん》上人《しょうにん》絵《え》伝《でん》：平安時代の終わりに浄土宗を開いた法然上人（長承二年～建暦二年・一一三三～一二一二）の伝記絵巻。知恩院に伝えられている四十八巻本は国宝となっている。法然上人は、長承二年に美作国の地方武士の家に生まれ、比叡山で修行し、浄土宗の開基となるが、旧仏教からの圧力によって讃岐国に流されるが、許されて都に帰り、建暦二年に亡くなるまで、京都にいて浄土の教えを広めた。

22頁＊　一遍聖絵：13頁の注参照

22頁＊＊　親鸞《しんらん》聖人《しょうにん》伝《でん》絵《え》：浄土真宗の開祖、親鸞（承安三年～弘長二年・一一七三～一二六二）の伝記絵巻。初稿本は、

永仁三年（一二九五）に親鸞の曾孫で本願寺第三世の覚如が詞を撰述し、絵を浄賀法眼に描かせた一三段からなるものであるが、建武三年（一三三六）の戦火で焼失し、康永二年（一三四三）に書き直される。このとき詞を一三段から一五段に増補している。

22頁＊＊＊ おんぼう（隠亡）：屍体の埋葬・火葬または墓守を業とする者。隠坊・御坊・穏墓・熅坊・煙亡などとも書く。古くから魂のぬけ殻である屍体はけがれたものと考えられており、死のけがれは忌まれるものであったから、古代律令制のもとでは屍体の取扱いや墓所の番人などは守戸や陵戸などの特殊な民がおかれていたが、令制のゆるみにつれて、声聞師《しょうもんじ》、三昧聖《さんまいひじり》、茶筅《ちゃせん》、鉢屋（鉢叩き）などのオンボウ（御坊）とよばれる半僧形者が、埋葬や火葬などにあたることが多くなる。しかしこれらの御坊のいない多くの村方では、村人が順次穴掘りや棺かつぎなどの役をつとめ、それをオンボ、オンボウとなどといっている。

24頁＊ 檀家《だんか》：浄土真宗では、他宗でいう檀家にたいして、門徒《もんと》という言葉を用いており、檀家とはいわない。また、戒名は法名といっている。ちなみに浄土真宗を門徒宗と俗称する。

25頁＊ 道場《どうじょう》：ここでいう道場は浄土真宗の念仏道場のことである。外観は普通の民家とほとんど変わらないが、正面に向拝、内部には内陣が設られており、仏壇には阿弥陀様の像、画幅などが飾られていて、講会などの行事をする規模をもった建物で、持主は有髪の俗人で、普段は他の村人とかわらず農業などをしているが、学問もあり経も読み葬式や法事もできる人である。こういう人を毛坊主といった。

江戸中期の旅行家である百井塘雨（〜寛政六年）は『笈埃随筆《きゅうあいずいひつ》』の中で飛騨国の毛坊主について次のように書いている。「当国にて毛坊主とて俗人でありながら、村に死亡の者あれば、導師となりて弔ふなり。訳知らぬ者は、常の百姓よりは一階劣りて縁組みなどせずと云へるは、僻事なり。此者ども、何れの村にても筋目ある長百姓として田畑の高を持ち、俗人とは云へども出家の役を勤むる身なれば、予め学問もし経文をも読み、形状・物体・筆算までも備らざれば人も帰伏せず勤まり難し。（中略）亡者の弔ひ、祖先の斎・非時をつとむ。居住の様子、門の構、寺院に変わることなし。葬礼・斎・非時には麻上下を着して導師の勤を為し、平僧に准じて野郎頭にて亡者を取置するは、辺鄙ながらいと珍らし。是れ深山幽谷にして六七里の間に寺院無く、道義高徳の出家なれば、往古より此の如く至りしと覚ゆ。若し兄弟あれば、総領は名主問屋を勤役して、弟は同居しながら寺役を為せり」。毛坊主が自分の家を道場としていたことがこれでわかる。塘羽は同様なものが遠江・三河・美濃・河内にもあるようだと書いているが、それだけではなく真宗門徒地帯には全域に道場があった。道場から寺格を得て寺になったものが真宗寺院には少なくない。

26頁＊　念仏一遍：親鸞の語録である『歎異抄』第五条に「親鸞は父母の孝養のためとて、一辺にても念仏もうしたること、いまだそうらわず。そのゆえは、一切の有情は、みなもって世々生々の父母兄弟なり。いずれも、この順次生に仏になりて、たすけそうろうべきなり。……」とある。

28頁＊　雑修雑行：本願寺八世蓮如が真宗における信仰の在り方を示すために作成した改悔文《がいけもん》に「もろもろの雑《ぞう》行《ぎょう》雑修《ざっしゅ》自力のこころをふりすてて、一心に阿弥陀如来、われらが今度の一大事の後生、御たすけ候へとたのみまうして候ふ。たのむ一念のとき、往生一定《おうじょういちじょう》御たすけ治定《じじょう》と存じ、このうへの称名《しょうみょう》は、御《ご》恩報謝《おんほうしゃ》と存じよろこびまうし候ふ。この御ことわり聴聞《ちょうもん》申しわけ候ふこと、御開山聖人《ごかいさんしょうにん》御出世の御恩、次第相承《しだいそうじょう》の善知識のあさからざる御勧化《ごかんげ》の御恩と、ありがたく存じ候ふ。このうへは定めおかせらるる御掟《おんおきて》、一期をかぎりまもりまうすべく候ふ」とある。なお「改悔文」というのは真宗大谷派の呼び方で、本願寺派では「領解文《りょうげもん》」と呼んでいる。

34頁＊　仏崎《ほとけざき》：参考までに各地の仏崎を挙げる。

大分県大分市田ノ浦仏崎
長崎県長崎市永田町仏崎（外海町仏崎）
長崎県五島市玉之浦町玉之浦仏崎
佐賀県唐津市鎮西町馬渡島仏崎
熊本県上天草市十三仏崎
熊本県飽託郡河内町河内仏崎（現熊本市河内町）
愛媛県新居浜市仏先（仏崎）
愛媛県西条市仏崎
徳島県牟岐町仏崎
広島県呉市蒲刈町向 仏ヶ崎（下蒲刈）
和歌山県那智勝浦町仏崎
横須賀市鴨居観音崎はもと仏崎という
新潟県佐渡市羽二生仏崎（旧佐和田町）
青森県深浦町　五能線仏崎トンネル

福岡県糸島市志摩芥屋仏崎
長崎県松浦市塩浜免仏崎
長崎県南松浦郡新上五島町友住郷（頭ヶ島）仏崎
熊本県上天草市竜ヶ岳町樋島仏崎
熊本県天草市有明町楠甫蛤地区に仏崎観音あり
宮崎県日向市仏崎
愛媛県宇摩郡土居町天満仏崎
高知県垣生湾に仏崎
山口県長門市青海島仏崎
兵庫県洲本市五色町鳥飼浦仏崎（淡路島）
千葉県館山に仏崎　いま岩礁になる
新潟県岩船郡粟島浦村仏崎
岩手県釜石市唐丹町仏ヶ崎

34頁＊＊　死骨崎《しこつざき》

岩手県釜石市唐丹町死骨崎
岩手県大船渡市越喜来死骨崎

35頁＊　ヤボササン：萱瀬のヤボササンは祖霊神と記した石塔で、母が怪夢を見たので多良岳の行者にたずね、その指示によって先祖を祀ったのだという。ヤボササンは矢布佐・矢保佐・屋布佐・八房などの漢字を当てている。壱岐に多く、対馬や佐賀県にもある。藪神、ヤボガミなどとの関係が考えられる（総合日本民俗語彙）。

38頁＊　湯川秀樹《ゆかわひでき》：東京市麻布生まれ京都育ち。明治四十年～昭和五十六年（一九〇七～一九八一）。理論物理学者。中間子理論（陽子と中性子との間に作用する核力を媒介するものとして中間子が存在するという理論）の提唱によって昭和二十四年（一九四九）、日本人として初めてのノーベル賞を受賞者。理学博士。京都大学・大阪大学名誉教授。京都市名誉市民。

38頁＊＊　小川琢治《おがわたくじ》：和歌山県田辺市出身。明治三年～昭和十六年（一八七〇～一九四一）。地質学者、地理学者。京都帝国大学教授。著書『台湾諸島誌』（東京地学協会、一八九六）、『支那歴史地理研究』『支那歴史地理研究続集』（弘文堂、一九二八・一九二九）、『支那古代地理学史』（岩波書店、一九三三）、『数理地理学』（宇宙物理研究会、一九四八）など。

38頁＊＊＊　内田寛一《うちだかんいち》：佐賀県呼子出身。明治二十一年～昭和四十四年（一八八八～一九六九）。地理学者。日本における歴史地理学の開拓者。東京教育大学名誉教授。著書『郷土地理研究』（雄山閣、一九三三）、『初島の経済地理に関する研究』（中興館、一九三四）、『近世農村の人口地理的研究』（帝国書院、一九七一）など。

38頁＊＊＊＊　足立文太郎《あだちぶんたろう》：静岡県伊豆出身。慶応元年～昭和二十年（一八六五～一九四五）。解剖学者、人類学者。軟部人類学、とくに日本人を対象とした解剖学研究の先駆者。第三高等学校教授を経て、京都帝国大学医学部教授。大阪高等医学専門学校（現大阪医科大学）の初代校長。筋の異常の統計学的研究、諸民族の体臭と耳垢についての遺伝学的・組織学的研究などで知られる。

38頁＊＊＊＊＊　喜田貞吉《きたさだきち》：徳島県那賀郡櫛渕村（現小松島市）出身。明治四年～昭和十四年（一八七一～一九三九）。歴

史学者。考古学、民俗学も取り入れ独自の歴史研究をおこなう。東京帝国大学講師、京都帝国大学教授、東北帝国大学講師、宮城県女子師範学校講師など歴任。明治三十二年（一八九九）、日本歴史地理研究会（後の日本歴史地理学会）を結成し、雑誌『歴史地理』を発刊し多くの論考を寄稿する。大正八年（一九一九）個人雑誌『民族と歴史』（後の『社会史研究』）を創刊。『社会史研究』は大正十二年終刊となるが、「特殊部落研究号」や「福神研究号」、「憑物研究号」などを刊行し、学会に大きな刺激を与えた。『歴史地理』や『民族と歴史』などを中心に独自の日本民族成立論を展開し、日本民族の形成史について歴史学・考古学の立場から多くの仮説を提示した。主要な著作は『喜田貞吉著作集』全一四巻（平凡社）にまとめられている。

39頁＊　浜田《はまだ》耕作《こうさく》：大阪府岸和田市出身。明治十四年～昭和十三年（一八八一～一九三八）。号は青陵《せいりょう》。考古学者。東京帝国大学史学科美術史専攻。大正十四年（一九二五）原田淑人らと東亜考古学会創立、「日本近代考古学の父」と呼ばれている。昭和十二年、京都帝国大学総長に就任。主な著作『通論考古学』（一九二二）、『百済観音』（一九二六）、『考古学入門』（一九四一）、『東亜考古学研究』（一九四三）、『青陵随筆』（一九四七）など。

39頁＊＊　清野《きよの》謙次《けんじ》：明治十八年～昭和三十年（一八八五～一九五五）。京都帝国大学教授等。医学者、人類学者、考古学者。生体染色法の応用で組織球性細胞系を発見した病理学の世界的第一人者となり、その業績により大正十一年（一九二二）帝国学士院賞を受賞。後に古代人骨を計測して日本人種研究をおこない、一九二六年に発表した「津雲石器時代人はアイヌ人なりや」などによって、アイヌと現代日本人の共通の祖先が長い混血の歴史を経て形質上の変化を遂げてきたとする原日本人説を唱え、日本の石器時代人についてアイヌ説を唱える小金井良精と対立論争におよぶ。主著に『古代人骨研究に基づける日本人種論』など多数。

41頁＊　小金井《こがねい》良精《よしきよ》：新潟県長岡市出身。解剖学者・人類学者。安政五年～昭和十九年（一八五九～一九四四）。東

京医学校（東大医学部の前身）卒業後ドイツに留学し解剖学、組織学研究。明治二十二年（一八八九）から東京帝国大学医学部教授。明治二十六年から二十九年まで東京帝国大学医科大学学長をつとめ、明治二十六年には日本解剖学会を創設。明治二十一・二十二年に坪井正五郎らと、北海道でアイヌ墓地を発掘し一六六の頭骨と副葬品を持ち帰り、その骨格を調査し、それに基づいて日本石器時代人はアイヌであるとし、坪井正五郎のコロボックル説を批判したが、原日本人説を唱える清野謙次からは批判された。

45頁＊ 醍醐天皇：15頁「鎮魂伝」の注参照

48頁＊ 木津の惣墓：惣墓（そうばか・そうぼ）は大和・山城・河内・和泉など畿内の平野部に見られる古くからの共同墓地。墓郷とよばれる数ヵ村から十数ヵ村の人が共同で使用するもので、中世農民の自治的な共同組織である惣（惣村）の発達する十五世紀末から十六世紀に確立したと考えられている。五輪塔・十三重塔・笠塔婆など大きな総供養塔を中心に個々の墓が立ち並び、墓寺・斎場・火屋（火葬場）などが設けられ、入口などに六地蔵が置かれていることが多い。惣墓は変化しながらも二十世紀まで続いている。木津の惣墓は、昭和五年頃悉皆調査をおこなった坪井良平（一八九七〜一九八四）は三三〇五基の墓標を確認している（坪井良平「山城木津惣墓墓標の研究」（『考古学』10-5））。しかし、これらの墓標は、墓地整理事業によって移転されてしまい、現在は総供養塔の大五輪塔だけになっている。この大五輪塔は、鎌倉時代の正応五年（一二九二）の造立銘があり、ほかに永仁四年（一二九六）と永禄五年（一五六二）の追銘もある。鎌倉時代の造立銘のある貴重な五輪塔として重要文化財に指定されている。

58頁＊ 風俗問状答《ふうぞくといじょうこたえ》：江戸時代後期、文化十年（一八一三）頃、幕府の御家人で右筆《ゆうひつ》として勤め、国学者でもあった屋代弘賢《やしろひろかた》（宝暦八年〜天保十二年・一七五八〜一八四一）が、年中行事を中心とする風俗に関する一三一項目の質問を木版刷りにして全国各地に送付した。それが風俗問状であり、それに対する答書が風俗問状答である。弘賢が問状を発送した目的は、彼も編纂に関わっていた『古今要覧稿』の資料集めではなかったかと推測されているが、答書がまとめられ資料として使用された形跡はない。内閣文庫などで散見する答書によって、それが民俗の通信調査として先駆的な価値を持つものであることを知った柳田国男は、未発見の答書の発掘を呼びかけ、それに応じて各地に埋もれていた答書が見出される。現在『諸国風俗問状答』として二四点が『日本庶民生活資料集成』第九巻・風俗（平山敏治郎・竹内利美・原田伴彦編、三一書房、一九九年九月）に集められている。「出羽国秋田領答書」は秋田藩の儒学者、那珂通博の手になるもので、これまでに知られている答書の中では最も詳細なものの一つである。

60頁＊　近江多羅尾の風俗書：滋賀県甲賀郡信楽町多羅尾（多羅尾村）の風俗問状答書で「近江国多羅尾村風俗問状答」として前掲『諸国風俗問状答』に収録されている。十文字に組んだ竹の尖端に松明をつけた高燈籠の図に、「青竹十文字の末に続松《たいまつ》を付す也」と詞書きあり。

61頁＊　渡海入定：13頁の注参照

62頁＊　ニライカナイ：ギライカナイともいう。奄美群島から沖縄諸島にかけての南島各地では、海の彼方、特に太陽が昇る水平線の彼方、あるいは海の底や地底にあると考えられている常世《とこよ》（理想郷）。そこから年ごとに神々が訪れて祝福をあたえるとか、五穀の種も元来そこからもたらされたとか伝承されている。豊饒や生命の根源であって、生者の魂はニライカナイからきて、死者の魂はまたそこに帰るとも考えられている。

63頁＊　風葬《ふうそう》：18頁の注、沖縄の風葬参照

63頁＊＊　岩倉市郎《いわくらいちろう》：鹿児島県喜界町（喜界島）阿伝出身の民俗学者。明治三十七年～昭和十八年（一九〇四～

一九四三）。中学校中退、大阪に出て働きながら懐徳堂に学ぶ。伊波普猷《いはふゆう》（一八七六〜一九四七）の勧めで南島方言の研究をはじめるが、病に冒され療養のために身を寄せた夫人の郷里、新潟県見附町ですぐれた昔話の伝承者に出会い、『加無波良夜譚』（後に『新潟県南蒲原郡昔話集』と改題）を昭和七年に刊行。それから昔話の採集、研究に本格的に取り組み、喜界島・沖永良部島・甑島などの昔話集をまとめる。昭和九年には澤田四郎作らと大阪民俗談話会創設に参画するが、翌十年七月、東京に移り渋沢敬三の主宰するアチックミューゼアムの研究員となるも、再び発病、喜界島に帰る。帰郷にあたって詳細な『喜界島生活調査要目』を作成し、療養のかたわら調査をおこない、『阿伝村立帳』『喜界島漁業民俗』『喜界島年中行事』などをまとめるが、広範多岐にわたる喜界島生活調査の完成を見ることなく三十九歳でその生涯を終えた。

87頁＊　十島状況録《じっとうじょうきょうろく》：『拾島状況録』は明治二十七年（一八九四）大島島司として奄美大島に赴任した笹森儀助《ささもりぎすけ》が、翌明治二十八年四月二十七日奄美大島を出発し、八月二十七日大島に帰着するまでの一二三日におよぶ川辺十島（トカラ列島）の巡回報告である。視察報告であるが単なるお座なりのものではなく、各島の実情、島民の生活状況についての綿密な実態調査報告である。著者の笹森儀助（弘化二年〜大正四年・一八四五〜一九一五）は青森県弘前出身の政治家、実業家、そして探検家で、当時ほとんど知られてなかった千島、沖縄、南西諸島を調査（探険）をおこない、『千島探険』『南島探験』などを自費出版している。政治家としては大島島司をつとめ、第二代青森市長もつとめている。なお『拾島状況録』と『南島探験』は『日本庶民生活史料集成』第一巻（探検・紀行・地誌―南島編）に収録されている。

88頁＊　琉球征伐《りゅうきゅうせいばつ》：慶長十四年（一六〇九）、薩摩藩主島津家久が幕府の命をうけて、琉球に出兵して尚寧王を捕え服属させる。これ以後、琉球は日明（清）両属の形をとることになる。宝島を含むトカラの島々からも命をうけて出兵している。

91頁＊　ワブとカラムシャ：ワブ（ワボ）＝死体を埋める埋葬地。カラムシャ（カラムショ）＝詣り墓。木坂では部落南方の保利山《ほりやま》の裏側のワボへ石こづみにして死体を埋めた。石碑は寺の方に建てている。今はワボにも石碑が林立している。（井之口章次「葬制」（『対馬の自然と文化』）より）

151頁＊　四句の文言：四句からなる偈《げ》の文句のことで、涅槃経の雪山偈、「諸行無常《しょぎょうむじょう》」「是生滅法《ぜしょうめっぽう》」「生滅滅《しょうめつめつ》已《い》」「寂滅為楽《じゃくめついらく》」などがその代表的なものであろう。

188頁＊　萩奥の村の調査：阿武川ダム建設にともなって昭和四十三・四十四年におこなわれた山口県阿武郡川上村・福栄村の民俗資料緊急調査。『阿武川の民俗』（山口県教育委員会編、昭和四十五年三月）はその成果報告書、墓石の調査は岡本定がおこない、その報告「信仰（有形）」中に「絶家・離村者の墓碑」の一項がある。

192頁＊　日田大蔵氏：古代日田地方を支配していた日下部氏に代わって、仁寿三年（八五三）大蔵永弘が日田郡司となり、以来嘉吉四年（一四四四）まで大蔵氏が日田地方を支配する。大蔵氏の出自については諸説あり明確ではないが、永弘が日田大蔵氏の始祖とされている。

192頁＊＊　幸地腹の門中墓：幸地腹の門中墓についてウィキペディアの門中の項に「門中墓の一例として」以下のように記されている。「日本最大の墓といわれている。当門中の一族は、平成二十四年現在三、四三六人（門中名簿登録者）を擁しており、一族のほぼ全員の共同墓となっている。十七世紀の半ばには、それまでの墓が狭くなっていたことから、一六八四年（貞享元年・康熙二十三年）に現在地に築造された。当初は亀甲墓であったが、昭和十年に琉球石灰岩を積み上げて造った現在の破風墓となった。墓地の面積は五、四〇〇平方メートルで、中央に本墓、前に四つの仮墓、東側に子供墓が配置されている。本墓内部は、右側奥部が当門中の納骨エリア（池と呼ばれている）となっており、左側が当初長女の嫁ぎ先門中（赤比儀腹門中）の池となっている。現代的にいえば「納骨堂」だが、碑名その他はない。

本墓（トーシー）と仮墓（シルヒラシ）があるのは、死去するとまず仮墓に葬られ、三年後に洗骨をして本墓内に安置するからである。八十歳以上のものや、門中に功労のあったものは、直接本墓に葬られる。現在、幸地腹門中だけで毎年三〇～三五体程が納骨されており、これまで五、〇〇〇体弱が納骨されていると推算される。門中墓の運営管理は宗家と役員が中心になっておこなうが、その費用は構成員家族の人数割分担金と家族単位の行事分担金によって賄われる。一家族あたりの負担金は年間五千円程度で、構成員は一門の伝統行事、正月、お盆、清明祭（シーミー）などに参加できる。構成員であれば宗教宗派にはとらわれない。二〇一六年一月には一般社団法人幸地腹門中として法人化された。（後略）」

なお、門中《もんちゅう》（琉球語：ムンチュー）は、始祖を同じくする父系の血縁集団のことで、十七世紀後半以降、琉球王府による士族の家譜編纂を機に士族階層を中心に沖縄本島中南部で発達し、本島北部や離島にも拡がったものである。また本島南部で腹（はら、ハル）というのも父系の血縁集団の呼称である。したがって「〇〇腹門中」は同意語の重複である。

199頁＊

出土貨幣《しゅつどかへい》：ここに掲げられている和同開珎ほかの出土銭五種は、奈良時代から平安時代中期にかけて鋳銭司によって鋳造され流通した皇朝十二銭にふくまれるもので、古墳築造の時期をしめす有力な資料となるものである。ちなみに皇朝十二銭の名称および鋳造年は以下の如くである。

和同開珎（わどうかいちん）　七〇八年（和銅元年）（わどうかいほう）

万年通宝（まんねんつうほう）　七六〇年（天平宝字四年）

神功開宝（じんぐうかいほう）　七六五年（天平神護元年）（じんこうかいほう）
隆平永宝（りゅうへいえいほう）　七九六年（延暦十五年）
富寿神宝（ふじゅしんぽう）　八一八年（弘仁九年）
承和昌宝（じょうわしょうほう）　八三五年（承和二年）
長年大宝（ちゅうねんたいほう）　八四八年（嘉祥元年）
饒益神宝（にょうやくしんぽう）　八五九年（貞観元年）（じょうえきしんぽう）
貞観永宝（じょうがんえいほう）　八七〇年（貞観十二年）
寛平大宝（かんぴょうたいほう）　八九〇年（寛平二年）
延喜通宝（えんぎつうほう）　九〇七年（延喜七年）
乾元大宝（けんげんたいほう）　九五八年（天徳二年）

199頁＊　スズメ島：12頁の注参照

207頁＊　餓鬼草紙《がきそうし》：11頁の注参照

210頁＊　菅原道真《すがわらみちざね》：承和十二年～延喜三年（八四五～九〇三）。宇多天皇、醍醐天皇に重用され右大臣にまで昇るが、延喜元年（九〇一）左大臣藤原時平の讒訴《ざんそ》にあって、大宰権師《だざいのごんのそつ》として大宰府に左遷され現地で没した。死後多発した天変地異が道真の祟りとしておそれられる。特に延長八年（九三〇）朝議中の清涼殿が落雷を受け多くの死傷者が出たことなどから、道真の怨霊は雷神と結びつけられ、その鎮めのために火雷神が祀られていた京都北野に北野天満宮が建立され、祟り封じの天神様として信仰され全国に広まる。しかし災害の記憶が風化するに従って、道真が生前優れた学者・詩人であったことから、学問の神として信仰されるようになる。

210頁＊＊　早良親王《さわらしんのう》：天平勝宝二年～延暦四年（七五〇～七八五）。光仁天皇の皇子、桓武天皇の同母弟。桓武天皇の即位と同時に皇太子となったが、藤原種継暗殺事件に関与したとして淡路に配流になり、その途中で憤死。その後、疫病の流行、洪水などの凶事があいつぎ、それらは何れも親王の祟りだとしておそれられ、鎮魂の儀式を執りおこない、桓武天皇はその怨霊を鎮めるため崇道天皇《すどうてんのう》の尊号を追贈し、その神霊を上御霊神社として祀った。

230頁＊　多磨墓地《たまぼち》：東京都府中市、小金井市にまたがる一二八万〇二三七平方メートルをしめる都立霊園で、日本初の公園墓地として関東大震災直前の大正十二年（一九二三）に開園した。当初は多磨墓地といったが昭和十年に多磨霊園と改称された。著名人の墓も多い。

230頁＊＊　小平霊園《こだいられいえん》：小平市、東村山市および東久留米市にまたがり、六五万平方メートル面積をもつ都立霊園。昭和二十三年（一九四八）開園。

233頁＊　小川義綏《おがわよしやす》：府中市分梅の出身。天保二年～大正元年（一八三一～一九一二）。慶応元年（一八六五）横浜に行って、ディビッド・タムソン宣教師の日本語教師になり、旧約聖書の和訳を手伝う中で、聖書に触れてキリスト教に入信し、明治二年（一八六九）洗礼を受ける。明治六年十月より日本最初の伝道旅行を始める。八王子で伝道を始めて、東京公会（現、日本基督教団新栄教会）、牛込教会、浅草教会、本郷明星教会を設立する。明治十一年十月、奥野昌綱と一緒に按手礼を受けて、日本最初のプロテスタントの牧師になる。

233頁＊＊　徳川好敏《とくがわよしとし》：明治十七年～昭和三十八年（一八八四～一九六三）。東京出身。清水徳川家第八代当主。男爵。陸軍中将。陸軍で航空分野を主導した。明治四十三年（一九一〇）十二月、軍公式の飛行試験で日本国内で初めて飛行機により空を飛ぶ。当時大尉。

234頁＊

青山墓地《あおやまぼち》：都立青山霊園。明治五年（一八七二）神葬祭墓地として美濃郡上藩主青山家の下屋敷址に開設され、明治七年九月から市民のための公共墓地となり、大正十五年（一九二六）斎場の建物すべてが東京市に寄付され、日本初の公営墓地となる。総面積二六万三〇〇〇㎡余。有名人の墓が多い。

236頁＊

青石塔婆《あおいしとうば》・板碑《いたび》：板碑のうち武蔵型板碑を青石搭婆という。これは秩父青石とよばれる秩父長瀞地域から産出される青緑色の緑泥片岩からつくられていることからの呼称である。

板碑は鎌倉時代から室町時代前期に集中して見られる石碑で、主として供養塔で、追善（順修）供養だけでなく逆修供養として立てられたものも少なくない。板石卒塔婆、板石塔婆とも呼ばれる。武蔵型板碑は数も多く、その典型的なものとされている。基本的な構造は、板状に加工した石材に梵字＝種子《しゅじ》や被供養者名、供養年月日、供養内容を刻んだものである。頭部に二条線が刻まれたものが多い。武蔵型板碑の他に、茨城県筑波山から産出する黒雲母片岩製の板碑を下総型、四国徳島の吉野川、鮎喰川流域から産出する緑泥片岩製の阿波型などが知られている。

237頁＊

徳蔵寺《とくぞうじ》：東京都東村山市諏訪町にある臨済宗大徳寺派の寺。多数の板碑が収蔵されている。今は板碑保存館を建てそこに収蔵しているが、もとは本堂におかれていた。本文にある元弘三年（一三三三）の板碑は、国の重要文化財に指定されている。その他、東村山市の文化財に指定されている延文四年（一三五九）の比翼碑（男女一対の逆修碑）などがある。この比翼碑は久米川町の墓地にあったものだという。徳蔵寺が収蔵している多数の板碑は、もとから徳蔵寺にあったものではなく、近在の道端や林中、墓地などに散在していたものが徳蔵寺に寄せられたことで散佚せず保存されたものである。

243頁＊

賽の河原地蔵和讃《じぞうわさん》：地蔵菩薩を讃嘆する地蔵和讃の一つで、少しずつ異なる一〇数種が知られている。ちなみに、和讃はサンスクリット語の梵讃、漢語の漢讃に対して、和語を用いて仏・菩薩、祖師・先人の徳、経典・教義などほめたたえる讃歌で、七五調の句を連ねて作られたものが多く、独特の旋律を付して朗唱される。声明の一種。次に掲げるのはその一例である。

これはこの世のことならず　死出の山路の裾野なる　さいの河原の物語　聞くにつけても哀れなり
二つや三つや四つ五つ　十にも足らぬおさなごが　父恋し母恋し　恋し恋しと泣く声は
この世の声とは事変わり　悲しさ骨身を通すなり
かのみどりごの所作として　河原の石をとり集め　これにて回向の塔を組む　一重組んでは父のため
二重組んでは母のため　三重組んではふるさとの　兄弟我身と回向して　昼は独りで遊べども
日も入り相いのその頃は　地獄の鬼が現れて　やれ汝らは何をする　娑婆に残りし父母は
追善供養の勤めなく　ただ明け暮れの嘆きには　酷や可哀や不憫やと　親の嘆きは汝らの
苦患を受くる種となる　我を恨むる事なかれと　くろがねの棒をのべ　積みたる塔を押し崩す
その時能化の地蔵尊　ゆるぎ出てさせたまいつつ　汝ら命短かくて　冥土の旅に来るなり
娑婆と冥土はほど遠し　我を冥土の父母と　思うて明け暮れ頼めよと　幼き者を御衣の
もすその内にかき入れて　哀れみたまうぞ有難き　いまだ歩まぬみどりごを　錫杖の柄に取り付かせ
忍辱慈悲の御肌へに　いだきかかえなでさすり　哀れみたまうぞ有難き　南無延命地蔵大菩薩

246頁＊

六地蔵《ろくじぞう》：地蔵菩薩の像を六体並べて祀ったもので各地に見られる。これは、全ての生命は六種の世界に生まれ変わりを繰り返すとする、仏教の六道輪廻の思想に基づき、六道のそれぞれを六種の地蔵が救うとする説から生まれたものである。六地蔵の個々の名称については一定していない。地獄道、餓鬼道、畜生道、修羅道、人道、天道の順に檀陀《だんだ》地蔵、宝珠地蔵、宝印地蔵、持地地蔵、除蓋障《じょがいしょう》地蔵、日光地蔵と称する場合と、それぞれを金剛願地蔵、金剛宝地蔵、金剛悲地蔵、金剛幢地蔵、放光王地蔵、預天賀地蔵と称する場合が多いが、以上のいずれとも異なる名称を挙げている文献もある。像容は合掌のほか、蓮華、錫杖、香炉、幢、数珠、宝珠などを持物とするが、持物と呼称は必ずしも統一されていない。（ウィキペディア）

247頁＊ 本地垂迹《ほんじすいじゃく》：神仏習合思想の一つで、日本の八百万の神々は、様々な仏が化身として日本の地に現れた権《ごん》現《げん》であるとする考えで、明治政府による神仏分離政策によって衰える。

『日本霊異記《にほんりょういき》』：正確には『日本国現報善悪霊異記』。弘仁十三年（八二二）頃成立。現存する日本最古の説話集で薬師寺の僧景戒の作。仏教思想の影響を受け、因果応報譚が多い。

248頁＊ 『今昔物語集《こんじゃくものがたりしゅう》』：平安時代末期成立と考えられている説話集。全三一巻だが、八・一八・二一の三巻が欠け、一〇四〇話が現存している。天竺（インド）、震旦（中国）、本朝（日本）の三部構成になっている。仏教説話と民間説話が和漢混淆文で記されている。作者不詳。

『宇治拾遺物語《うじしゅういものがたり》』：鎌倉初期の説話集。題名は『宇治大納言物語』（現存しない）からもれた話題の拾遺という意。一五巻、一九七話からなるが『今昔物語集』などの先行する説話集と重複する話が多い。『今昔物語集』とは八〇余話が重なっている。作者不詳。

『沙石集』（しゃせきしゅう・させきしゅう）：鎌倉時代中期、仮名まじり文で書かれた仏教説話集。一〇巻、一五〇話前後。臨済宗の僧、無住道暁（一二二六～一三一二）の編纂で、弘安六年（一二八三）成立とされているが、その後も絶えず加筆され、異本が多い。

262頁＊　平野の兵隊墓の墓碑銘（周防大島文化交流センター［宮本常一記念館］調査）：平野の共同墓地の兵隊墓は、写真に見えるものが前列左10基（A）・同右8基（B）、中列左8基（C）・右7基（D）、奥（中列右の後）に7基（E）の40基が集中して建てられており、その他2基（F）が墓地中に散在している。散在する2基は日露戦争（明治三十八年）による戦死者である。調査では墓碑銘をすべて筆写して下さっているが、ここでは没年月日、死亡地・事由、年齢、位階、氏名、建立年のみを記し、建立者名等は省略した。

NO	死亡年月日	死亡地・事由	位階	氏名	年齢（建立年）
A-1	昭和十九年十一月十四日	ニューギニヤイドレ・戦死	陸軍兵長	古下忠芳	二十四歳
A-2	昭和二十年八月十七日	柳井陸軍分院・広島原爆負傷	陸軍上等兵	岡部吉夫	二十二歳
A-3	昭和二十年十一月二日	満州拉古第八陸軍病院・戦傷死	陸軍一等兵	金沢　恵	四十四歳
A-4	昭和二十年一月七日	ニューギニヤヌルホン島・戦死	陸軍伍長	魚谷　工	二十五歳
A-5	昭和二十年二月二十六日	比島マニラヌネタ海岸・戦死	陸軍兵長	為西明治	三十九歳
A-6	昭和二十年六月十九日	比島リザール州レイハン・戦死	陸軍伍長	山崎　博	
A-7	昭和二十年十二月四日	中支安徽省固鎮・戦死	陸軍上等兵	為崎吉一	二十一歳
A-8	昭和二十年十一月二十六日	シベリヤサボフツイ・戦死	陸軍兵長	丸子忠経	三十四歳
A-9	昭和二十年二月十日	南太平洋メレヨン島・戦死	陸軍兵長	坂本仁三郎	三十七歳
A-10	昭和二十年四月二十日	マーシャル群島ミレー島・戦死	陸軍兵長	安富　登	
A-10	昭和二十年八月十二日	昭和二十年八月六日広島空襲にて・戦死	陸軍上等兵	安富　勝	
B-1	昭和二十一年九月五日	朝鮮平安南道平壌合里病院	陸軍軍曹	中原謙亮	三十八歳

B-2　昭和二十年十二月十五日　ソ連スーチャン収容所・公務病死　海軍技術兵長　田村進　二十六歳

B-3　昭和二十年六月二十九日　呂宋島リサール州モンタルバン・戦死
陸軍兵長　塩浦　実　三十五歳（昭三十五年五月建立）

B-4　昭和二十五年九月二十日　シベリアシワキ抑留・戦病死
陸軍兵長　村田源八　三十歳（昭三十五年五月建立）

B-5　昭和二十年一月三十日　レイテ島オルモック・戦死　陸軍伍長　亀川幸男　二十五歳

B-6　昭和二十年十月二日　海南島方面・戦病死
海軍二等兵曹　竹内益夫　二十三歳（第一三期海軍航海学校・昭二十年卒）

B-7　昭和十九年十二月三十一日　南洋パラオ諸島ペリリュー島・戦死　海軍一等兵曹　大田三夫　二十四歳

B-8　昭和二十年六月十九日　沖縄本島大里・戦死　陸軍兵長　岡本敏郎　三十二歳

C-1　昭和二十年五月十日　フィリッピン・戦死　海軍一等兵曹　浜田源三　二十五歳

C-2　昭和二十一年七月六日　ハバロフスク病院・戦病死　陸軍兵長　為水之信　三十八歳

C-3　昭和二十年八月十二日　ボルネオ方面・戦死
陸軍上等兵　為下之雄　二十八歳（昭和四十三年八月建立）

C-5　昭和十六年九月三日　戦死　陸軍奉幣上等兵　亀下重之　二十五歳（昭和四十六年七月建立）

C-6　昭和二十年四月二十八日　緬甸《めんでん》国ペグー県ペグー郡パヤガン村・戦死〔緬甸国＝ビルマ：ミャンマー〕
陸軍兵長　田中　一　二十三歳（昭和五十二年四月建立）

C-7　昭和十九年一月十四日　ルソン島アペヤオ方面・戦死　陸軍上等兵　川端信一　三十四歳

C-7　昭和十九年三月四日　岩国海軍病院・病死　海軍二等兵曹　川端幸信　二十七歳

C-8　昭和二十年六月十九日　沖縄・戦死　陸軍伍長　杉山辰雄　二十八歳

D-1　昭和十八年八月三日　中支鎮江・戦死　陸軍一等兵　沖尾建治　三十七歳

D-2　昭和十八年六月二十八日　湖北省・戦死　陸軍上等兵　布崎倉一

D-3　昭和十八年三月三日　西南太平洋ニューギニヤ島海上・戦死　陸軍軍属尉官待遇　吉岡行根

D-4　昭和十七年十二月六日　ニューギニアノーザン州バサゴア・戦死　陸軍伍長　岡山忠治

D-5　昭和二十年八月六日　広島市第一三九部隊内・戦死　陸軍上等兵　綿森甚一

D-5　昭和十七年九月四日　東支那海・戦死　海軍二等整備兵　綿森四郎

D-6　昭和十七年七月十五日　戦死　中野栄之（昭和三十三年三月建立）

D-7　昭和十七年十月十四日　南方ビスマルク諸島付近・戦死
海軍軍属　笹川武夫　二十三歳（昭和四十一年八月建立）

E-1　昭和十二年九月二十九日　北支察哈爾（チャハル）省霍邱県山西省繁崎県境界長城線付近鶏子・戦死
陸軍歩兵伍長　古林治人　二十七歳（昭和十四年二月建立）

E-2　昭和十三年十一月九日　広東攻略戦・戦病死
陸軍歩兵伍長　室中毎樹　三十歳（昭和十六年九月建立）

E-3　昭和十四年二月十一日　中国海拉爾（ハイラル）戦傷死
陸軍工兵上等兵　笹川光雄　二十三歳（昭和十六年五月建立）

E-4　昭和十四年十二月二十六日　広西省賓陽県崑崙関付近・戦死

陸軍歩兵伍長　吉川義徳　二十三歳（昭和十七年二月建立）
E-5　昭和十四年十二月二十四日　広西省南寧県呉村墟西南那良付近・戦死
陸軍歩兵上等兵　布崎利金　二十二歳（昭和十六年五月建立）
E-6　昭和十五年八月二十四日　湖北省宜昌（ギショウ）・戦病死
陸軍歩兵上等兵　有木惣作　二十二歳（昭和十六年十一月建立）
E-7　昭和十六年十月十二日　中支湖北省當陽県蕭家・戦死　陸軍伍長　竹中　博　二十四歳
F-1　明治三十八年三月九日　奉天付近・戦死　陸軍歩兵上等兵　矢野政徳
F-2　明治三十八年三月六日　清国盛京省沙坨子・戦死　陸軍歩兵一等兵　竹本新蔵

273頁＊　念仏宗《ねんぶつしゅう》：ここでいう念仏宗は、浄土宗、浄土真宗、時宗、融通念仏宗など阿弥陀仏を信仰し、念仏によって極楽往生を願う宗派の総称である。

283頁＊　雲林院《うりんいん》の講《こう》：雲林院の菩提講のこと。京都市紫野にある臨済宗の寺院である雲林院は、平安から鎌倉時代までは天台宗の官寺として栄えた寺で、五月におこなわれる菩提講は有名で多くの人が参集し、講説を聞くだけでなく、お籠もりをし、語りあったのであろう。四鏡の一つである『大鏡』は、雲林院の菩提講で大宅世継（百九十歳）と夏山繁樹（百八十歳）という長命な二人の老人が、藤原道長の栄華を軸にして語りあうのを若侍が批評するという対話形式で書かれているのである。ちなみに菩提講は日本国語大辞典には「極楽往生を求めるために、法華経を講説する法会」とある。

285頁＊　菅江真澄《すがえますみ》：本名白井秀雄、宝暦四年～文政十二年（一七五四～一八二九）。三河国牟呂村公文（現豊橋市牟呂公文町）生まれ。天明三年（一七八三）、三十歳の時、何らかの事情あって郷里を出奔し、信濃、越後、東北各地、蝦夷地（北海道）をまわって、晩年は久保田（秋田）藩の地誌作成にたずさわり、藩内を巡歴中、神代村梅沢（現仙北市田沢湖梅沢）で病に倒れ、そこで亡くなる。墓は秋田市寺内にある。菅江真澄は「真澄遊覧記」と総称される膨大な旅日記、紀行文を残しており、『菅江真澄全集』全一二巻＋別巻一冊（内田武志・宮本常一編、未来社）として刊行されている。なお「奥の浦うら」は寛政五年（一七九三）四月はじめから六月末まで、下北半島の村々をまわった時の旅日記である。

291頁＊田橋君：田橋弘行《たばしひろゆき》：昭和九年（一九三四）長崎県富江町生まれ。宮崎大学卒、福江町農協勤務。昭和三十六年（一九六一）派米農業実習生としてカリフォルニア州で一年間研修。昭和四十八年農業法人「田橋牧場」を設立して肉牛中心の畜産経営、平成二年から野菜作りを目指して田橋農園も開園するが、平成四年に法人を解散し、平成六年（一九九四）長野県に移住する。二〇一二年には長野市川中島町に本部をおく特定非営利活動法人どんぐり福祉会の専任技術指導官として蔬菜栽培の指導をおこなっている。著書に『海から見た信州』（信毎書籍出版センター、二〇〇〇年）がある。

あとがき　―日本の葬儀と墓

田村善次郎

本書は、先に刊行した『日本の人生行事―人の一生と通過儀礼』（八坂書房、二〇一六年七月）に続くものである。前書では紙数のこともあって積み残した「葬送・墓制」に関連する論考と調査報告のアンソロジーである。したがって本書は『日本の人生行事―人の一生と通過儀礼』《その二》ということになる。編集に当たっての姿勢は前著と同じであるから、それについては前書の「まえがき」をご覧いただきたい。

本書は「葬儀と埋葬」と「墓地と墓石」の二部構成として編集した。前半第一部は前書と同じく、各地の調査事例を中心にしたものであるが、前書にくらべると総論にあたるような論考がいくぶん多く、そこで取りあげている事例が調査事例と重なるものが少なくないが、それはフィールド調査をもとにして考察をすすめる場合の当然のこととして、手を加えてはいない。また総論的な論考には、議論の繰り返し、重複がいくつか目につくけれども、それは先生の考察の基本にあたる部分のように思える。

第二部の「墓地と墓石」は前書の「まえがき」に記したように、先生の写真の中から関連する写真を抜きだして、どちらかといえば写真を主として編んでみたいと考えていたのであるが、結果はご覧のごとくである。

ともあれ、このために、宮本常一記念館（周防大島文化交流センター）の山根一史、高木泰伸両氏には、多くの時間を割いていただくことにことになった。編者の勝手な趣旨をご理解いただき全面的なご協力をいただいた山根、高木両氏と文化交流センターに、この場を借りて感謝を申しあげる。

なお、三一五頁に掲げた「平野の兵隊墓の墓碑銘」は、周防大島文化交流センター調査のものである。ここに記して感謝の意としたい。

調査地の市町村名　調査時（調査年月）と現在

沖縄県渡久地（昭和四十四年十月一日）
　沖縄県国頭郡本部町渡久地
現：沖縄県国頭郡本部町渡久地

沖縄県糸満（昭和四十四年九月二十七日）
　沖縄県島尻郡糸満町
現：糸満市（昭和四十六年市制施行）

鹿児島県宝島（昭和十五年五月十八日～六月四日）
　鹿児島県大島郡十島村宝島
現：鹿児島県鹿児島郡十島村宝島

鹿児島県屋久島（昭和十五年一月二十七日～二月十日）
　鹿児島県熊毛郡上屋久村宮之浦・小瀬田・吉田・一湊
現：熊毛郡屋久島町
　下屋久村安房・麦生村
現：熊毛郡屋久島町

鹿児島県佐多村・内之浦町（昭和十五年二月十一日～十七日）
　鹿児島県肝属郡内之浦町大浦
現：肝属郡肝付町岸良大浦

鹿児島県長島（昭和三十八年三月十・十一日）
　鹿児島県出水郡長島町・東町
現：鹿児島県出水郡長島町

長崎県対馬（昭和二十五年七月九日～八月十九日）
　長崎県厳原町曲＝長崎県下県郡厳原町曲
現：対馬市厳原町曲
　長崎県豆酘村豆酘＝長崎県下県郡豆酘村豆酘
現：対馬市厳原町豆酘

長崎県峰村木坂＝長崎県上県郡峰村木坂　現：対馬市峰町木坂
長崎県仁田村久原＝長崎県上県郡仁田村久原　現：対馬市上県町久原
長崎県佐須奈村恵古＝長崎県上県郡佐須奈村恵古　現：対馬市上県町佐須奈恵古
長崎県仁位村千尋藻＝長崎県下県郡仁位村千尋藻　現：対馬市豊玉町千尋藻
長崎県船越村濃部＝長崎県下県郡船越村濃部　現：対馬市美津島町濃部
長崎県船越村鴨居瀬＝長崎県下県郡船越村鴨居瀬　現：対馬市美津島町鴨居瀬

長崎県宇久島（昭和二十七年六月四日〜九日・昭和三十七年八月十・十一日）
　長崎県北松浦郡宇久町　現：佐世保市宇久町

長崎県頭ヶ島（昭和三十七年八月十二日）
　長崎県南松浦郡有川町頭ヶ島　現：長崎県南松浦郡新上五島町

長崎県鯛ノ浦（昭和三十九年五月十七日）
　長崎県南松浦郡有川町鯛ノ浦郷　現：長崎県南松浦郡新上五島町鯛ノ浦郷

長崎県福江島富江（昭和三十七年八月十四・十五日）
　長崎県南松浦郡富江町　現：五島市富江町

長崎県妻ヶ島（昭和三十七年八月七日）
　長崎県壱岐郡石田村妻ヶ島　現：壱岐市石田町妻ヶ島

大分県日田市（昭和四十三年八月二日）　現：同　上

大分県弥生町（昭和三十九年二月七・八日）

大分県南海部郡弥生村　現：佐伯市弥生
福岡県脇山村（昭和二十一年四月・九月）
福岡県早良郡脇山村　現：福岡市早良区脇山
愛媛県伯方島（昭和三十二年八月二十八日）
愛媛県越智郡伯方町　現：今治市伯方町
香川県与島（昭和四十七年八月十五日）
香川県坂出市与島町　現：坂出市与島町
山口県見島（昭和三十五年八月一日～七日、三十六年八月三十一日～九月六日、三十七年八月二十九日～九月五日）
山口県阿武郡見島村　現：萩市見島
山口県上関村八島（昭和二十六年四月十六日～二十六日）
山口県熊毛郡上関村八島　現：熊毛郡上関町八島
山口県久賀町（昭和二十七年八月、二十八年一月）
山口県大島郡久賀町　現：大島郡周防大島町久賀
山口県高根村向垰（昭和十四年十二月一日～三日）
山口県玖珂郡高根村向垰　現：岩国市錦町宇佐郷（向垰）
広島県百島（昭和四十九年十二月十四日）
広島県沼隈郡百島村　現：尾道市百島町
岡山県白石島（昭和三十七年八月二十四日）

岡山県笠岡市白石島　現：笠岡市白石島
島根県匹見上村三葛（昭和十四年十一月三十日〜十二月一日）
島根県美濃郡匹見上村三葛　現：益田市匹見町紙祖三葛
島根県田所村鱒淵（昭和十四年十一月二十一日〜二十三日）
島根県邑智郡田所村鱒淵　現：邑智郡邑南町鱒淵
島根県片句浦（昭和十四年十一月十八日〜二十日）
島根県八束郡恵曇村片句　現：松江市鹿島町片句
兵庫県鴨庄村（昭和二十一年二月十三〜十八日・四月・五月、二十二年二月十七〜二十二日）
兵庫県氷上郡鴨庄村　現：丹波市市島町（岩戸・戸平・上牧・南等）
兵庫県沼島（昭和十六年四月十六日〜十八日）
兵庫県三原郡沼島村　現：南あわじ市沼島
大阪府滝畑（昭和十一年二月〜十二月（六回））
大阪府南河内郡高向村滝畑　現：河内長野市滝畑
大阪府西能勢（昭和九年十二月二十二・二十三日）
大阪府豊能郡西能勢村　現：大阪府豊能郡能勢町
奈良県天川村、大塔村、十津川村（昭和十一年六月から十四年十月まで数次）
奈良県吉野郡天川村　現：同　上
奈良県吉野郡大塔村　現：五條市大塔町

奈良県吉野郡十津川村　　　現：同　上

京都府当尾村（昭和十四年六月二十四・二十五日）
京都府相楽郡当尾村　　　現：木津川市加茂町（森・岩船・西小等）

岐阜県石徹白（昭和十二年三月）
福井県大野郡石徹白村　　　現：岐阜県郡上市白鳥町石徹白

長野県黒川渡（昭和四十年六月十九・二十日・七月二十・二十一日）
長野県南安曇郡奈川村黒川渡　　　現：松本市奈川（黒川渡）

新潟県佐渡島（昭和三十四年八月、三十五年八月）　　　現：新潟県佐渡市

秋田県浅舞町（昭和二十一年～二十三年複数回）
秋田県平鹿郡浅舞町　　　現：横手市平鹿町浅舞

青森県川倉（昭和十六年七月）
青森県北津軽郡金木町川倉　　　現：五所川原市金木町川倉

青森県恐山（昭和三十八年八月二十日・三十九年七月二十二・二十三日）
青森県むつ市田名部宇曽利山　　　現：むつ市田名部宇曾利山

青森県尻労（昭和三十八年八月十四日）
青森県下北郡東通村尻労　　　現：青森県下北郡東通村尻労

『宮本常一　日本の葬儀と墓』収録論考　初出一覧

葬儀と埋葬

●死者の取扱い　『教育と医学』14巻5号　教育と医学の会　昭和四十一年五月

●真宗と民俗　「身辺の中にある歴史」3（『芸備地方史研究』37・38　芸備地方史研究会　昭和三十六年五月）＝著作集13『民衆の文化』（未来社　昭和四十八年二月）に収録

●埋葬地　『民間伝承』6巻8号　民間伝承の会　昭和十六年五月

●墓地と墓石の起源

貝塚にみる葬法　『中国風土記』45～50（中国新聞　昭和三十一年六月二十二日～二十八日）＝著作集29『中国風土記』（未来社　昭和五十九年四月）に収録

墓　地　『村の社会科』昭和書院　昭和二十四年八月：〈『日本の村』（筑摩書房　昭和二十八年五月）は『村の社会科』の改題〉＝著作集7『ふるさとの生活・日本の村』（未来社　昭和四十三年四月）に収録

墓石の起源　『學藝』5巻6号　秋田屋書店　昭和二十三年九月

●葬儀と埋葬事例

鹿児島県屋久島　『屋久島民俗誌』日本常民文化研究所ノート26　日本常民文化研究所　昭和十八年一月＝著作集16『屋久島民俗誌』（未来社　昭和四十九年五月）に収録

鹿児島県宝島　『宝島民俗誌・見島の漁村』（宮本常一著作集17）未来社　昭和六十二年一月

鹿児島県内之浦町大浦　『大隅半島民俗採訪録』慶友社　昭和四十三年十月＝著作集39『大隅半島民俗採訪録・出雲八束郡片句浦民俗聞書』（未来社　平成七年三月）に収録

長崎県対馬　『農漁村採訪録Ⅵ』対馬調査ノート1　周防大島文化交流センター　平成十九年八月・『農漁村採訪録Ⅶ』対馬調査ノート2　周防大島文化交流センター　平成十九年八月・『農漁村採訪録Ⅹ』対馬調査ノート5　周防大島文化交流センター　平成二十一年五月・『農漁村採訪録Ⅺ』対馬調査ノート6　周防大島文化交流センター　平成二十一年六月・「対馬豆酘の村落構造」（『日本民俗学会報』7・8・9　日本民俗学会　昭和三十四年六・八・十月）＝著作集11『中世社会の残存』（未来社　昭和四十七年六月）に収録

長崎県宇久島　『私の日本地図』5　五島列島　同友館　昭和四十三年十二月＝著作集別集『私の日本地図』5（香月洋一郎編　未来社　平成二十七年七月）に収録

長崎県頭ヶ島・ロクロ島　『私の日本地図』5　五島列島

長崎県妻ガ島　『離島の旅』人物往来社　昭和三十九年三月＝著作集35『離島の旅』（未来社　昭和六十一年十二月）に収録

福岡県脇山村　『村の旧家と村落組織Ⅰ』（宮本常一著作集32）未来社　昭和六十一年一月

愛媛県伯方島　『私の日本地図』6　瀬戸内海Ⅱ　芸予の海　同友館　昭和四十四年六月＝著作集別集『私の日本地図』6（香月洋一郎編　未来社　平成二十三年二月）に収録

山口県見島　『農漁村採訪録XVII』見島調査ノート　周防大島文化交流センター　平成二十七年三月・「見島に於ける漁村構造とその変遷」『見島綜合学術調査報告』山口県教育委員会　昭和三十九年三月＝著作集17『宝島民俗誌・見島の漁村』（未来社　昭和四十九年十一月）に収録

山口県八島　『農漁村採訪録XIV』周南諸島・室津半島ノート　周防大島文化交流センター　平成二十四年三月

山口県東和町長崎　「旅と伝説」6巻7号　三元社　昭和八年七月＝著作集40『周防大島民俗誌』（未来社　平成九年二月）に収録

山口県久賀町　『久賀町誌』山口県久賀町　昭和二十九年三月＝著作集40『周防大島民俗誌』に収録
山口県高根村向峠　『中国山地民俗採訪録』（宮本常一著作集23）未来社　昭和五十一年十月
広島県百島　『私の日本地図』6　瀬戸内海Ⅱ　芸予の海　同友館　昭和四十四年六月
島根県田所村鱒淵　『中国山地民俗採訪録』（宮本常一著作集23）
島根県匹見上村三葛　『中国山地民俗採訪録』（宮本常一著作集23）
島根県片句浦　『出雲八束郡片句浦民俗聞書』アチックミューゼアムノート22　アチック・ミユゼーアム　昭和十七年二月＝著作集39『大隅半島民俗採訪録・出雲八束郡片句浦民俗聞書』に収録
奈良県吉野西奥　『吉野西奥民俗採訪録』日本常民文化研究所ノート20　日本常民文化研究所　昭和十七年九月＝著作集34『吉野西奥民俗採訪録』（未来社　平成元年五月）に収録
兵庫県鴨庄村　『村の旧家と村落組織Ⅰ』（宮本常一著作集32）未来社　昭和六十一年一月
兵庫県淡路沼島　『農漁村採訪録Ⅻ』淡路沼島調査ノート　周防大島文化交流センター　平成二十三年二月
大阪府滝畑　『河内国滝畑左近熊太翁旧事談』アチックミューゼアム彙報23　アチック・ミューゼアム　昭和十二年八月＝著作集37『河内国滝畑左近熊太翁旧事談』（未来社　平成五年七月）に収録
大阪府西能勢　「西能勢地方の葬制」『上方』96号―続冠婚葬祭号　上方郷土研究会　昭和十三年十二月
京都府当尾村　「南山城当尾郷民俗聞書」『民族学研究』7巻4号　日本民族学会　昭和十七年六月＝著作集25『村里を行く』（未来社　昭和五十二年八月）に収録
岐阜県石徹白　『越前石徹白民俗誌』三省堂　昭和二十四年四月、刀江書院版　昭和二十六年三月＝著作集36『越前石徹白民俗誌・その他』（未来社　平成四年十月）に収録
秋田県浅舞町　『村の旧家と村落組織Ⅱ』（宮本常一著作集33）未来社　昭和六十一年九月

図説　墓地と墓石

●賽の河原と火葬場

賽の河原　（新潟県両津市願）『私の日本地図』7　佐渡　同友館　昭和四十五年二月＝著作集別集『私の日本地図』7（香月洋一郎編　未来社　平成二十一年八月）に収録・（青森県むつ市田名部恐山）『私の日本地図』3　下北半島　同友館　昭和四十二年十一月＝著作集別集『私の日本地図』3（香月洋一郎編　未来社　平成二十三年九月）に収録

火葬場　（新潟県佐渡市）『私の日本地図』7　佐渡　同友館　昭和四十五年二月・（山口県大島郡東和町）『私の日本地図』9　瀬戸内海Ⅲ　周防大島　同友館　昭和四十六年三月＝著作集別集『私の日本地図』9（香月洋一郎編　未来社　平成二十年七月）に収録

●墓地所見

埋め墓と詣り墓　（佐渡深浦）『私の日本地図』7　佐渡　同友館　昭和四十五年二月・（兵庫県鴨庄村）『村の旧家と村落組織Ⅰ』（宮本常一著作集32）未来社　昭和六十一年一月・（東京都府中市）『私の日本地図』10　武蔵野・青梅　同友館　昭和四十六年十一月＝著作集別集『私の日本地図』10（香月洋一郎編　未来社　平成二十年七月）に収録・（兵庫県沼島）『農漁村採訪録Ⅻ』淡路沼島調査ノート　周防大島文化交流センター　平成二十三年二月・（大阪府滝畑）『河内国滝畑左近熊太翁旧事談』アチックミューゼアム彙報23　アチック・ミューゼアム　昭和十二年八月

横穴墓　（沖縄県国頭郡渡久地）『私の日本地図』8　沖縄　同友館　昭和四十五年七月＝著作集別集『私の日本地図』8（香月洋一郎編　未来社　平成二十四年四月）に収録・（大分県日田市）『私の日本地図』11　阿蘇・球磨　同友館　昭和四十七年九月＝著作集別集『私の日本地図』11（香月洋一郎編　未来社　平成二十二

年七月）に収録
門中墓（沖縄県糸満市）『私の日本地図』8　沖縄　同友館　昭和四十五年七月
渚の古墳と石囲いの墓地（新潟県佐渡小野見）『私の日本地図』7　佐渡　同友館　昭和四十五年二月・（山口県見島）『私の日本地図』13　萩付近　同友館　昭和四十九年五月＝著作集別集『私の日本地図』13（香月洋一郎編　未来社　平成二十五年九月）に収録
鳥辺野の墓と辻仏・厨子仏（京都府京都市）『私の日本地図』14　京都　同友館　昭和五十年四月＝著作集別集『私の日本地図』14（香月洋一郎編　未来社　平成二十二年二月）に収録
畑の中の墓地・地主様（東京都府中市人見）「府中市の中の村」『民芸手帖』123　東京民芸協会　昭和四十三年八月・（広島県仁保島）『私の日本地図』4　瀬戸内海Ⅰ　広島湾付近　同友館　昭和四十三年五月＝著作集別集『私の日本地図』4（香月洋一郎編　未来社　平成二十六年六月）に収録
古墓様と地主様　『東和町誌』山口県東和町　昭和五十七年九月
多磨霊園とクリスチャン墓地（東京都府中市）『私の日本地図』10　武蔵野・青梅　同友館　昭和四十六年十一月

●墓石と供養塔
板　碑　『私の日本地図』10　武蔵野・青梅　同友館　昭和四十六年十一月
地蔵さまと子供墓　『私の日本地図』10　武蔵野・青梅　同友館　昭和四十六年十一月・『愛情は子供と共に』馬場書店　昭和二十三年十月＝著作集6『家郷の訓・愛情は子供と共に』（未来社　昭和四十二年十一月）に収録・（新潟県佐渡）『私の日本地図』7　佐渡　同友館　昭和四十五年二月
兵隊墓（香川県手島）『私の日本地図』12　瀬戸内海Ⅳ　備讃の瀬戸付近　同友館　昭和四十八年七月＝著作集別集『私の日本地図』12（香月洋一郎編　未来社　平成二十七年一月）に収録・（山口県東和町平野）『私の

日本地図』9　瀬戸内海Ⅲ　周防大島　同友館　昭和四十六年三月・（京都市鳥辺野）『私の日本地図』14　京都　同友館　昭和五十年四月

夫婦墓　（香川県白石島）『私の日本地図』12　瀬戸内海Ⅳ　備讃の瀬戸付近　同友館　昭和四十八年七月・（香川県与島）『本州四国連絡架橋に伴う周辺地域の自然環境保全のための調査報告書』その2　国立公園協会　昭和四十九年三月

無縁墓と三界万霊塔　「監修のことば」『佐渡相川の歴史　資料集二（墓と石造物）』　新潟県佐渡郡相川町　昭和四十八年四月・（東京都府中市）『私の日本地図』10　武蔵野・青梅　同友館　昭和四十六年十一月・（兵庫県鴨庄村）『村の旧家と村落組織Ⅰ』（宮本常一著作集32）未来社　昭和六十一年一月

慰霊碑、供養塔のいろいろ　（大分県南海部郡弥生町）『ツーリストニュース』33　近畿日本ツーリスト　昭和四十五年三月・（長野県南安曇郡奈川村黒川渡）『私の日本地図』2　上高地付近　同友館　昭和四十二年六月＝著作集別集『私の日本地図』2（香月洋一郎編　未来社　平成二十八年十月）に収録・（長崎県有川村鯛ノ浦）『私の日本地図』5　五島列島　同友館　昭和四十三年十二月・（静岡県浜松市）『私の日本地図』1　天竜川に沿って　同友館　昭和四十二年二月＝著作集別集『私の日本地図』1（香月洋一郎編　未来社　平成二十八年二月）に収録・（新潟県佐渡市徳和）『私の日本地図』7　佐渡　同友館　昭和四十五年二月

●地蔵盆と墓まつり

津軽川倉の地蔵祭　『愛情は子供と共に』　馬場書店　昭和二十三年十月

南部恐山の地蔵会　『私の日本地図』3　下北半島　同友館　昭和四十二年十一月

下北尻労の墓参り　『私の日本地図』3　下北半島　同友館　昭和四十二年十一月

五島富江の墓まつり　『私の日本地図』5　五島列島　同友館　昭和四十三年十二月

索　引

ゴシック数字は図版を示す

◆ あ ◆

アイグヤミ　134
アイヌ人　20, 40, 41
青石塔婆　236 ～ 238, **238**
アオシバ　97
青山墓地　234
赤子塚　171
秋田風俗問状答　58
アキの方〔恵方〕　94
安芸門徒　24
悪霊　17, 22
明智光秀を祀る　157
アコヤ（垣）112
朝顔燈籠　31, **32**, **33**
朝参り　133
足半ジョリ　144
アシナカゾーリ　95
アズサミコ〔梓巫女〕　168
四阿（あずまや）方形／四阿造　24, 282
アテマカセ　141
アトフキ　168
後棒　162
アトヨウシ　110, 111
アナガエ　146
穴ほり／穴掘　91, 96, 98, 112, 125, 142, 144
尼講　160, 163
アマヤク　35
阿弥陀様　244
アライ　164
アラタナ　165, 166
荒魂　14
アンラク堂／安楽堂　93, 94, 99

◆ い ◆

遺骸（いがい・なきがら）　26, 180, 205
イガキ〔斎垣〕　23, 163
忌垣　23
生霊（いきりょう）　16
イケ　72
イケソメ〔埋け初め〕　163
石垣　175, **175**, **176**, 195 ～ 198, **195 ～ 197**, **201**, **202**, **204**
石囲いの墓地　195 ～ 205
石工　88, 105, 208, 213, 272, 273
石地蔵　209, **287**
石積み　172, **173**, **288**
石とり　98
石をのせ　46, 47, 83
伊勢講　28, 97, 98
伊勢参宮　28
伊勢の大麻　28
イタコ／巫女〔イタコ〕　282, **282**
板碑　26, 100, 213, 236 ～ 238, **237**
板碑型　26, 27, 88
一族墓　229
一年忌　84
イチバンジョ／一番ジョ　153, 158, 159
一文銭　117
一周忌　56, 68, 159
一装用　81
「一遍聖絵」　13, **13**, 22, 244
従兄弟ブラ　77
イトマゴイ〔暇乞い〕　68, 123, 151
イトマゴイノメシ　66
稲荷様　226
イヌガキ　140
亥子　30
位牌　26, 27, 67, 69, 70, 72, 86, 88, 90, 118, 122, 129, 154, 162, 245
位牌座　26
位牌堂　113, 129
位牌持　162, 163
忌（いみ・ひ）　74, 77 ～ 80, 93, 106, 115, 134
忌明け／忌中アケ　137, 145
忌の生活　77
イラタカの珠数　282
慰霊碑　271 ～ 279, **277**
イロリ／いろり　62, 215, **217**
隠居　96, 97, 99, 215
引導坊主　153

◆ う ◆

牛込の石垣　195
牛のケガエ　144
宇治拾遺物語　248
ウチバカ／内墓　158, 159, 184, 185, **185**
ウッタチ　79, 81, 83, 84
卯の日　137
産湯　115
埋め墓　19, 180 ～ 185, **184**, **185**
雲林院の講　283

◆ え ◆

エエソ　113
エナ〔後産〕 34, 115

◆ お ◆

おあむ物語　17
笈　15
おいずる／笈摺　42
近江多羅尾の風俗書　60
大墓　154, 158, 159, 184, 185, 185
沖の島　12, 94, 199
お経／御経（→ 経）
『奥の浦うら』285
オクリ（葬式）143
桶　70, 77, 151, 161
オタメ〔お返し〕 155
オタンヤ　29
おっかけ燈籠　59
お通夜（→ 通夜）
オツーヤ　160
オトキ／お斎　129, 130, 136, 137
オトグチ（大戸口）153
鬼　16, 17
御主様　63
お日待　115
お布施（→ 布施）
オブト　143
オモテ　85, 99, 167
オヤダマサマ　61
親餅　117
お寄り　29
おらびかける　66
オラビザキ　94
お別れのご飯　91
オンパン　135
オンボ／オンボー／おんぼう／オンボウ／隠亡　22, 91, 138, 148, 152, 153
陰陽師　25
怨霊　16, 158, 210

◆ か ◆

海岸埋葬　34, 88, 95, 96
廻国修行者　285
会葬者　72, 73, 163
貝塚　37 ～ 47
カイト〔垣内〕 135
海難供養塔　100
戒名　25, 48, 68, 93, 100, 119, 133, 134, 204, 208, 214, 215, 225, 239, 240, 242, 265, 266, 283
偕老同穴　266
カインココ踊　103
『餓鬼草紙』11, 11, 207
カキゾメ　164
柿の木　147, 158
カクス　83
神楽　223
カゴかき／カゴカキ　93, 98
カゴカタギ　123
カゴかつぎ　96
傘　118, 142, 149, 149
菓子　67, 70, 121, 131, 136, 154, 157, 172, 282, 288
火葬　12, 20, 23, 26 ～ 28, 46, 49, 76, 111, 113, 123, 125, 126, 135, 138, 139, 147, 148, 158, 163, 167, 175, 177, 180, 182, 184, 205, 207
火葬場　121, 124, 130, 138, 148, 167, 170, 175, 176, 177, 179
カタギバン　93
方違え　126, 127
刀　131, 150
カタハチ　151, 153
カタミワケ 154
カヅキ／かづき〔被衣〕 122, 162
カトリック　109, 233, 235, 277
門火　152, 153, 161
カナクソ坂　73
鉦　81, 118, 132, 151, 161, 163, 285, 291
カネク（砂丘）61, 62
カネツケゴ　90, 93
カブ　52
カブウチ　52, 53
カブセ石　92
カブハカ　52, 52
貨幣　199
カマ／鎌　23, 81 ～ 83, 129, 132, 138, 145, 161
鎌倉往還　237
神／神様　16, 35, 36, 77 ～ 79, 86, 87, 89, 123, 187, 239, 251 ～ 254
剃刀　131, 160
紙の花　81
紙旗　118
髪を剃る　21
甕　46, 96, 111
甕棺　20, 46, 98
亀甲墓（かめこうばか）193
カヤ場　215
カラムシャ　91, 92
刈上祭　30
仮墓　264
かわらけ／カワラケ〔土器・瓦笥・素焼きの器〕 121, 146, 160, 184
川原埋葬　34, 35
棺（かん・ひつぎ） 21, 22, 43, 46, 57, 66 ～ 83, 87, 91 ～ 93, 96, 98, 99, 113, 116, 118, 122 ～ 124, 129 ～ 138, 142, 143, 148, 149, 152, 153, 161 ～ 167, 175, 179 ～ 181, 201
ガン　65, 67
棺桶　70, 72, 91, 112, 151, 152, 164, 166

カンジョーカケ　153
カンナオシ　156
願流し　144
ガンノサシアゲ　65
観音様　208, 253
ガンホドキ／願ほどき　65, 122, 139, 144
神舞　223

◆ き ◆
飢饉　51, 158, 209
北枕／北まくら／キタマクラ　20, 21, 45, 65, 70, 76, 121, 134, 150, 165
亀甲型　193
祈禱　11, 15, 92
キドバシラ　67
忌服　114
旧屋敷　215
逆修　237, 272
逆修作善　236, 238
逆棒　134
経　29, 30, 87, 121, 130, 157, 164, 167, 243
仰臥　20, 39, 42
経帷子　117, 122
ギョージ（行水）　70
キョーゼン　142
兄弟ブラ　77, 86
共同墓　212
共同墓地　23, 25, 26, 53, 94, 125, 129, 140, 211, 225, 229
共同埋葬　95
経文　19, 253
共有墓地　139
キヨバカ　145
きよめ／清め／キヨメ　67, 73, 78, 83, 92, 115, 116
キリシタン　13, 100
キリシタン宗　100, 101, 103
キリスト／キリスト教　233, 234, 235
寄留　94, 97
禁忌　95, 96, 124

◆ く ◆
食出（くいで）　125
口寄せ　20, 282, 282, 284, 285
屈葬　14, 15, 21, 41 ～ 45
国東塔　271, 272, 272
クマオオジ　127
悔み／くやみ／クヤミ　74, 137, 112, 160, 166
悔みの言葉　121, 160
供養　19, 20, 23, 26, 48, 63, 64, 105, 133, 136, 138, 152, 155, 207, 210, 212, 236 ～ 240, 270, 275, 280
供養塔　49, 100, 104, 144, 224, 236, 237, 252, 270 ～ 272, 275, 276, 277
供養碑　19, 63, 104, 105, 207, 221, 224, 237, 238, 245, 246, 279
供養料　29
クリスチャン墓地　229, 233
黒不浄　74

◆ け ◆
けがれ／ケガレ　10 ～ 14, 18, 22, 34, 96, 106, 112, 114, 115, 120, 144, 182
袈裟　280
ケダ（マサカキ）　74
ケンチャン　71 ～ 73
ゲンプクゴ　90, 93
玄米の飯　150

◆ こ ◆
ゴ〔仏前の供物の器〕　68
講　30, 125, 178, 257, 283
講頭　125, 131
講組／コーグミ　92, 122
庚申講　279
庚申塔　278, 279
荒神／荒神様　125, 223 ～ 226
荒神講　124
香典　68, 74, 93, 116, 124, 125, 132, 137, 141, 160
香典帳　93
講仲間　131, 160
講の者　125
香花　118
光明真言　135
御器／ゴキ　32, 67
極楽　13, 117, 138, 150, 163, 172, 239, 274, 288
極楽往生　273, 274
五十回忌　136
小ジョーリ　143
小平霊園　230
ゴダン　121
コツオサメ　154
骨壺　220
子供の墓　27
子供の盆　255
子供の霊　170
子供墓　239, 240, 258, 259
五人組　118
古墳　14, 15, 23, 44, 47, 62, 186, 191, 195 ～ 200, 197, 198, 203, 272
ゴボーイシ　94
米の初穂　86
菰　11, 96, 128, 129, 290
菰屋　129
小屋　49, 99, 114, 115, 282, 286
御霊会　210, 211
御霊社　210
五輪塔　11, 27, 50, 84, 88, 100, 101, 119, 145, 182, 221, 226 ～ 228, 245, 271, 272

ゴリンの石　94
『今昔物語集』　171, 248

◆ さ ◆
サイガミ　160
西国三十三ヵ所　275
ザイシ（座石）　90
再生　10, 171, 253
賽積　172
さいのかみ　171
賽の河原　170 ～ 174, 170, 171, 173, 174, 252, 281, 286, 288
西方浄土　20
在来市民　190
在来住民　218, 277
坐棺　21
先島丸　71
サキトキ　135
先の世の土産　70
先棒　162
佐久間ダム殉職者の碑　278, 278
笹の葉　58
雑修雑行　28, 30
ザツキ　83, 84
ザツキの石　83, 89
座頭　283
サヘノカミ　171
猿子眠　15, 42, 44
三回忌　90, 149, 158
三界万霊　132, 133
三界万霊塔（等）　24, 94, 104, 207, 208, 267, 268, 269, 270, 274, 274, 275
産児制限　96
三十三回忌　63, 139
三年忌　84, 85
サンバカ　132
サンマ　146, 148, 184
サンマイ　148

◆ し ◆
シアゲ〔仕上げ〕　125, 136, 154
シオガワシ　153
シオケ　82
シオバナ　78
塩をまく　76, 123, 163
四花／シカ花／シカバナ〔四華花〕　99, 122, 140, 162
死がい　49
シキアナ　142
シキノシュウ（穴掘り）　142
シキビ〔シキミ〕　151
しきみ／シキミ　10, 128, 144, 151, 293
四句の文言　151, 152
死骨崎　34
死産児　136
死者の魂　14, 119, 171
死者の霊　20, 172, 210, 239, 245, 275, 288
四十九日　74, 80, 83, 84, 85, 90, 93, 115, 119 ～ 121, 133, 136, 137, 145, 146, 150, 155, 167, 168, 184
四十九日の餅　84, 155
地主神社　36
鎮め島　12, 199
鎮め堂／シズメ堂　18, 102
自然石の墓標　203
地蔵会　285, 286
地蔵経〔延命地蔵菩薩経〕243
地蔵様／地蔵さま　97, 116, 117, 143, 170 ～ 172, 208, 211, 226, 239 ～ 259, 258, 280, 281, 283, 288
地蔵信仰　241, 242, 247, 254, 280
地蔵堂　59, 172, 243, 252, 253, 254, 256, 280, 281, 281, 283, 286, 287, 288
地蔵菩薩　119, 243, 249
地蔵盆　211, 242, 255, 256, 280
地蔵祭　280, 281, 285
地蔵和讃　243, 283
シタオビ　77
枝垂桜　56
『十島状況録』　87
神人（じにん）　11, 20
死人の川　75
死人の飯　124
死人祓　92
地主様　23, 35, 36, 54, 213, 214, 220, 221, 227, 228
死のけがれ　11, 114
四方棺　112
シマイ　151, 152
シミツ町／シミツチョウ　96 ～ 99
注連を張る　77, 80
杓子　147, 151
寂滅為楽　118
シャジリ　150
『沙石集』　248
十五夜様　84
十三重塔　48, 272
十三重石塔　243
十三の餅　86
十字架　60, 109, 233, 234, 276
十人組　118
重箱　85, 86, 292, 293
酒宴　74, 155, 156, 223
数珠　154, 155, 167, 257, 289, 289, 290
出土品　199
巡礼供養塔　274, 275
巡礼者　275
巡礼塔　275
ショーライサン送り　166
ジョーアナ（焼き場）　158
松火（しょうか・たいまつ）　60, 61, 166

聖観音　226
正月　30, 31, 56, 61, 69, 80, 91, 93, 104, 105, 115, 136, 151, 227, 230, 248,
焼香　72, 130, 167
精進アゲ／精進上げ／精進あげ／ショージンアゲ　120, 155, 159, 163, 164, 168, 185
精進落とし　136
精進料理　29, 154, 155
浄土　26, 61
浄土宗　24, 117, 148, 159, 164
成仏　19, 63, 155, 237 ～ 240
縄文式文化　37, 41, 43
精霊棚　61
精霊船　61
諸行無常　118
シラセ　65
死霊　16
白木綿　70, 113
真言宗　24, 51, 87, 146, 148, 183, 226
真宗　24 ～ 33, 76, 90, 122, 124, 148, 167, 182, 205, 207, 208
『信州随筆』　56
神葬　35
身代説話　249
伸展葬　15, 42 ～ 45
新墓　128, 129, 140, 149, 181, 181, 182, 185, 294
シンモウ／四文　90, 91
シンモウ組合　90, 91
神役　78 ～ 80, 83 ～ 85
新屋敷　215
新来市民　190
親鸞　26, 205, 206
「親鸞上人伝絵」　22
親類ブラ　77, 81 ～ 84, 86

◆ す ◆
水死　133
スイメドウ　102, 105
スエノカサ　155
杉の木　56, 77
杉の葉　58, 60
厨子／厨子仏／厨子堂　205, 208 ～ 212, 209 ～ 212
スズメ島　12, 34, 199
スズメ堂　18
ステ石　99, 100
スマキ　152
スヤ　90, 91, 99

◆ せ ◆
石塔　90, 104, 145, 172, 209, 271, 271, 272
石碑　27, 48, 89, 100, 113, 129, 146, 149, 150, 180, 184, 241, 242, 273, 273
世襲制　24, 28
石槨　95, 98
石器時代　38, 39
説教　29, 30
説教師　29
宣教師　276
戦死　260, 262, 277
戦死者　17, 237, 260, 277
禅宗　24, 26, 30, 51, 87, 129, 146, 183
先蹤宗教　25, 26
先祖講　52
先祖の墓　51, 56, 125, 183, 230
先祖の祭　68
先祖墓　23
先祖畑　36, 54, 214
センダン／せんだん　84, 147
千人塚 19
ゼンノツナ 95, 118, 163

◆ そ ◆
僧　20, 21, 27, 29, 32, 69, 71, 87, 96, 117, 118, 120, 123, 126, 139, 151 ～ 153, 159 ～ 161, 163, 209, 232, 237, 244, 273
僧形八幡　247
葬式組合　131
葬式組　90, 97, 99
葬送　34, 90, 118, 141, 142, 159, 163
惣墓　48
そうめん／ソーメン／素麺　71, 73, 75, 136, 157
草履　99, 118, 143, 153, 161, 162, 163, 283
僧侶　19, 20, 21, 27,
葬列　22, 22, 66, 71, 72, 81, 112, 118, 124, 140, 148, 161, 163
そえごし　162
卒土（そし）　99
卒土が浜（ソットガハマ） 95
卒塔婆／ソトバ　49, 68, 84, 129, 238, 285, 287
供え物／供物　56, 62, 68, 84, 85, 118, 154, 255, 256, 290
ソリゾメ　160
祖霊神 35
ソーレン〔葬斂・葬式〕 121, 164, 165
ソーレン屋　165

◆ た ◆
太鼓　118, 282, 284, 284, 291
大師講　177
大先祖　125, 220, 222 ～ 226
大東亜戦争　277
松明　21, 22, 22
大文字山の火　60
逮夜　28, 29

高塚古墳　44
タカラ〔棺〕 92, 93
竹の先にさした草履　118
畳がえ　75
たたり　19
たたる　19, 20, 210
大刀　22
タチビ　86
タツバ　61
タテウス　153
タナバタ　166
玉御殿（たまおどん） 186
魂／タマシイ　10, 12 ～ 17, 19, 49, 54, 103, 119, 171, 172, 187, 200, 252, 253, 288
魂の行く方　74, 283
玉の緒　44
鎮魂（たまふり） 44
多磨墓地（多磨霊園） 230 ～ 233
魂まつり　55
たまむすび　15
タマヤ　57, 62, 67, 68, 70 ～ 72, 74, 75, 83, **83**, 84, 102, **102**, 112, 140
タマヤ式　88
魂よばい　10
魂よび／魂呼び　10, 286
ダリ〔怨霊〕 158
檀家　24, 26, 28, 29, 32, 33, 222, 232
タンゴ〔担桶〕 65
ダンゴ／だんご／団子　121, 131, 138, 141, 143, 150, 153, 154, 282, 283, 290
だんご念仏　154
単層入母屋　24
檀那寺　232
ダンパ　108
単墓制　113

◆ち◆
チャンココ　103, 291, **292**
中ジョーリ　143
提灯　55, 60, 61, 66, 71, 111, 134, 150, 161, 162, 255, 291 ～ 293
徴兵検査　215
鎮魂　15
鎮魂伝　15

◆つ◆
築土　195
追善供養　238, 239, 272
通婚グループ　28
通婚圏　28
月待踊り　283
憑き物　15
辻仏　205
辻祭　211
ツジローソク　153
ツノムスビ　161, 163
ツボホリ　130, 131
積石塚　170, 200, **200**
通夜　65, 112, 117, 136, 283
釣燈籠　31
鶴亀　162
ツレをとる　136

◆て◆
剃髪　21, **21**
テショー／テショウ〔手塩〕 142, 153
デダチの念仏　152
鉄砲　150
テボ　96
テンガイ／天蓋　92, 95, 124, 153
テンガイ持　162
テンコモリ　167
天道茂　95

◆と◆
ドウクリ（ドーグリ） 143, **143**
頭骨　19
導師　29, 151
童子　215, 240 ～ 242
童女　215, 240
道場　25, 26, 244
道祖神　170, 171, 254, 255, 257
同齢感覚　87
同齢者の呪い　69
とうろう／燈籠　31, **32**, **33**, **54**, 55, 58 ～ 61, **59**, 122, 259, **291**
通らずの浜　12, 95
渡海入定　13, 61
トキコー（斎講） 131
トキツキ　124, 125
トキノゼン　125
トキマイ〔斎米〕 125
常世　13, 54, 58, 61, 63, 198
年日／トシビ　85, 87
トシビを忌む　87
ドシを組む　87
土葬　18 ～ 27, 43, 46, 66, 82, 90, 92, 94, 111, 123, 125, 130, 132, 135 ～ 140, 146 ～ 148, **149**, 150, 158, 159, 163, 175, 180 ～ 185, **182**, 207
土葬の柵　148
土地の守り神　183
土間　82, 215, 217
トムライ／とむらい　81, 82, 158
葬場（とむらいば） 72, 73
トモビキ／友引　117, 124, 137
トリオキ　118
トリの形／鳥の形　92, 124
トリハカ 136, 139

◆ な ◆
ナカガサ　156
長膳　161
なきがら／ナキガラ　10, 14, 20, 54
遺骸（なきがら・いがい）　26, 180, 205
長刀　22, 118
ナゲトーバ　154
名子　99
七歳　75, 78, 89, 116
七歳以下　78, 89
七年忌　85
ナベカリ　160
南無阿弥陀仏の碑　273
南無地蔵大菩薩　256
なりもの　85
ナンゴ　168

◆ に ◆
和魂（にぎたま）　14
西面　21, 165
西向き　20, 76, 93, 258
ニシメ　71
二十三夜　65, 283
二重葬　18, 19, 182
二歳（ニセ）　66, 72, 73
二歳組　66
ニセヅレ　66
日蓮宗　25, 149, 168
日露戦争　204
『日本書紀』11, 18
『日本霊異記』248
入棺　21, 70, 71, 76, 77, 117
如意輪観音　213, 240
ニライカナイ　62

◆ ね ◆
寝棺　21, 166
猫（入らぬ・越えぬ・つかぬ・きらう・寄せつけぬ・食われる）　112, 116, 132, 134, 138, 141, 150
寝姿　14
ネズ　56
ネマル　43
ネムル　43
年忌　63, 74, 84 ～ 86, 89, 136, 139, 158
年忌供養　64
念仏　26, 103, 117, 151 ～ 154, 158, 249, 256, 268, 270, 273, 286
念仏踊　103
念仏供養　23
念仏講　256, 257
念仏宗　103, 148, 273, 274
念仏道場　25
念仏の頭取　158

◆ の ◆
ノ〔墓地〕　91
ノウチガ（野耕鍬）　72
ノウッタチ　83, 84
ノガエリ　130
野ざらし　19, 280
野宿　43, 152
野たれ死　209
ノダチ　166
ノッペ　29
野辺送り　125, 153
ノロ〔祝女・巫女〕　186

◆ は ◆
灰葬　119, 120
灰ヨセ／灰寄せ　164
墓穴を掘る　22, 116
墓そうじ　52
墓檀家　232
ハカツミ　93
ハカツミ石　92
墓聖（はかひじり）　23
墓参り／墓まいり／墓参　56, 74, 86, 108, 154, 289
墓まつり／墓祭　31, 280, 291
墓むい　86
墓役　150
墓原（はかわら）　115, 207
ハカンバラ　121
曝葬　18
箱〔棺〕　96
ハコツ　146, 184
ハコノサエ　96
ハサミ箱　118
柱松明　55
『長谷雄草紙』16, 16, 17
畑の中の墓　188, 213, 214, 214, 217 ～ 219
旗もち／幡持　96, 153
花かご／花籠　118, 138, 140, 161, 162
埴輪の家　62
破風型の墓　193
刃物　21, 23, 115, 116, 124, 132, 134, 138, 141
流行病（はやりやまい・りゅうこうびょう）　20, 71
半肉彫　27, 143, 213, 239, 243, 244, 245, 252, 255, 272
半番　125

◆ ひ ◆
ヒ／忌（ひ・いみ）　74, 77 ～ 80, 93, 106, 115, 134
火アマ　144
ヒガハレル　80
ヒキザカナ　156
ヒキモノ　163
ヒキャク　159
柄杓　65, 69, 77, 129
ヒツ　77
棺（ひつぎ・かん）　21, 22, 43, 46, 57, 66, 67, 68, 69, 70, 71, 73, 75, 76, 77, 79, 80, 81, 82, 83, 87, 91, 92,

93, 96, 98, 99, 113, 116, 118, 122, 123, 124, 129, 130, 132, 133, 135, 137, 138, 142, 143, 148, 149, 152, 153, 161, 162, 163, 164, 165, 166, 167, 175, 179, 180, 181, 201
棺かつぎ　98
人魂／人玉　15, 159
ヒトナヌカ　154
火番町　98
碑文　237, 238
火祭　61
火持　153
百姓　93, 110, 179, 219, 262
火屋見舞　179
漂流死体　71
ヒルマノママ　142
ヒルマノメシ　121
ヒルメシ持　162, 163
ヒロイイシ（拾い石）　90
ヒモロ木　56

◆ ふ ◆

風葬　63
夫婦墓　133, 264～266, **264**, **266**
俯臥　20
巫女（ふじょ・みこ）　11, 20, 282, 284
不浄の忌　78
布施　28, 29, 113, 120, 291
フタ石　99
ブタ小屋　107, **107**, 126, 187, 188, **189**, **219**
服忌　114, 115
仏教伝来／仏教の伝来　17, 18, 20,
仏教渡来／仏教が渡来　16, 19
仏飯　32, 122, 135
仏像　48, 101, 244, 247, 272
仏壇　10, 26, 32, 136, 157, 166, 167
船形光背／舟形の光背　213, 239, 243, **244**
舟形碑　27
不慮の死　19, 64, 209, 245, 252, 258
古墓様　220～227, **221**, **224**, **226**
ブレル神父遭難碑　276, **276**
墳丘　11
分家　35, 51, 52, 69, 86, 91, 97, 99, 111, 145, 183, 214, 215, 229, 268

◆ へ ◆

幣　35, 36, 129
平家の落人　223
兵隊墓　260～263, **260**, **261**, 263
別竈　77, 79
別火　147
別屋／ベツヤ　114, 152
ベントー持　153

◆ ほ ◆

方位を見る　25
報恩講　29～31, 33, 136
方角を見る　126
箒　21, 254
箒神　254
宝篋印塔　27, 100, **101**, 119, 126, **127**, 221, **221**, 222, 227, 228
ホウソ〔疱瘡〕　108
疱瘡　71, 108
防潮林　198, 200
宝塔　271, 272
『法然上人絵伝』　21, **21**
棒振　152
法名　136
法要　29, 48, 49, 120, 121, 137, 155, 157
北陸門徒　26
捕鯨　103～105
祠／ほこら／ホコラ　51, 63, 67, 166, 224
祠形／ホコラ形　63, 145, 182
法者（ほさ）　25
墓誌　229
墓石さがし　96, 98
ボダイ　68
ホッチュウ　138, 139
ホトケ（卒塔婆）　68
ホトケギ　**83**, 84～86
仏崎　34
ホトケタテ　85, 86
仏の祭　157
骨拾い　119, 179
墓標　18, 25, 47, 64, 88, **88**, 112, 145, 149, 161, 163, 183, 203, 233, 234
掘る人　123
盆　10, 31, **33**, 52, 55, 56, 60, 61, 69, 73, 85, 94, 108, **109**, 133, 157, 165, 230, 255, 256, 258, 289, **290**
本山参り　28
本地垂迹　247
本戸　94
本墓　159, 185
煩悩具足　61

◆ ま ◆

埋葬地　22, 23, 26, 34, 47, 95, **113**, 145, 163, 183, 184, 206, 207, 272
埋葬の島　94, 108
埋葬法　20, 21, 27, 46, 89
詣り墓／まいり墓　19, 180
魔がさす　159
マクラ　68
マクラガエシ　121

枕経　21, 151
枕団子　131, 160
枕念仏　117
枕仏　72
枕飯　21, 135, 165
マサカキ　74
真塩　83
魔性よけ　138
まじない／呪い　69, 76, 87
マツリ　73
マツリバカ　76
間引　34, 240
魔物　129
マモリ　92
マリア　234, 235
魔をはらう　21
まんじゅう／饅頭　121, 154, 155, 181
満船飾　30
満潮　117

◆ み ◆
箕　116
ミオクリ　68
御影石　48, 119
巫女（みこ・ふじょ）　11, 20, 282, 284
ミコシ／神輿　49, 67, 102, 148,
ミジマイ　122
ミズアゲ　85
ミズゴ　69
水に流す　34
ミズノコ　85
水の子〔洗米〕　94
水の初穂　86
ミズモチ　93
ミタマヤ　49, 140
ミチアケトウロウ　122, 124
道標　242, 243
道つくり　52
ミチノテ　66
三つ墓　116
峯入修行　15
蓑　153
ミバカ　76
ミミダゴ（耳団子）　75
ミミトオリ　18
ミミフタギ　75
ミヤゲ　121
宮座　223

◆ む ◆
無縁墓　267, 268, 268, 269
無縁法界　157
無縁仏　157, 240, 269
ムカイマイリ　165
迎え火　55, 60
ムカワリ　56, 68, 155, 159, 167, 184, 185
ムクイ　160
虫送り　61
無宿人　267
ムラキヨメ　92
村ケガレ　144
門中（むんちゅう）　193
門中墓　192, 193, 193, 194

◆ め ◆
冥界　283
冥福　210, 242, 283

◆ も ◆
喪主　118, 125, 132, 163, 164, 168
餅　29, 31, 65, 84 ～ 86, 117, 121, 143, 154, 155
木棺　46
物忌　89, 114
モヤ　164
守仏　32
モリモノ〔盛物〕　136
モロハチ　151, 153
モンガリ〔もがり・殯〕56, 140
紋付　90, 118, 164, 166

◆ や ◆
焼場／ヤキバ　118, 119, 121, 158, 175, 177
ヤクスル　95
焼く人　123
屋敷神　35
屋敷内埋葬　35
ヤソ会　100
屋根がけ／ヤネガケ　133
ヤボササン　35
ヤマガ（山鍬）　72
山供養　163
山伏　15, 42, 245
ヤマヲリ　164
鑓　118

◆ ゆ ◆
ユカン／湯棺　65, 77, 115, 122, 124, 131, 134, 135, 137
行き倒れ／行きだおれ　209 ～ 212, 275
夢　15
夢枕　104
夢見　71
ユルイ　144

◆ よ ◆
『用捨箱』　59
幼児の埋詣　75
横穴古墳　191, 272
横穴墓　186
寄せ墓／ヨセバカ　76, 133, 134, 183
ヨダレカケ／よだれかけ　241, 256, 259, 280
ヨトギ　160
ヨマのもの　99
ヨマ分家　99

◆り◆

琉球征伐　88
流行病（りゅうこうびょう・はやりやまい）　20, 71
竜頭／龍頭　67, 118
両墓制　18, 49, 51, 89, 112, 113, 145, 146, 159, 180 ～ 183
リョーガツク　92

◆る◆

流人　203, 204
流人の墓　204, 204

◆れ◆

霊場巡拝者　275
霊堂　262

◆ろ◆

ロウソク／蠟燭　163, 283
六地蔵　81, 82, 153, 163, 246, 246 ～ 248, 254, 289, 290
六体地蔵　246
六道の辻　97
六文銭　117, 122

◆わ◆

ワカレノサカズキ　71
脇差　165
わざわい／災い　11, 12, 14, 46, 134, 170
綿帽子　95, 118
ワブ　91, 92
草鞋／ワラジ／わらじ　134, 137, 143, 144, 150, 165, 282
藁苞　18
藁縄の帯　137
藁人形　132, 133

著者
宮本常一（みやもと・つねいち）
1907年、山口県周防大島生まれ。
大阪府立天王寺師範学校専攻科地理学専攻卒業。
民俗学者。
日本観光文化研究所所長、武蔵野美術大学教授、
日本常民文化研究所理事などを務める。
1981年没。同年勲三等瑞宝章。

著書：「日本人を考える」「忘れられた日本人」

「民具学の提唱」「日本の宿」「山の道」「川の道」

「庶民の旅」「日本の人生行事」「歳時習俗事典」

「忘れられた子どもたち」「日本の年中行事」など。

宮本常一 日本の葬儀と墓 ［新装版］

2017年 3月24日 初版第1刷発行
2024年 5月24日 新装版第1刷発行

著者 宮本常一
編者 田村善次郎
発行者 八坂立人
印刷・製本 モリモト印刷(株)

発行所 (株)八坂書房
〒101-0064 東京都千代田区神田猿楽町1-4-11
TEL.03-3293-7975 FAX.03-3293-7977
URL : http://www.yasakashobo.co.jp

ISBN 978-4-89694-365-8

宮本常一著作〈田村善次郎編〉

日本の人生行事　2800円

産育習俗・元服・若者組・娘組・結婚儀礼・隠居……暦のなかに年中行事があるように、人の一生には人生行事がある。安産祈願・産湯などの出産儀礼、初宮参り、成人祝、結婚、還暦以降の長寿祝など古来から続く通過儀礼、そして元服や若者組、隠居制度などの失われつつある習俗……。厄年や病気にまつわる民間療法・まじないをも加え、忘れられた日本人の一生を俯瞰する。

日本の年中行事　2800円

日本各地には多くの行事がある。本書では青森・東京・奈良・広島・山口を例に取り、その土地の人々の思い、伝統・文化を見てゆく。その地域ならではのもの、離れた場所なのに似通ったもの、そのときどきの食事や行動など、5つの地域を見較べると見えてくる日本の文化がそこにある。

歳時習俗事典　2800円

民俗学をベースにした四季折々の歳時習俗事典。伝統、思想、宗教、そして民間土着、庶民の知恵など、いわば「日本人を知る事典」。宮本常一が一般に広めたといわれている「春一番」という語を含め17もの《風の名前》を巻頭で紹介。また「停年退職」「集団就職」「リュックサック」「すす男」など、他の歳時記には現れない宮本常一ならではの語彙が満載。

山と日本人　2000円

日本の山間に住む人々はどんな暮らしをしていたのか。そして日本人は山をどのように利用していたのか。魔の谷・入らず山・女人禁制の山、クマ・シカ・イノシシ狩や落とし穴の狩猟、マタギの生活、木地屋、山村を追われ身を寄せ合い暮らしていた人々……山と日本人の関わりを調査し、考え、見てゆく。

宮本常一の本棚　2800円

宮本常一はどんな本を読んでいたのか。新聞や雑誌に掲載された書評を中心に、宮本常一の書いた様々な本の序文、書籍の内容見本に著した推薦文や紹介など、昭和12年から55年までのものを編纂。絶賛の本から辛口の批評まで、宮本常一の本棚を覗く。

口承文学論集　3800円

戦災で大多数失われた貴重な資料！　宮本常一自らがガリを切り少部数発行した雑誌「口承文学」を中心に、同時期に「丹壺」「夜行珠」「博物」などに掲載した文章を編纂。これらの雑誌は戦災により現存するものはごく僅かである。そこには宮本が徐々に民俗学へ傾倒してゆく過程を垣間見ることのできる文献が多く残されている。現代仮名遣いの本文に加え、貴重な謄写版雑誌の影印を部分併載。

宮本常一座談録　生活と文化　2400円

日本各地で多くの庶民の声を聞き、質問に答えてきた旅の名人・宮本常一は、対談・座談の名人でもある。各界の専門家との対話は和やかでいて分かりやすく、執筆や講演では見ることの出来ない異分野のものもあり、引き出しの多様さには驚くばかりである。語り口は優しく丁寧で、ふと旅先での庶民と対話する姿を思い起こさせる。

（価格は本体価格）